출애굽기 · 레위기 연구 입문

윌리엄 존스톤
레스터 L. 그라베 지음

윤성덕, 임요한 옮김

CLC

CLC(Christian Literature Center: 약칭 CLC)는
1941년 영국 콜체스터에서 켄 아담스에 의해 시작되었으며 국제 본부는
미국의 필라델피아에 있습니다.
국제 CLC는 59개 나라에서 180개의 본부를 두고, 약 650여 명의 선교사
들이 이동도서차량 40대를 이용하여 문서 보급에 힘쓰고 있으며 이메일
주문을 통해 130여 국으로 책을 공급하고 있습니다.
한국 CLC는 청교도적 복음주의 신학과 신앙서적을 출판하는 문서선교
기관으로서, 한 영혼이라도 구원되길 소망하면서 주님이 오시는 그날까지
최선을 다할 것입니다.

T&T Clark Old Testament Guides

EXODUS

Written by
William Johnston

Translated by
Sungduk Yun

Copyright © 1990, 1995, 1999 by W. Johnstone
Originally published in English under the title
EXODUS
by Sheffield Academic Press
This translation is published by arrangement with
Bloomsbury Publishing Plc,
50 Bedford Square, London,
WC1B 3DP, U.K.

All rights reserved.

Korean Edition
Copyright © 2023 by Christian Literature Center
Seoul, Korea

T&T Clark Old Testament Guides

LEVITICUS

Written by
Lester L. Grabbe

Translated by
YoHan Lim

Copyright © 1993, 1997 by Lester L. Grabbe
Originally published in English under the title
LEVITICUS
by Sheffield Academic Press
This translation is published by arrangement with
Bloomsbury Publishing Plc,
50 Bedford Square, London,
WC1B 3DP, U.K.

All rights reserved.

Korean Edition
Copyright © 2023 by Christian Literature Center
Seoul, Korea

추천사 1

최 중 화 박사
부산장신대학교 구약학 교수

출애굽기와 레위기는 읽고 바로 이해가 되는 종류의 책은 아니다. 복잡한 역사적, 문학적, 신학적, 제도적 이슈들이 두 책을 둘러싸고 있다. 구약성경 가이드 시리즈(Old Testament Guides)의 『출애굽기·레위기』는 복잡하고 방대한 이슈를 전반적으로 간결하게 소개해 준다.

책이 쓰여진 지는 좀 되었지만 여전히 성경을 진지하게 이해하고 연구하고 싶은 독자들에게 도움이 되는 많은 정보가 이 책 안에 있다. 출애굽기와 레위기로 진지하게 들어가고 싶은 독자들에게 본서를 추천한다.

추천사 2

김 한 성 박사
영남신학대학교 구약학 교수

　구약성경 연구를 위한 필독서로 자리매김한 구약성경 가이드 시리즈 가운데『출애굽기·레위기』가 윤성덕 박사의 손길을 통해 우리 말을 입게 되었다. 출애굽기 연구를 위한 기본 주제들을 일목요연하게 다루고 있는 이 입문서를 우리 말로 접할 수 있게 됨은 80년대 신학에 입문했던 입장에서 새삼스럽게 큰 기쁨으로 다가온다.
　본서는 구약성경 가이드라는 제목에 걸맞게 출애굽기를 역사, 제도, 문학 그리고 주요 신학적 문제를 다루는 구성을 취한다. 또한, 각 분야의 핵심적 주제를 제시하는 동시에 그와 관련된 대표적 연구 방식들을 소개한다.
　출애굽기 소개에 있어서 어느 한 쪽으로의 치우침 없이 본서는 그 성경에 관한 독자들의 이해를 증진시키며 지속적인 연구를 위한 지적 호기심을 자아낸다.
　가이드로서 압축된 각 장의 내용이 시사하는 바는 결코 적지도 가볍지도 않다. 이스라엘의 초기 이야기에 관심을 가진 독자라면 본서가 뛰어난 가이드라는 점에 기꺼이 동의하리라 생각된다.

본서를 우리 말로 번역한 윤성덕 박사는 이스라엘과 고대 근동의 역사, 언어, 문화, 종교에 뛰어난 이해를 가진 전문가(히브리어로 מֻמְחֶה [뭄케])이다. 이는 저자의 글이 우리 말로 쉽고도 명확하고 또한 정확하게 이해될 수 있는 또 하나의 중요한 이유이다. 본서를 토대로 출애굽기가 제시하는 방대한 세계로 진입하기를 적극 추천한다.

목 차

추천사 1   5
추천사 2   6

◆ 제1부 출애굽기

저자 서문   14
역자 서문   15
약어표   17

제1장 출애굽기 개론········19

1. 출애굽기 1:1-15:21   20
2. 출애굽기 15:22-18:27   20
3. 출애굽기 19:1-40:38   21

제2장 역사적 문제: 마당 치우기········23

1. 성경 연대표   24
2. 고대 근동 자료들   27
3. 주전 1000년대 셈족과 이집트의 관계에 대한 증거   30
4. 역사적 재구성   33
5. 역사적 접근법에 관련된 다른 문제   45

6. 출애굽기는 어느 정도까지 역사서로 보아야 할까?   52
7. 논의를 전개하는 데 필요한 모세의 모습   61

제3장 제도적 문제: 종교적 핵심 65

1. 유월절   67
2. 무교절   73
3. 초태생   76
4. 신현   78
5. 계약   83
6. 법   87

제4장 문학적 문제: 창조적 종합 98

1. 새뮤얼 롤스 드라이버와 '문학비평'   100
2. 마틴 노트와 '전승사'   106
3. 브레바드 스프링스 차일즈와 '정경비평'   115
4. 편집비평   119
5. 문학적 접근   142
6. 이 주제의 실례로 살펴보는 십계명   147

제5장 신학적 문제: 넓게 펴져 있는 의도 162

1. '야웨'라는 이름을 계시   163
2. 신명기 판본의 신학   170
3. 제사장 판본의 신학   178

◆ 제2부 레위기

역자 서문　186
약어표　188
참고 문헌　190

제1장 레위기 개론 ················· 192

1. 레위기와 'P 자료'　194
2. 레위기의 발전　202
3. 새로운 접근과 방법　204
4. 구조와 내용　206
5. 레위기와 실제 성전 제사의 관계　208
6. 이스라엘과 고대 근동에서의 율법　211

제2장 희생제사 제도 ················· 220

1. 레위기에서 희생제사의 주요 유형　220
2. 이스라엘의 희생제사 제도 해석하기　233
3. 희생제사의 일반 이론을 향해　241

제3장 정결함과 부정결한, 정함과 부정함 ········· 249

1. 레위기 기사　250
2. 정결법에 대한 근거　256
3. 인류학에서의 통찰　258
4. 요약　265

제4장 제사장들과 레위인들 ········· 269

1. 성소   270
2. 거룩함의 개념   270
3. 제사장의 의무   271
4. 제사장의 몫   273
5. 레위인들   281
6. 제사장들의 기름 부음과 성별   282
7. 나답과 아비후의 죽음   283
8. 제사장적(P) 신학   284

제5장 "내가 거룩하니 너희도 거룩할지어다" 성결법 ········ 289

1. 레위기 17:1-16: 피의 흘림과 그에 대한 취급   290
2. 레위기 18:1-30: 금지된 성관계   291
3. 레위기 19:1-20:27: 잡다한 규례들   293
4. 레위기 21:1-24: 제사장직에 대한 규례들   294
5. 레위기 22:1-33: 성스러운 예물에 대한 규정   295
6. 레위기 23:1-14: 절기   296
7. 레위기 24:1-9: 등잔과 진설병   296
8. 레위기 24:10-23: 신성모독   296
9. 레위기 25:1-55: 안식년과 희년   298
10. 레위기 26:1-46: 마무리하는 축복과 저주   298
11. 레위기 27:1-34: 서원과 십일조에 대한 부록   299

제6장 성스러운 시간: 의식용 달력 ········· 301

1. 달력   302
2. 안식일   304

3. 매년 절기   307
4. 안식년과 희년   314
5. 다른 절기들?   318

제7장 레위기의 지속적인 상관성 **324**

제1부

EXODUS

제1장 출애굽기 개론

제2장 역사적 문제: 마당 치우기

제3장 제도적 문제: 종교적 핵심

제4장 문학적 문제: 창조적인 종합

제5장 신학적 문제: 넓게 퍼져 있는 의도

저자 서문

윌리엄 존스톤(William Johnston) 박사
University of Aberdeen, King's College 구약학 교수

　필자는 먼저 '구약성경 가이드 시리즈'에 참여할 수 있도록 허락해 주신 구약성경학회의 임원과 회원에게 감사드린다. 특히, 참을성을 가지고 원고를 기다려 주신 출판사와 지혜로운 조언을 아끼지 않으셨던 총편집인께 감사드리며, 본서에서 어떤 결함이 발견된다면 그것은 그의 잘못이 아님을 밝혀 둔다.
　이렇게 해도 요즘 풍조에 비추어 너무 가식적으로 보이지 않는다면, 필자는 토마스 아놀드(Thomas Arnold)의 말로 책을 시작하고 싶다.

> 만약 내가 했던 말 중 10분의 9가 잘못되었다고 해도, 나의 어투나 말하는 방법 때문에 독자가 생각을 할 수 있고 또 내 실수를 바로 잡을 수 있었다면, 나는 그것으로 충분히 만족한다.

　필자의 연구를 위해 안식년을 허락해 준 애버딘대학교(University of Aberdeen)와 시내산을 방문할 때 지원해 주신 스코틀랜드대학교카네기재단(Carnegie Trust for the University of Scotland)에 감사드린다.

역자 서문

윤 성 덕 박사
연세대학교 기독교문화연구소 연구교수

    윌리엄 존스톤의 『출애굽기』를 한마디로 요약하라면 매우 성실한 책이라고 말하겠다.

    간단한 소개의 글(제1장 출애굽기 개론) 다음에 저자는 출애굽기와 관련된 역사적 사실들을 자세히 논한다(제2장 역사적 문제). 이때 역사학자들의 연대 추정안과 제1차 사료로 사용할 수 있는 고대 근동의 기록들을 비판적으로 소개하고 그 가치를 세심하게 논한다.

    그 논의 결과를 기초하여 이스라엘이 이집트를 탈출하던 사건을 역사적으로 재구성하고, 이와 관련된 출애굽기의 문학적 성격과 모세라는 인물에 관해 논한다. 그러므로 독자들은 일방적 해석을 듣는 것이 아니라 존스톤의 소개를 따라 사료를 이해하고 나름대로 역사를 해석할 발판을 얻게 된다.

    성경 본문에 관한 설명도 마찬가지이다. 존스톤은 고대 이스라엘 종교의 핵심이 '제도화'에 있다고 보고 명절이나 관습, 신의 현현, 계약과 법 등 종교적으로 중심이 되는 주제들이 제도로 자리 잡는 과정과 그 목적 그리고 그 제도의 기능을 관찰한다(제3장 제도적 문제).

독자들은 고대 서아시아의 역사와 문화를 연구하여 얻은 결과와 같은 주제를 다루는 다양한 성경 본문을 비교할 수 있으며, 이런 주제들이 출애굽기 안에서 서로 어떻게 연결되는지 또 그렇게 설명하는 저자의 주장이 타당한지 스스로 판단할 수 있다.

신학을 전문적으로 공부하는 독자는 책 후반부에 나오는 문학적 접근과 신학적 주제 설명에 기대를 걸 만하다(제4장 문학적 문제, 제5장 신학적 문제). 존스톤은 구약성경 신학 연구방법론을 배운 적이 없는 독자들도 이해하기 쉽게 연구사의 주요 맥락을 친절하게 설명해 주기 때문이다.

그리고 이런 방법들을 성실하게 출애굽기에 적용한 뒤 '출애굽기 저자는 신학적 의도를 가진 창조적 편집자이자 해석자'라고 정의한다. 그는 자신의 시대 독자들에게 꼭 필요한 대답을 주기 위하여 신학 서적을 기록했다는 것이다.

그 외에도 십계명 본문을 예로 들어 비평적 연구방법을 적용하는 과정을 보여 주었고, 같은 방법으로 야웨라는 이름을 설명하는 부분도 나온다. 모두 구약성경 연구방법들을 체계적으로 적용하고 그런 작업의 결과에 기초하여 해석을 하는 성실한 태도를 보여 준다.

또한, 저자는 성경 본문을 인용할 때 그 본문에 사용된 원어의 특정 의미를 따라 해석했다. 그래서 번역에서도 어떤 성경 구절들은 개역개정판에서 인용하지 않고 문맥에 맞도록 사역했다.

존스톤은 처음부터 끝까지 연구방법을 신중하게 확정하고 그것을 성실하게 적용하는 실례를 보여 주기 때문에 성경 본문을 대하는 그의 학술적 연구가 그 본문의 주인이신 주님을 향한 사랑과 찬양처럼 느껴지기도 한다. 독자들도 본서를 통해 주님을 섬기는 새로운 방법을 목격하게 되기를 기대한다.

약어표

ANET	J.B. Pritchard, ed., *Ancient Near Eastern Texts relating to the Old Testament*, 3rd edn, Princeton University Press, 1969.
B	The 'Book of the Covenant' (Exod. 20.22-23.33)
BAR	*Bibhcal Archaeology Review*
BK	Biblischer Kommentar
bPes.	Tractate Pesal)im in the *Babylonian Talmud*
BZAW	Beiheft zur Zeitschrift filr die alttestamentliche Wissenschaft
D	Deuteronomy and matters pertaining to it
Dtr	Matters pertaining to the Deuteronomistic movement
DtrH	The Deuteronomistic History (Deut., Joshua-2 Kings)
E	The E 'source' (using 'Elohim' for God; from Ephraim)
EA	J.A. Knudtzon, *Die El-Amarna-Tafeln*, Leipzig, 1907ff.
EBA	Early Bronze Age (ca. 3000-2000 BC)
EHPR	Etudes d'histoire et de philosophie religieuses, Faculte de theologie protestante, Strasbourg
ET	*Expository Times*
EV(V)	English Version(s)
G	'gemeinsame Grundlage' ('shared basis' underlying J and E)

EXODUS

GK	A.E. Cowley, ed., *Genesius' Hebrew Grammar as edited and enlarged by the late E. Kautzsch*, 2nd edn, Oxford: Clarendon, 1910.
HPT	M. Noth, *History of Pentateuchal Traditions*
HTR	*Harvard Theological Review*
IA 1	Iron Age 1 (ca. 1200-1000 BC)
ICC	International Critical Commentary
J	The J 'source' (using 'J/Yahweh' for God; from Judah)
JSOT(S)	*Journal for the Study of the Old Testament* (Supplement Series)
KBW	Katholisches Bibelwerk
LBA	Late Bronze Age (ca. 1560-1200 BC)
LOT	S.R. Driver, *Literature of the Old Testament*
LXX	Septuagint
MBA	Middle Bronze Age (ca. 2000-1560 BC)
MT	Masoretic Text
OBO	Orbis biblicus et orientalis
OH	J.E. Carpenter, G. Harford-Battersby, eds., *The Hexateuch … arranged in its constituent documents by members of the Society of Historical Theology*, Oxford
P	The Priestly 'source'
VT(S)	*Vetus Testamentum* (Supplement Series)
WMANT	Wissenschaftliche Monographien zum Alten und Neuen Testament
ZAW	*Zeitschrift fur die alttestamentliche Wzssenschaft*

*Text not to be attributed uniformly to one source

EXODUS

제1장

출애굽기 개론

    히브리 성경은 창세기부터 열왕기하에 이르기까지 천 년이라는 시간 동안 고대 셈족의 한 작은 가족이었던 이스라엘의 후손들이 유목민들로 고대 근동 문명의 변두리를 초라하게 떠돌다가 민족이 되고 왕국을 거쳐 제국에 이르는 과정을 잘 설명해 주고 있다.

    그 후 비극적으로 분열되고 해체되어 그들 자신의 국가적 정체성을 형성하는 기초가 되었던 땅을 잃는 과정도 세세히 묘사하고 있다.

    출애굽기는 이러한 문학 작품 중 두 번째 책으로 아직은 희망적이었던 초기 이야기를 기록하고 있는데, 이미 그 당시에도 재앙의 위협은 흐릿하게나마 그림자를 드리우고 있었다.

    출애굽기는 그 내용에 따라 다음과 같이 분명하게 나눌 수 있다.

1. 출애굽기 1:1-15:21

기근 때문에 어쩔 수 없이 가나안을 떠나 이집트(애굽)에 정착했던 이스라엘의 열두 아들과 그들의 가족이 어떻게 이집트 사람들이 자신들의 안위를 걱정해야 할 만큼 그 수가 성장했는지 설명한다.

이집트 사람들은 이스라엘 사람들을 노예로 삼았고 그 아들을 학살하려고 했다. 그러나 놀랍게도 그들 중 한 사람이었던 모세는 이집트 왕의 딸 덕분에 살아남았고, 얄궂게도 왕족의 일원으로 입양된다.

모세가 자라난 뒤 이스라엘 사람을 학대하던 이집트 사람을 우연히 살해하고 나서 이집트 근처 미디안 사막으로 도주하게 된다. 거기서 하나님은 그에게 나타나 돌아가서 그의 민족을 노예 신분에서 구해 내라고 명령하셨다.

고집 센 이집트 사람들은 이집트의 모든 첫째 아들들이 죽는 사건 등 열 가지 재앙을 겪고 나서야 모세와 그의 민족이 떠날 수 있도록 허락한다. 그러나 그들이 떠나자마자 이집트 사람들은 마음을 바꾸어 추격을 시작하고 홍해까지 따라온다. 이스라엘 사람들은 그곳에서 기적적으로 물이 갈라지면서 구원을 받았으나, 추격하던 이집트 사람들은 모두 가라앉고 말았다.

2. 출애굽기 15:22-18:27

광야를 지나 가나안 땅으로 긴 여행을 떠나는 이스라엘 사람들을 묘사하며 시작하는데, 그들은 계속해서 투덜거리며 반란을 일으키지만,

기적적으로 생존하는 데 성공한다. 이 여행기는 민수기 10:11에서 계속 이어지며, 여호수아서 첫머리에 가서야 완전히 끝난다.

3. 출애굽기 19:1-40:38

나중에 민수기 10:10까지 이어지는 오경 전체의 중심 부분 중 시내산에서 벌어졌던 사건을 기록한 첫째 부분이다.

출애굽기는 '십계명'과 '계약의 책'(19:1-24:18), 하나님이 그분의 백성 한가운데 거주하시기 위하여 모세에게 보여 주신 성막의 세목들, 그리고 성막의 제기들과 일하는 사람들(25:1-31:17), 이스라엘 백성이 '금송아지'를 만들어 계약을 파기한 사건과 계약을 다시 체결한 일(31:18-34:35)과 성막 건설, 그리고 하나님의 영광이 임하시던 일(35:1-40:38)을 묘사한다.

그렇지만 출애굽기는 어떤 작품인가?

이 질문에 대한 대답은 자명하게 드러나는데, 이것은 역사책이다. 이 책은 이스라엘이 이집트에 거주하던 시기 초부터 그들이 탈출한 후 제2년 첫날까지 일어난 일들을 내용으로 하는 이야기를 큰 틀로 잡고 진행되기 때문이다.

그러나 출애굽기가 역사책인 것만은 아니다. 이야기와 섞여 있기는 하지만 종교적 관습과 법적 관행들 그리고 제사 기관들에 관련된 법조항들도 큰 부분을 차지하고 있기 때문이다. 그리고 출애굽기는 종교적 명절들과 관련된 달력을 포함한 전례 설명서이기도 하고 법전이기도 하다.

출애굽기를 역사책이라고 간주하고 읽을 때 하나님이 직접 나타나는 이야기들이 포함되어 있어서 더욱 놀라게 된다. 구약성경의 다른 책들처럼 이스라엘 역사는 신학적으로 해석되어 있다. 이 민족의 역사 속에서 모든 것을 향한 하나님의 목적이 분명하게 드러나 있다.

일흔 명으로 시작한 이 가족은 사실 하나님이 그들의 조상 아브라함에게 계약을 통해 보장하신 약속의 자손들이었고, 자유와 땅을 향한 미래의 언약을 물려받을 후계자들이었다.

이 사람들, 즉 '그분의 백성'이 겪던 고생을 돌아보신 분은 하나님이시다. 그분의 '종' 모세에게 그들을 구하라고 명하시고, 기적적인 표징을 행할 수 있는 놀라운 지팡이를 그에게 주신 분도 그분이었다. 이집트에서 탈출하는 사건은 바로 이 하나님이 시행하신 기적적인 구원이었다.

그러므로 하나님이 나서서 창조하셨고 그분의 개입으로 구원받은 민족이 시내산에서 그분과 계약을 맺으면서 공식적으로 그분의 백성으로 확정된 것이다. 이 책은 하나님이 자기 백성들 가운데 머무시기 위한 만남의 장막을 건설하는 부분에서 절정에 이른다.

이런 이유로 이 책의 내용은 역사적 관점은 물론 제도적이고 신학적인 관점에서 이해해야 할 필요가 있다. 이렇게 이질적 자료들이 이 책 한 권 안에 함께 들어 있기 때문에, 이 책의 문학적 구조와 표현을 살펴보는 것이 마땅하다.

아마도 그랬을 가능성이 큰데, 만약 이 작품을 최종적으로 기록한 사람이 신학자라면, 그 사람이 이 글을 쓴 이유는 무엇이며, 어떤 자료들을 사용했으며, 어떤 방법으로 작업을 했을까?

이러한 토론들을 통해 출애굽기라는 책이 어떤 성격을 가졌는지 더 분명하게 이해할 수 있을 것이다.

제2장

역사적 문제: 마당 치우기

출애굽기는 종살이하던 이스라엘 사람들이 어떻게 이집트의 압제자들로부터 자유를 찾을 수 있었는지 설명하는 이야기로 시작한다. 이 이야기는 설화 형식으로 기록했기 때문에 자연스럽게 그 내용이 역사적 사실이라고 전제하고 읽게 된다.

그렇다면 이 전제가 옳은가?

만약 옳다면, 어느 정도까지 옳은가?

역사를 기록하기 위해 역사가는 자기가 묘사할 사건과 최대한 가까운 동시대에 기록한 일차 자료가 필요하다. 이러한 자료는 연대기나 기념 비문 또는 선언서처럼 공공 문서들일 수도 있고, 편지나 일기 또는 장부처럼 일시적이고 사적인 문서들일 때도 많다.

그렇다면 이렇게 초기 이스라엘 역사를 쓰는 데 적합한 일차 자료들이 존재하는가?

이 장은 이스라엘이 처음으로 이집트와 관계를 맺던 시절과 관련된 동시대 자료들을 찾기 위해 진행된 현대 학자들의 연구를 소개하며 시작할 것이다. 그리고 역사적 사건들을 재구성하여 그린 윤곽을 몇 가지 소개할 텐데, 학자들이 발견한 자료들과 성경 본문들을 기초로 해서 제안한 것이며, 아직도 해결하지 못하고 남아 있는 문제들도 언급할 것이다.

이런 질문들과 관련해서, 마지막으로 성경 본문의 성격이 무엇인지 의문을 제기하고, 사료비평학적 방법이 이러한 자료의 성격과 내용을 제대로 다루기 위해 적합한지 논의할 것이다.

1. 성경 연대표

맨 먼저 성경 본문에 기록되어 있는 연대기를 논의할 필요가 있다. 만약 성경 내부 자료들을 외부 자료들과 대조해서 연구하려면, 이스라엘 주변 지역에 비교 가능한 정보들을 찾을 수 있는 시기가 언제인지 아는 것이 필수적이다.

그러나 성경 속에 들어 있는 정보에 관한 '절대' 연대를 확정하려 할 때(성경 내부에 있는 '상대' 연대기를 외부 사건이나 인물 등 적당한 정보와 상호 참조하여 날짜를 확정하는 일) 발생하는 문제들은 출애굽기보다 사료들이 훨씬 더 분명하게 드러나 있는 시대에서조차 매우 어려운 것으로 악명이 높다.

예를 들어, 후기 앗슈르(앗수르) 역사의 연대기는 주전 763년 6월 15일에 일어났던 일식을 기준으로 확정할 수 있다. 그리고 앗슈르 연대기에 언급된 이 일식에 관한 기록 덕분에 열왕기하에 언급된 앗슈르 왕들의 연대를 확실히 확정할 수 있다.

그러나 열왕기하에 나오는 이스라엘과 유다 왕들의 지배 연한을 이 정보와 연결하는 작업은 매우 어렵다. 9세기 중엽 예후가 이스라엘 왕좌에 등극했을 때부터 721년에 사마리아가 멸망할 때까지 기간을 호르싸바드에서 발견한 앗슈르 왕명록에 따라 계산하면 119년이다. 같은 기간을 열왕기하 10-18장에 기록된 대로 계산하면 이스라엘 측은 143년이고 유다 측은 165년이 된다.

만약 성경 내부와 외부에 상대적으로 사료가 많은 시대에도 이렇게 비교연구를 하기가 어렵다면, 9세기 이전 즉 솔로몬이 지배하던 시기 이전 시대에는 구약성경에 나오는 인물들과 고대 근동 자료에 나오는 역사적 인물들이 서로 관련되지 않아서 그 문제가 훨씬 더 복잡해진다.

출애굽 사건에 관한 성경 연대기와 관련된 역사적 사건들은 사실 허공에 떠 있는 것과 같다. 성경의 자료는 열왕기상 6:1부터 시작한다.

> 이스라엘 자손이 애굽 땅에서 나온 지 사백팔십 년이요, 솔로몬이 이스라엘 왕이 된 지 사 년 … (왕상 6:1).

솔로몬이 다스리던 첫해가 주전 960년 정도였다고 가정하면, 출애굽은 주전 1436년 정도에 발생했을 것이다. 여기에 "이스라엘 자손이 이집트에 거주한 지 사백삼십 년"이라는 출애굽기 12:40을 참고하면, 야곱과 그의 아들들이 이집트로 내려온 것은 1866년 정도가 되고, 아브라함이 215년 전에 하란에서 이주했으므로(창 12:4; 17:1 이하; 25:26; 47:9), 이 사건은 주전 2081년 정도에 일어났을 것이다.

그러나 이런 연대기가 매우 취약하다는 사실은 창세기 15:13에 이집트에 거주하던 기간이 430년이 아니라 400년이라고 기록되었고, 창세기 15:16에는 3세대라고 기록되었다는 점을 통해 알 수 있다.

17세기 중엽에 대주교 어셔(Ussher)가 창조가 주전 4004년에 일어났다고 계산한 방법도 일부 이러한 성경 연대기를 사용했다.

어쨌든 열왕기상 6:1에 남아 있는 480년이라는 숫자는 출애굽에서 솔로몬까지 모두 열두 세대가 지났다고 가정하고, 한 세대에 40년을 부과하여 계산한 결과라고 해석할 수 있다. 만약 한 세대의 길이에 관해 좀 더 보편적인 숫자인 25년을 적용한다면, 출애굽이 발생한 연대는 180년 정도 낮아질 것이다. 그러나 사실 열두 세대라는 정보도 매우 도식적인 숫자라고 볼 수 있다.

§ 더 읽어 볼 자료

성경 외부 자료들을 가장 폭넓게 모아서 출판한 책은 J.B. Pritchard, ed., *Ancient Near Eastern Texts relating to the Old Testament*, 3rd edn, Princeton University Press, 1969이다. 위에서 언급한 앗슈르 왕명록은 이 책 566쪽을 보라(280쪽 이하도 참조).

연대기에 관련된 문제는 J. Finegan, *Handbook of Biblical Chronology*, Oxford University Press, 1967을 보라.

이스라엘 역사를 주제로 출판된 책은 매우 많다. M. Noth (재판, 1960), J. Bright (제3판, 1981), S. Herrmann (1975), H. Jagersma (1982), J.A. Soggin (1984), J.M. Miller & J.H. Hayes (1986).

출애굽과 관련된 성경 내부 자료를 역사적으로 다룬 가장 폭넓은 연구는 R. de Vaux, *The Early History of Israel*, London: Darton, Longman & Todd, 1978을 보라.

주제와 관련된 유용한 접근 방법과 관련 주제들에 관한 논의는 J.H. Hayes, J.M. Miller, eds., *Israelite and Judaean History*, London: SCM, 1977; G.W. Ramsay, *The Quest for the Historical Israel: Reconstructing Israel's Early History*, Atlanta: John Knox, 1981을 보라.

2. 고대 근동 자료들

역사적으로 신빙성이 있는지 문제를 제기할 수 있는 성경 이외에 고대 이집트를 이해할 수 있는 사료로 두 가지가 있다.

1) 문학 자료(고대부터 보존되어 온 저자들의 작품)

이집트학은 일반적으로 1822년 샹폴리옹(J.F. Champollion)이 신성문자와 민간 문자로 쓴 이집트어와 헬라어 두 언어로 기록한 로제타 석비를 해독하면서 시작되었다고 간주하는데, 이집트학 연구가 시작되기 전에는 이스라엘과 이집트가 어떤 관계였는지 말해 주는 성경 외부 자료라고는 고대의 문학 작품밖에 없었다.

그러나 이런 작품들은 후대에 기록했고, 일관성이 없으며, 편향적이다. 알렉산드리아 출신 저자 중 마네토(Manetho, 주전 3세기 초의 인물로 현재 주후 1세기에 쓴 요세푸스의 저작 안에 인용된 글이 남아 있음)는 모세를 제18왕조와 제19왕조에 속하는 아메노피스(Amenophis)와 그의 아들 람세스(Ramesses) 시대 사람이라고 주장하고, 아르타파누스(Artapanus, 주전 2세기 인물로 현재 유세비우스의 저작 안에 인용된 글이 남아 있음)는 그를 제5왕조의 케네프레스(Chenephres) 시대 사람으로, 리시마쿠스(Lysimachus, 주전 2-1세기 인물로 역시 요세푸스의 저작 안에 인용된 글이 남아 있음)는 제24왕조의 보코리스(Bocchoris) 시대 사람이라고 주장한다.

반유대 정서가 분명히 나타나는 마네토의 설명에는 모세가 직위해제된 세트(Seth) 신전 제사장이고, 시내산에서 일하며 피부병이 난 광부들의 지도자이며, 예루살렘에서 침입해 들어와 이집트를 십삼 년 동안 다스린 힉소스(Hyksos)의 동맹자라고 묘사했다.

피부병이 들고 외국인이었던 유대인들을 쫓아냈다는 이야기는 압데라(Abdera)의 헤카테우스(Hecateus, 주전 300년경)와 리시마쿠스와 아피온(Apion, 주후 1세기)도 언급한다.

친유대적 성향인 필로(Philo, 주후 1세기)의 설명도 이념적이라는 면에서는 같아서, 모세가 이상적이고 헬레니즘에 능통한 철학자-왕이었다고 묘사한다. 유대인들이 매우 오래되고 고상한 민족이며 로마 독자에게 도움이 된다고 묘사한 요세푸스 또한 마찬가지이다.

결국, 학자들은 출애굽 시대의 이스라엘에 관한 사료들이 어떤 성격의 글이고 어떤 의의를 지니는지 현대 이집트와 비교하며 짐작하는 수밖에 없는 상황이다.

예를 들어, 성경을 비판적으로 연구하던 초기 학자 알렉산더 게데스(Alexander Geddes)는 사도행전 7:22을 기초로(모세가 애굽 사람의 모든 지혜를 배워) 이신론자 존 스펜서(John Spencer)를 인용하며 다음과 같이 썼다.

이제 학식이 있는 사람 중에는 그들의(이스라엘 백성) 제사 중 대부분이 그 민족(이집트)에게서 유래되었는지 아닌지에 대해 더 이상 물을 필요가 없다(Holy Bible I, 1792, xiii).

2) 고고학 자료와 금석문 자료

이집트학이라는 새로운 분야는 성경 학자들 외에도 많은 사람이 열정적으로 연구에 참여하게 되었다.

1822년에 창단된 이집트탐험재단(Egyptian Exploration Fund, 나중에 Egyptian Exploration Society가 됨)은 "이집트와 이집트인들에 관련되는 한 구약성경 이야기도 연구하여 밝히고" 특히 이스라엘이 거주하던 시기 사백삼십 년을 연구 목적으로 제시했다(출 12:40).

이스라엘 백성들이 만들었는지 그렇다고 말할 수 있는지와 상관없이 짚을 사용하지 않고 만든 벽돌들을 엄청나게 런던으로 실어 나르기도 했다. 그러나 그 후 이집트학은 독립적인 학문 영역으로 성장했고 성경과 관련해서 어떤 기능을 할 수 있는지는 별 조명을 받지 않는 상태가 되었다.

이집트에서 고대의 글 수천 편이 발견되었고 고대 거주지 수백 장소를 발굴했지만, 어느 곳에서도 '모세'라는 개인이나 '이스라엘 백성'이라는 집단이 존재했었다는 증거는 나오지 않았다. 아마도 주전 1230년 정도의 유물인 파라오 메르넵타(Merneptah)의 승전비에 이스라엘이라는 말이 분명히 기록되어 있다고 볼 수도 있지만(ANET 376 이하), 그 비문이 가리키는 집단은 이집트인들이 가나안 지역에 가서 만났던 이스라엘을 언급하고 있다.

그들의 후손이 구약성경에 묘사된 것처럼 이집트에 이주했다가 탈출했는지 확인하기 위해서는 그럴 가능성이 있는 시대와 배경을 제안하는 것이 최선이다.

§ 더 읽어 볼 자료

1) 과 관련된 믿을 만한 비평은 D.J. Silver, *Images of Moses*, New York: Basic Books, 1982, ch. 2를 보라.
2) 와 관련하여, T.G.H. James, ed., *Excavating in Egypt: The Egypt Exploration Society 1882-1982*, London: British Museum Publications, 1982를 보라.

3. 주전 1000년대 셈족과 이집트의 관계에 대한 증거

구약성경 이야기에 따르면 이스라엘과 이집트의 관계가 이 시기에 세 단계를 거치며 달라졌는데, 이주, 체류, 그리고 탈출 단계가 그것이다. 성경 안에서 이런 이야기들은 정확하게 그 연대를 밝히고 있지 않지만 아마도 주전 1000년대 언제쯤이었을 것이며, 그래서 이 시기에 관한 이집트 사료들은 이스라엘의 선조들에 관한 흔적이 있는지 면밀한 연구의 대상이 되었다.

이집트 사료에서 특별한 증거를 발견하지는 못했지만, 성경에 기록된 정보와 유사하다고 추정할 수는 있을 것으로 보인다. 가장 많은 주목을 받은 내용은 다음과 같다.

1) 셈족이 이집트로 이주한 사건

(1) 베니 하싼(Beni Hasan) 벽화(*ANET* 229, 주전 1890년경)
(2) 제2 중간기 힉소스의 침입(약 1720-1570년)
(3) 아메노피스 2세(Amenophis II)의 포로 목록(*ANET* 245 이하, 15세기 중후반)

2) 셈족이 이집트에 체류한 기간

(1) 테베 가문에 고용된 아시아인들의 이름을 기록한 본문(*ANET* 553 이하, 18세기 중반): 그 아시아인들은 요셉처럼 이집트식 이름을 받았다(창 41:45).
(2) 주전 13세기 람세스 2세(Ramesses II)의 본문에서 아피루('apiru)가 건축현장에 있었다는 기록(아피루는 아마도 '히브리'와 관련된 용어이며, 아마르나 서신에 포함된 바벨어 낱말 하비루[*habiru*]는 더 밀접하게 관계된다.) (K. Galling, *Textbuch zur Geschichte Israels*, 2nd edn, Tübingen: Mohr, 1968, 35f.)
(3) 12세기 람세스 4세의 문서에서 아피루가 군사로 참여했다는 기록(ibid.)

3) 요셉처럼 아시아인들이 고위 관직을 얻었다는 기록

(1) 도드(Dod)라는 인물이 14세기 초 아메노피스 4세 시대에 궁전 시종으로 등장(*EA* 158, 164)

(2) 제19-20왕조 시대에 시리아 사람들이 정권을 잡음(ANET 260, 13세기 말)

4) 셈족들이 이집트에서 탈출한 사건

(1) 씨누헤 이야기(the Tale of Sinuhe, ANET 18 이하, 20세기)
(2) 힉소스를 추방한 이야기(ANET 233 이하, 16세기)
(3) 도망친 노예 두 명을 쫓아간 이야기(ANET 259, 13세기 말 필사본)

이렇게 서로 겹치는 사건들을 모아 보면 가장 눈에 띄는 점은 이런 일들이 일어난 시대이다. 이런 자료에서 역사적 의의를 찾는다면, 구약성경에 묘사된 많은 사건이 주전 1000년 이전에 이집트가 그들의 동쪽에서 유목 생활이나 정착 생활을 하던 셈족들과 맺었던 관계와 매우 유사하다는 것이다.

한 걸음 더 나가면, 이런 유사점들이 일면 특별하지만 거대한 역사의 흐름을 통해 크게 보면 평범할 수도 있다.

군사적 침입, 식민지, 제국주의, 제국의 멸망과 또 유목민들과 관련해서 특별히 중요한 이동 방목 현상, 매년 목초지를 광야에서 삼각지로 또 그 반대로 바꾸는 현상들(특히 주전 20세기 작품인 '네페르-로후[Nefer-rohu]의 예언'[ANET 444 이하]과 주전 13세기 작품인 '국경 경비대의 보고서'[ANET 259]를 참조)이 이스라엘과 이집트 사이의 관계보다 훨씬 더 넓은 범위에서 벌어지고 있다는 점을 알 수 있다.

이렇게 복잡한 과정들과 관련해서 출애굽 이야기는 사료로 분석해 볼 때 이스라엘의 관점에서 지극히 단순화된 설명을 제시하고 있다.

이런 비교연구가 증명해 주지 못하는 것은 출애굽기 안에 기록된 사실이 특별히 신빙성이 있는지다. 어떤 사료도 정확하게 그 사건에 관해 보도해 주지 않는다. 어쩌면 이런 사료들이 역사적으로 신빙성이 있다면 성경의 기록과는 동떨어진 사실을 강조하고 있는지도 모른다.

성경 본문을 역사 기록으로 이해하고 사료학적 연구방법으로 해석하려 한다면 성경의 독특함을 파괴하고 오히려 성경을 상대화시키는 위협을 초래할 수도 있다.

4. 역사적 재구성

외부 자료와 비교한 결과 분명한 결론을 얻을 수 없고 출애굽 이야기는 연대에 관해 모호하게 진술하고 있는데, 거기다가 기적들을 묘사하는 이야기까지 많이 포함된 것을 생각하면, 표준적 사료학 연구방법은 성경 본문을 제대로 평가하는 방법이 아닐 수도 있다는 경고로 간주해야 한다.

그런데도 학자들은 성경을 고대 근동 역사, 특히 이집트의 역사와 관련시키려고 노력해 왔고, 이 작업을 위해 애쓰면서도 때로는 잘못된 방향을 추구하기도 했다. 그렇지만 여러 가지 문제점이 산적해 있어서 학자들은 '절대' 연대와 같은 기본적 질문에 관해서도 의견일치를 보지 못하고 있다.

연대와 관련해서 학자들은 크게 세 가지 제안을 내놓았는데, '긴' 또는 '짧은' 또는 '일부 길고 일부 짧은' 연대를 주장한다.

1) '긴' 연대기

(1) 이 연대기는 제1장 1.에서 언급한 성경 구절(출 1:1-15:21)에서 시작하며, 출애굽은 약 주전 1436년에, 야곱이 이주한 일은 약 1866년에, 그리고 아브라함이 이주한 사건이 약 2081년에 일어났을 것으로 추정한다. 이런 연대가 사료학적으로 엄정한 연대적 정보라고 가정하고 고대 근동 역사에서 이런 틀에 맞는 증거를 찾으려는 노력이 오랫동안 계속되었다.

① 고대 근동의 문학적 자료와 관련해서, 요세푸스는 힉소스가 침입해 왔다가 다시 축출되었다는 마네토의 전통을 계승하여 이들이 바로 이집트로 내려갔다가 탈출한 이스라엘의 '목자-왕들'이라고 해석했다는 점이 눈길을 끌었다.
② 고고학적 자료와 관련해서, 주전 2000년대 말에 아모리인들('서쪽 사람들')이 이주해 왔다는 바벨 자료들(아래 제1장, 4, 3) 참조)은 초기 청동기 시대 말 문명 쇠퇴기 이후에 도시 문명이 해안 지방부터 내륙으로 되살아나기 시작했다는 고고학 연구결과와 잘 어울린다는 평가를 받았다.

아브라함의 이주는 이런 현상과 관련이 있을 것이다. 족장들의 이야기를 주전 1000년 이전의 고대 근동 자료들로부터 얻을 수 있는 문화적 관행들과 비교하는 연구들도 시도되었다.

예를 들어, 스파이저(E.A. Speiser)는 아브라함이 자기 아내 사라를 여동생이라며 넘겨주는 이야기(창 12:10 이하; 20:1 이하; 이삭과 리브

가의 이야기는 창 26:6 이하 참조)를 누지(Nuzi)에서 발견된 후르족 문서와 비교했다.

빔슨(J.J. Bimson)은 최근에 고고학적 연구결과(특히, 중기에서 후기 청동기 시대로 넘어오는 도중에 발견되는 파괴층들과 두 색깔 토기[Bichrome Ware]의 출현)가 주전 15세기에 이스라엘이 가나안에 침입한 사실을 증명한다고 해석했다. 빔슨의 의견은 출애굽이 주전 1450년 에게해의 산토리니섬에서 폭발한 화산의 재구름과 파도와 관련되어 있다고 주장하는 윌슨(Ian Wilson)의 '커피-테이블' 토론회에서 큰 지지를 받았다.

(2) 이렇게 연대를 올려 잡으면(성경에 기록한 정보를 엄정한 연대기 연구 방법을 따라 적절하게 해석했다고 가정할지라도) 몇 가지 문제에 봉착하게 된다.

① 구약성경에서 히브리인 족장들은 아모리인과 동일시되지 않고 오히려 확실히 구분되고 있으며, 아모리인들은 가나안 원주민으로 등장한다(창 10:16 참조).
② 고고학을 기초로 아브라함의 이주를 초기 청동기에서 중기 청동기 시대로 바뀌는 시점으로 추정하고, 이집트를 탈출한 이스라엘 백성이 후기 청동기 시대 초에 가나안에 도착했다고 추정하려면 발견된 증거 중 매우 일부만 골라서 쓰고 많은 부분을 특정한 관점에서 해석해야 가능하다.
성경에 기초한 연대기가 아니었다면 어떤 고고학자도 중기 청동기 시대가 주전 16세기 중반 이후에 끝났다고 생각하지 않을 것이며, 두 색깔 토기가 16세기 이후에 소개되었다고 주장하지도

않을 것이다.

이런 현상들은 특별히 이스라엘의 정복과 관련시키기에는 가나안, 시리아, 그리고 키프로스에 걸쳐 너무 널리 알려져 있었으며, 이런 현상이 군사적 갈등상황을 드러낸다거나 추가로 연대기 계산에 도움이 되는 키프로스와 헬라 청동기 시대 토기들과 관련이 있다고 주장하기 어렵다.

산토리니 화산 폭발 사건도 성경의 기록과 직접 연결하기 어렵다. 화산재는 흑암이나 피부병을 일으킨다고 해석한다 해도 출애굽기 7-11장에서 재앙으로 간주하지 않았다. 화산 폭발에 따른 파도가 지중해 동부 해안의 남쪽 끝까지 도달했다고 가정한다 해도, 홍해를 건너는 이야기와 연결하기는 쉽지 않다.

③ 코카비(M. Kochavi)와 마자르(A. Mazar)의 연구처럼 좀 더 최근에 발표된 고고학적 해석에 따르면 이스라엘 백성이 가나안에 도착한 것은 훨씬 후대에 일어난 사건이다.

1970년대와 1980년대에 대규모로 고고학 발굴과 지표조사를 진행한 결과 이스라엘 백성들은 철기 시대 초(제1 철기 시대, 주전 1200-1000년)에 길르앗 지역부터 시작해서 성경에서 '므낫세'와 '에브라임'이라고 부르는 지역으로 농경 사회 공동체를 지으며 펴져 나갔고, 서서히 남쪽 '베냐민'과 '유다' 쪽으로도 세력을 넓혀 나갔다.

넓은 의미에서 이런 해석은 민수기 32장과 신명기 1-4장 그리고 여호수아서에 이스라엘 주요 세력이 요단강 서편에 정착하기 전에 먼저 르우벤과 가드와 므낫세 반지파라는 이름으로 요단강 동편에 정착했다는 기록과 일치한다.

④ 시내광야 남부와 남동부 해안 지방을 대상으로 한 고고학 연구들이 중기 청동기 시대 초부터 철기 시대 초 또는 그 이후 시대까지 출애굽 이야기에 언급된 장소에서 아무런 거주 흔적을 찾지 못해서 당황스럽기도 하다.

예를 들어, 바알스본에는 페르시아 시대 즉 주전 539-331년까지 사람이 살지 않았고 가데스 바르네아에서는 솔로몬 시대까지 이스라엘 사람들이 살았던 증거를 발견할 수 없었다.

만약 고고학적 증거와 성경 전통이 말하는 것처럼 이스라엘이 동쪽부터 정착을 시작했다면, 이런 현상도 그리 놀랄 일이 아닐지 모르지만, 이스라엘 백성이 광야에서 지내던 시기는 고고학적으로 뒷받침할 수 없게 된다.

⑤ 이스라엘 백성이 후대 청동기 시대에 광야에 살았던 증거가 발견되지 않자 아나티(E. Anati) 같은 학자들은 좀 더 연대기를 길게 늘여 잡으려고 시도한다.

광야를 여행하던 생활은 가데스 바르네아나 바알스본을 포함한 네게브나 시내반도의 많은 장소에서 초기 청동기 시대에서 중기 청동기 시대 초까지 거주 흔적이 많이 발견되는 현상과 연관시켜야 한다는 것이다.

이런 주장을 정당화하기 위해 아나티나 다른 많은 학자는 출애굽과 광야 생활을 여호수아가 인도하여 가나안을 점령했던 시대와 연결해서 연대를 추정하는 것이 문제라고 말한다.

네게브 지역 거주 흔적을 출애굽과 광야 생활에 맞추어 중기 청동기 시대/후기 청동기 시대로 잡으면, 주전 2200년경으로 추정하는 이 시기와 여호수아 7장 이후에서 여호수아와 이스라엘 침입자들이 아이성을 파괴했던 제1 철기 시대까지 큰 시차가 생긴다. 만약 아이성을 여호수아가 파괴했다면, 그 정복 전쟁과 그 이전에 있었던 광야 생활과 출애굽은 초기 청동기 시대 말로 연대를 잡아야 한다.

아나티는 여리고도 이 논의에 포함하는데, 케넌(K.M. Kenyon)을 따르면 여리고에 있던 후기 청동기 시대 거주지는 주전 14세기 중후반에 이미 사라졌기 때문에 13세기에 있었던 여호수아의 전쟁에서 파괴될 수는 없었고 그 전에 무슨 일이 있었어야 한다는 것이다.

아나티의 이론을 따르면, 그의 주장을 다 인정한다 하더라도 주전 2000년 직전에 있었던 출애굽이나 정복 전쟁과 그 후의 이스라엘 역사 사이에 성경의 기록상 생기는 긴 시차를 설명하기 위해 '그 시대 전체'가(거의 천년에 가까운 시간이) 기록에서 생략되었다고 전제해야 한다.

⑥ 만약 이스라엘이 후기 청동기 시대에 가나안에 정착하거나 그 땅을 '정복'했다면, 그들은 거기서 이집트 제국의 군대와 만났을 것이다. 그러나 여호수아서에 있는 정착 기사나 사사기에 있는 정착 이후 시대에 관한 이야기를 보면 제국군에 관한 아무런 언급도 찾을 수 없다.

이스라엘 정착과 관련된 최근의 고고학 연구를 살펴보면 주전 1200년 이후의 사회적 정치적 군사적 상황에 관한 역사적 증거와 더 잘 어울린다.

몇백 년 동안 이집트에 의해 착취를 당하던 가나안이 점점 가난해지고 서쪽 바다에서 바다 민족들이 들이닥치면서 이스라엘이 정착할 여건이 조성되었던 상황은 후기 청동기 시대 말에 시리아와 가나안을 다스리던 이집트의 세력이 쇠퇴하면서 가능해졌다(예를 들어, 주전 1296년경 람세스 2세가 이끄는 이집트와 히타이트가 카데쉬에서 전투를 벌인 결과 시리아와 가나안이 나뉘게 된 점, 약 1200년경 이집트 제19왕조와 제20왕조 사이에 시리아를 통제할 수 없었던 점, 그리고 약 1188년경 람세스 3세가 바다 민족들을 대항해서 싸운 사건 등 [*ANET* 255 이하]).

⑦ 그 외에 이런 말을 덧붙일 수 있다. 초기 청동기 시대에서 후기 청동기 시대까지 고대 근동 지역에 관한 고고학적 정보를 논할 때 '족장 시대' 또는 '출애굽 시대'와 같은 용어를 사용하는 것은 적절하지 않다.

족장들과 초기 이스라엘 백성들은 고대 근동 지역에서 주변적 집단에 불과했는데, 다른 민족들에 관련된 다양한 정보를 다루면서 이런 용어를 사용하면 별로 상관도 없는 성경의 서술양식에 끼워 맞추는 격이 된다.

널리 사용되고 있는 '성서고고학'이라는 용어도('올브라이트 학파'가 주로 사용하는), 만약 이 용어가 잘못된 해석을 초래할 가능성이 있다면 사용을 피해야 한다. 근동의 고고학은 성경에 있는 자료도 사용하지만, 성경에 제한을 받지 않고 모든 자료를 해석하는 자기만의 연구방법을 발전시켜야 할 독립적 학문 분야이다.

2) '짧은' 연대기

(1) '긴' 연대기를 비판했던 내용은 이미 '짧은' 연대기가 필요함을 주장하고 있다. 후기 청동기 시대 말에 가나안을 다스리던 이집트 제국의 지배력이 약해지며 이스라엘이 정복전을 벌이기에 더 유리했기 때문에 로울리(H.H. Rowley) 같은 최근의 학자들은 출애굽이 13세기에 일어난 사건으로 추정한다. 메르넵타 석비는(위의 제1장 2. 참조) 이스라엘을 가나안에서 정복했던 민족이라고 언급하고 있다.

그러므로 출애굽은 메르넵타의 아버지, 람세스 2세(1304-1237) 치하에 벌어졌다고 짐작할 수 있다. 만약 람세스 2세가 출애굽 당시의 파라오였다면, 그의 아버지 세티 1세(1318-1304)가 이스라엘을 탄압하고 모세가 미디안으로 도주하던 시대의 파라오일 것이다. 왕조를 창설한 람세스 1세(1320-1318) 이름을 따서 '람세스 왕조'라고 부르는 제19왕조가 이스라엘을 탄압하던 자들이라는 사실은 이스라엘이 강제 노역을 하던 국고성 이름이 라암셋이라는 사실로도 증명된다(출 1:11).

탄압을 받은 시기가 제19왕조 시대라면 이집트로의 이주는 그 이전 시대였을 것이다. 출애굽 당시의 파라오가 태양 원반인 아텐을 섬기며 '유일신교적' 제사를 지지했던 제18왕조의 '이단자' 왕 아메노피스 4세/아케나텐(1379-1362)이라면 유일신교 신자 요셉을 총리로 환영했을지도 모른다고 제안하기도 한다(창 37, 39-50장에 나오는 요셉 이야기 참조).

이 시나리오에 헤르만(S. Herrmann)이 주장하는 아람인들이 이주했다는 설을 관련시킬 수 있는데, 성경이 전하는 족장들의 이야기가 바로 이 시대라는 것이다(창 11:28; 신 26:5 참조).

(2) 이스라엘이 이집트로 내려가고, 머물다가, 탈출한 문맥을 이런 식으로 추정하는 것이 처음에는 매우 신빙성이 있어 보였다. 그러나 이 추정에도 불분명한 부분과 주관적 해석이 포함되어 있음을 유의해야 한다.

① 출애굽기 1:11에 나오는 라암셋은 자음만 보았을 때 라암세스(창 47:11; 그 외 출 12:37; 민 33:3, 5)와 동일한데, 이곳은 야곱과 그의 아들들이 이주하며 정착한 곳이고, 역사적으로는 제19왕조와 관련되기 때문에 혼란스럽다. 만약 창세기에 나오는 지명이 시대착오적 기록이라고 인정해야 한다면, 출애굽기의 기록은 그렇지 않다고 말할 이유가 있겠는가.

② 탈출한 이스라엘 백성이 가나안으로 가는 길로 택하지 않았던 "블레셋 사람의 땅의 길"(출 13:17)도 시대착오적 기록일 가능성이 크다. 왜냐하면, 블레셋은 지중해 동부 해안에서 후기 청동기 시대 문명이 전체적으로 쇠퇴하는 데 일조한 '바다 민족들'의 일부이며, 이 지역에 정착한 것은 주전 1200년 이후일 것이기 때문이다.

③ 제19왕조와 관련된 지명 라암셋도 사실 후대 프톨레미 시대(주전 323년 이후)까지 잘 알려져 있었기 때문에 특정한 시대의 지명으로 확정하기 어렵다. 지금까지 알려진 이집트 석비들 중 반 이상이 람세스 2세의 건축 사업들과 연관될 만큼 대규모였다.

그가 건축 노동자들을 형편없이 대우했다는 말이 마치 이집트에 내린 재앙처럼 악명 높았을 가능성도 충분히 있다(히타이트인들도 이미 알고 있었음: *ANET* 394 이하 참조). 당시 이집트 상황이 구약성경 안에도 매우 자세하게 실려 있지만, 구약성경 저자는 그곳에 가본 적이 없을 수도 있다(암 8:8; 9:5; 사 19장; 렘 46장; 겔 29장 이하 참조).

④ 역사적 관점을 제공하는 유일한 사료는 메르넵타 석비이지만, 이 석비가 정확하게 어떤 정보를 전해 주는가?

이 석비는 벌써 오래전부터 전해져 내려오는 정보를 우연히 기록하고 있을지도 모르고, 이스라엘과 구분하기 어려운, 돌아다니며 약탈을 일삼는 하비루는 벌써 한 세기 반 전부터 아마르나(Amarna) 편지들을 통해 이 지역에 잘 알려진 상태였다. 그 외 다른 모든 주장은 추정일 뿐이다. 위에서 언급한 바와 같이 셈족이 이집트로 내려가서 머물다가 탈출했을 가능성은 몇 가지로 서로 다른 재구성이 가능하다.

역사 자료들을 기초로 보면, 이 일은 한 번에 벌어진 사건이라기보다는 여러 번에 걸친 과정이었다고 말해야 할지도 모른다. 그렇다면 성경에 나오는 자료를 다른 관점에서 재고하고 성경에 나오는 정보와 고대 근동 고고학에서 얻은 자료를 수학에서 다루는 동질적인 숫자처럼 순서에 따라 더할 수 있다고 간주하지 않는 것이 나을 수도 있다(로울리가 했던 것처럼 말이다).

⑤ 유랑하던 아람인들이 이집트 삼각지까지 이르렀다는 증거는 전혀 없다. 이집트 문서들은 오히려 시내반도에 거주하는 유목민 쇼쑤(Shosu)에 관해 언급하고 있다.

3) '일부 길고 일부 짧은' 연대기

이 연대 추정에 따르면 족장들은 아모리인과 관련이 있지만, 출애굽은 13세기에 일어났다.

이런 태도는 국제적으로 종교와 상관없이 1960년대에 여러 가지 형태로 형성되었던 '합의'라고 말할 수 있는데, 올브라이트(W.F. Albright)와 케년(K.M. Kenyon) 그리고 마자르(B. Mazar)가 주장했고 브라이트(J. Bright)와 드보(R. de Vaux)가 그들의 책 『이스라엘 역사』(*Histories of Israel*)에서 매우 효과적으로 지지했다. 그러나 이 주장도 '긴' 연대기와 '짧은' 연대기의 난점들과 불확실성을 섞어 놓았을 뿐이다.

§ 더 읽어 볼 자료

제1장 4에서 고고학과 역사학에 관련해서 사용했던 연구서들은 매우 다양하다. 위에서 인용했던 학자들의 연구들을 순서에 따라 참고 문헌으로 다룬 책들로 다음과 같은 것들이 있다.

E.A. Speiser, *Genesis*, Anchor Bible 1, New York: Doubleday, 1964.

J.J. Bimson, *Redating the Exodus and Conquest*, JSOTS 5, Sheffield, 1978. 빔슨과 할펀(B. Halpern, 출애굽의 '짧은' 연대기 지지자)이 진행했던 흥미로운 논쟁은 *Biblical Archaeology Review*, 13, 1987에 남아 있다. 생동감 넘치는 편집과 사진을 많이 싣는 *BAR*은 전반적으로 최근의 고고학 연구와 성경에 관한 질문들에 관해 매우 이해하기 쉬운 정보를 제공하고 있으며, 이전 호(1981년과 1982년)에도 출애굽과 관련된 글이 실린 바 있다. *Biblical Archaeologist*도 이와 유사한 정보를 제공하고 있으나 좀 더 기술적인 내용을 다루고 있다.

I. Wilson, *The Exodus Enigma*, London: Weidenfeld & Nicolson, 1985.

T.L. Thompson, *The Historicity of the Patriarchal Narratives*, BZAW 133, 1974.

톰슨의 주장에 대한 보수적인 비판으로는 A.R. Millard & D.J. Wiseman, *Essays on the Patriarchal Narratives*, Leicester: IVP, 1980이 있다.

M. Kochavi, A. Mazar, "The Israelite Settlement in Canaan in the Light of Archaeological Excavations," in *Biblical Archaeology Today: Proceedings of the International Congress on Biblical Archaeology, Jerusalem, April 1984*, Jerusalem: Israel Exploration Society, 1985.

E. Oren, "Ancient Military Roads between Egypt and Cana`an," *Bulletin of the Anglo-Israel Archaeological Society*, 1982, 20-24.

R. Cohen, Kadesh-barnea: *A Fortress from the Time of the Judaean Kingdom*, Jerusalem: The Israel Museum, 1983.

E. Anati, *Har Karkom: The Mountain of God*, New York: Rizzoli, 1986.

H.H. Rowley, *From Joseph to Joshua*, London: The British Academy, 1950.

S. Herrmann, *Israel in Egypt,* Studies in Biblical Theology, London: SCM, 1973.

5. 역사적 접근법에 관련된 다른 문제

출애굽기에 기록된 내용을 역사적 사료인 것처럼 취급할 때, 출애굽 사건이 언제 일어났는지 그 연대를 추정하는 것 이외에도 두 가지 다른 문제가 발생한다. 그것은 출애굽 기록에 포함된 숫자들과 지리적 위치에 관련되어 있다.

지금까지 이런 문제들은 기록된 숫자를 깎아내리든지 특정 지역과 연관시키며 합리화해서 해결하려고 노력해 왔다. 그러나 이렇게 곤란한 상황을 통해 배워야 할 점은 성경에 포함된 내용들이 대부분 역사 사료라고 간주하면 안 되고, 이런 내용을 위한 적당한 해석 방법이 필요하다는 사실이다. 만약 성경 자료의 성격을 잘 이해한다면 이런 문제들 때문에 당황할 필요도 없을 것이다.

1) 출애굽과 관련된 숫자들

출애굽기 12:37은 출애굽 시대에 이스라엘 백성들의 인구가 "유아 외에 보행하는 장정이 육십만 가량"이라고 말한다. 여기서 말하는 장정이 대부분 결혼해서 가족을 꾸린 사람이라고 가정하면, 전체 인구는 약 이백만 또는 삼백만 명이 되어야 한다. 그것도 모자란다는 듯, 성경은 "수많은 잡족과 양과 소와 심히 많은 가축이 그들과 함께했으며"라고 덧붙이고 있다.

주석가들은 이런 크기의 인구집단이 어떤 강이나 바다를 좁은 통로를 통해서 하룻밤에 건널 수는 없다고 어쩔 수 없이 인정하고 있다. 같은 이유로 이렇게 많은 사람이 사십 년 동안 사람이 거주할 수 없는 시내광야에서 음식과 식수를 구하고 자기들의 가축과 동물들을 위한 목초지를 찾으며 살기는 불가능하다고 보고 있다.

현대 인구조사 결과를 보더라도 시내반도 전체를 통틀어 베두인들이 약 40,000명 정도 살고 있다. 지난 1882년에는 이보다 훨씬 적어서 4,179명에 불과했다.

성경에 기록된 숫자를 줄이기 위한 방법을 제안하는 학자들도 있었다. 그중 하나는 '천'이라는 숫자를 가리키는 낱말(엘렙[`elep])이 사실 사사기 6:15이나 사무엘상 10:19처럼 '가족'을 의미한다고 해석하자는 의견이다.

그러나 만약 그렇다면 왜 이 숫자에서 여성이나 어린이들을 제외해야 했단 말인가?

어떤 경우이건 민수기 1-4장에 기록된 인구조사 목록들을 보면 성경의 저자는 600,000이라는 숫자를 실제 인구수라고 생각했다는 사실을 확신할 수 있다.

그러므로 이 숫자는 단순히 과장되어 있음을 인정해야 하며, 이런 경우는 구약성경 안에서(대상 19:18에 7,000승이라고 기록된 숫자는 같은 사건을 기록한 사무엘하 10:18에 700승으로 남아 있다) 그리고 고대 세계에서 전해져 내려오는 다른 문서들에서 흔히 발견되는 현상이다. 그렇다면 그러한 광야 횡단에 실제로 얼마나 많은 사람이 참여했을지 논하다 보면 누구나 자기가 원하는 숫자를 주장할 수 있다. 예를 들어, 빔슨은 72,000명이라고 주장했다.

그러나 이스라엘 백성이 150명 정도였다고 주장한 바이마르(P. Weimar)와 쳉어(E. Zenger)의 의견은 '불합리할 정도로 삭감'(reductio ad absurdum)한 경우일 것이다.

2) 홍해를 건넌 장소

이렇게 많은 사람이 10-30킬로미터 정도 되는 홍해의 수에즈 운하를 하룻밤에 건널 수는 없기 때문에 다른 장소들을 물색하는 사람도 있었다. 먼저 히브리어 표현에 관한 일반적인 해석을 수정해야 한다는 주장이 있다. 히브리어로 '얌 쑵'(출 13:18 외 다수)이라는 표현은 70인역의 헬라어 번역을 따라 전통적으로 '홍해'라고 번역해 왔다. 그러나 히브리어 '쑵'은 '갈대'라는 뜻이므로(예를 들어, 출 2:3, 5), 이 지명은 '갈대 바다'라고 번역해야 한다는 것이다.

그래서 이 장소를 찾기 위해 학자들은 다양한 갈대밭을 찾아 후보지로 제안했고, 현대 수에즈 운하를 따라 남쪽의 비터 호수(the Bitter Lakes)부터 북쪽 지중해 바로 밑에 있는 싸브핫 알-바르다윌(헬라어 문서에 나오는 Lake Sirbonis)이 물망에 올랐다.

그중 지중해로부터 아주 좁은 모래 언덕을 사이에 두고 나뉘어져 있는 싸브핫 알-바르다윌은 매우 그럴듯한 장소인데, 이 언덕은 때로 몇 미터 밖에 안 될 만큼 좁아서, 사람들이 걸어서 건너갈 수는 있지만 무거운 전차는 뻘에 빠지게 되는 광경을 쉽게 상상할 수 있다.

심지어 헬라어 작품 중에 어떤 군대가 이 지역에서 함정에 빠졌다는 기록이 남아 있기도 하다(Diodorus, XVI, 46; XX 73 이하; 참고, Strabo, Geographica I, 58). 그러나 '얌 쑵'은 구약성경 다른 구절에서 분명히 홍해를 가리키고 있으며(의심할 여지 없이 아카바만을 가리킴, 왕상 9:26), 그러므로 출애굽기 10:19도 같은 의미로 이해해야 한다.

3) 그 외 다른 지리적 문제

(1) 이집트 안에서 거주하던 지역

세 가지 지명이 언급되었다. 어떤 성경 구절은 이스라엘 백성이 거주했던(창 45:10 이하) '고센 땅'이 유다 남쪽 경계와 삼각주 동부 사이에 있다고 암시한다(창 46:28). 그러나 이 장소는 이야기에 나오는 다른 내용과 잘 맞지 않는데, 특별히 이백만이나 삼백만 명이 되는 공동체가 정착해 살기는 어려운 곳이다.

그래서 고센 땅은 자가직(Zagazig)에서 이스마일리아(Ismailiya) 동쪽으로 흐르는 와디 투밀랏(Wadi Tumilat) 지역으로 추정하는 경우가 많다(예를 들어, 이집트탐험재단에 속한 고고학자 E. Naville가 그렇게 주장). 현대에도 폭압적 지배자를 피해서 이 지역을 갑자기 떠나 버린 유목민들이 있었다는 사실은 싸이스(A.H. Sayce, History of the Hebrews, 1897, 153)를 통해 잘 알려졌다.

비돔과 라암셋(출 1:11)이 어디인지에 관해서도 이견이 전혀 없는 것은 아니다. 비돔은 탈 알-마스후타(Tall al-Maskhutah, Naville)나 탈 알-루타바(Tall al-Rutabah, A. Gardiner)일 것으로 추정했고, 라암셋은 탈 알-루타바(Tall al-Rutabah, W.M.F. Petrie, Naville), 타니스(Tanis, P. Montet), 칸티르(Qantir, M. Hamza), 탈 알-다바(Tall al-Dab'a, M. Bietak)일 것으로 추정했다.

(2) 시내산의 위치

 탈출한 이스라엘 백성이 목적지로 삼았던 시내산의 위치는 출발지인 홍해만큼이나 불분명하다. 지금까지 십여 가지의 제안이 있었는데 가장 가능성이 큰 지역으로 세 장소가 있다.

① 시내반도 남쪽 성카테리나수도원(Saint Catherine's Monastry) 근처 화강암 봉우리가 높이 2,500미터 이상 솟아 있는 곳이 있다(자발 무싸, '모세의 산'은 약 2,285미터이다). 반도의 남서쪽을 흐르는 와디 피란(Wady Firan, '들쥐들의 건천')은 그 이름이 성경에 나오는 '바란'(Paran)이라는 지명을 상기시킨다는 의견이다.

 이 제안에 반대하는 사람들은 원래 이 지역은 주후 3세기 로마제국의 박해를 피해서 이집트에서 나온 피난민들이 전한 기독교 전승만을 기초로 구성되어 있다는 점을 지적한다.

 성카테리나수도원은 6세기에 와서 비잔틴제국의 유스티니아누스 황제(emperor Justinian)가 성벽을 두르고 알렉산드리아의 순교자 이름을 따서 명명했다. 이와 함께 이 지역은 시내반도 남쪽에 있어서 터키석 광산 때문에 이집트가 굉장히 깊은 관심을 가진 곳이므로 이집트가 군대를 파견할 가능성이 매우 큰 곳이다.

② 이스라엘 백성이 광야에서 보낸 사십 년 세월 중 대부분 시간을 보냈던 가데스 바르네아(Kadesh-barnea)를 지목하는 사람도 있다. 가장 그럴듯한 장소로 시내반도 북부에서 가장 수량이 풍부한 오아시스이며, 슈르의 길(the Way of Shur)과 가자 길(the Way of Gaza)이 만나는 지점에 위치한 아인 알-쿠다이랏(Ayn al-Qudayrat)이 있다.

여기서 남동쪽으로 10 킬로미터 떨어진 곳에 아인 쿠다이스(Ayn Qudays)가 있는데, 성경에 나오는 이름의 흔적이 남아 있다. 그래서 그 근처에 적당한 산이 있는지 찾는 노력이 시작되었고, 자발 할랄(Jabal Hallal, B. Mazar)과 하르 카르콤(Har Karkom, E. Anati)을 제안했다.

그러나 성경의 전승에 따르면 호렙산(성경에서 시내산을 가리키는 다른 이름으로 사용되었고, 이 산맥의 남쪽 봉우리가 시내산이라고 해석함)은 가데스 바르네아부터 열하루 길이었음을 기억해야 한다(신 1:2).

③ 노트(M. Noth)와 몇몇 다른 학자는 출애굽기 19:18에 기록된 신현 현상이 화산활동을 묘사한다고 주장한다. 이 지역에서 가장 가까운 화산 지대는 아라비아 반도 북서쪽에 있다(모세가 미디안 족속과 관련이 있다는 전승과도 일맥상통한다).

(3) 광야를 떠돌아다니던 여정

이스라엘 백성이 바다를 건넜던 곳과 시내산의 위치가 불분명하므로 이 두 지점 사이를 여행했던 길을 분명하게 재구성하는 것은 불가능하다. 비하히롯, 믹돌, 바알스본(출 14:2)이라는 이름들은 분명히 셈족어 낱말이며('수로 입구', '탑', '북부의 주인'), 지중해 해안에서 가깝고 삼각주 동쪽에 위치하고 있을 것이다. 그러나 이스라엘은 해안선을 따라 잘 정비된 길로 가나안까지 갈 수 없었다.

그래서 내륙에 있는 숙곳(Succoth)과 에담(Etham)을 지나, 수르광야(the wilderness of Shur)에 있는 마라(Marah)와 엘림(Elim)이라는 샘을 거쳤고, 그 후 맛사(Massah)와 므리바(Meribah)와 르비딤(Rephidim)이라는 샘이 있는 신광야(the wilderness of Sin)를 지났다.

그리고 마지막으로 시내광야에 들어가기 전에 지났던 길은 시내산이 어디 있는지 의견이 서로 다른 해석자들에 따라 시내반도 남부, 북부 또는 중부 지역을 지났다고 본다.

§ 더 읽어 볼 자료

바이마르(P. Weimar)와 쳉어(E. Zenger) 그리고 그들의 학파는 출애굽기에 관련된 많은 책을 펴냈다. 이집트를 탈출한 이스라엘 인구의 추정치는 다음 책에 나온다.

Peter Weimar, Erich Zenger, *Exodus-Geschichten und Geschichte der Befreiung Israels*, Stuttgart: KBW, 1975, 114.

이 책에서 설명한 것과 비슷하지만 좀 더 간단하고 기본적으로 순서에 따라 서술한 예로 다음과 같은 연구가 있다.

R. Giveon, "Archaeological Evidence for the Exodus," *Bulletin of the Anglo-Israel Archaeological Society*, 1983-84, 42-44.

지리적 문제에 관한 주장들은 다음을 보라.

G.I. Davies, *The Way of the Wilderness*, Cambridge University Press, 1979.

M. Har-El, The Sinai Journeys: *The Route of the Exodus*, San Diego: Ridgefield, 1983.

이런 문제와 관련된 좀 특이한 주장으로는 다음과 같은 연구가 있다.

K. Salibi, *The Bible Came from Arabia*, London: Cape, 1985.

6. 출애굽기는 어느 정도까지 역사서로 보아야 할까?

이렇게 역사 연구의 결과가 확실한 결론을 내려주지 않는 상황이므로 성경에 있는 기록이 어떤 성격인지 다시 검토하고 밝힐 필요가 있다. 역사 기록의 주된 목적이 될 수 있는 대로 1차 자료만 사용해 가며 일상적인 환경에서 일어난 사건들 사이에 어떤 인과관계가 있는지 밝히는 것이라는 관례적인 정의를 할 때이다.

출애굽기를 역사 기록으로 보는 것이 어디까지 가능할 것인가?

어쩌면 이런 질문을 하는 것 자체가 대답의 시작일 수도 있다. 나중에 우리는 출애굽기 안에 있는 정보가 근본적인 역사적 변화를 반영하는 사건들과 실제로 관련되어 있다고 주장하겠지만, 이런 정보들이 얼마나 역사 사건들과 관련이 있든지 더 거대한 목적을 위해 이용되고 있다.

이스라엘 백성들이 어떻게 시작되었는지 묘사하면서 그들이 영위하는 삶 전체를 드러내는 원리 즉 그들이 하나님과 계속해서 관계를 유지하고 있다는 사실을 그리는 것이 더 큰 목적이었다. 그러므로 출애굽기를 과거에 있었던 어떤 사건 하나 또는 여러 사건을 재구성하는 데 사용한다면, 그 의도는 칭찬받을 만하더라도, 이 이야기가 과거의 모든 경험이 민족의 기원을 설명하는 사건으로 보는 것이 점점 더 전체적으로 의미가 있다고 집중하고 있다는 사실을, 물론 그런 성격만 있는 것은 아니지만, 간과하는 결과를 가져온다.

성경 자료가 추구하는 바는 원래 있었던 것을 회복하려고 뒤로 돌아가는 것이 아니며, 반복되는 경험을 통해서 일정한 패턴을 제공하는 논란의 여지가 없는 연원에서 앞으로, 즉 하나님과 맺는 관계가 추구하는 근원적 목표를 향하고 있기 때문이다.

또 그 내용이 과거에 관한 이야기라는 형식 안에 포함되어 있으므로 이것을 구성하는 모든 요소는 이야기라는 긴급하고 활동적인 형식의 영향을 받아, 이런 요소들과 얼마나 이질적인지 여부와 상관없이, 과거의 사건들이 되거나 그런 사건이라는 공식에 적당히 맞추어지는 성격을 가지게 된다.

이야기는 냉철한 사료 분석이나 재구성을 목표로 삼지 않고 지식인이 과거를 향해 가진 관심을 만족시키는 정도이지만, 어떤 시대에 살거나 어떤 지적 능력이 있느냐에 상관없이 독자나 청중의 상상력에 호소하여 그들의 지지를 끌어내는 예술 작품이기도 하다. 이야기는 청중을 사로잡고 흥미를 불러일으키기 위해 그에 맞는 이야기 도구들을 적절히 사용한다.

출애굽기는 한 번만 쭉 읽어 보아도 이야기가 주류를 이루면서 역사 자료를 대체했고, 이야기가 빠르게 흐르면서 원래 사건으로 묘사하기에 개연성이 낮거나 거의 불가능한 많은 요소가 포함된 기본적인 진실을 사건으로 묘사하고 있음을 볼 수 있다. 만약 역사 자료만 최고의 가치를 지니고 있다면 이것은 매우 불행한 현상이겠으며, 이런 요소들을 설명하려고 노력해도 얻을 것이 없을 터이다.

그래서 여기서는 이러한 요소들의 진가를 충분히 드러내 이 자료가 가진 참된 의의를 평가하려고 한다. 역사적 사건과 사료로서의 성격이 문제가 되는 곳에서 이야기라는 양식에 속하지 않는 요소들을 찾아내는 부정적 작업은 이런 목적을 위해 도움을 줄 수 있을 것이다.

이야기는 기본적으로 역사 자료를 기록하는 형식이 아니다. 이야기는 주인공들이 어떤 정책과 그 반대되는 정책을 동시에 발전시킬 수 없는 단선적 구조로 되어 있다. 주인공들은 어떤 '전형'을 벗어나지 못한다. 고집이 센 파라오와 무력한 신하들, 심지어 모세도 찬란했던 어린 시절과 유년 시절 이후에는(그리스만[H. Gressman] 이후로 이 부분에 전설의 요소가 포함되어 있음이 알려졌다) 중재자라는 모습 뒤로 정체성이 모호해진다.

작품의 배경도 역사 자료로 보기 어렵다. 이집트의 지리를 거의 언급하지 않고 있다는 점은 이미 잘 알려져 있다. 그리고 지리를 모호하게 묘사한 것만큼 시대적 배경도 분명하지 않다. 파라오가 세 명 등장하는데(요셉을 환영했던 자와 모세가 태어나고 유년 시절을 보내고 이집트에서 도주했을 때 다스리던 자, 그리고 모세가 이집트로 돌아와서 만난 자) 그 누구에 대해서도 정확한 이름이나 소속된 왕조를 밝히지 않았다.

성경에 나오는 연대기적 기록도 모호하기는 마찬가지이다. 어떤 방법으로 계산하면 출애굽 사건은 창조 다음 2,666년 이후에 일어났는데(뇔데케[T. Nöldeke]), 이것은 4,000년 기간의 3분의 2 지점으로 종말론적 혹은 묵시문학적 사고의 결과라고 추정할 수 있다.

모든 것이 원역사적 시대와 태고적 문맥 안에 묘사되어 있어서, 이스라엘이 민족이 되었던 시점에 관한 '신화'이지만, 실제 사건들이 불규칙적으로 파편화되어 남은 것을 필수적 줄거리에 맞도록 부드럽게 다듬어 누구나 알아볼 수 있는 실제 세상 안에 배치했다.

초현실주의적 분위기는 놀랍고 기적적인 사건 묘사를 통해 강조되고 있으며, 일상생활에서 나타나는 가능성의 한계나 불가능한 점은 무시를 당하고 있다.

600,000명의 이스라엘 장정들의 건강한 부인들을 돌보는 데 산파가 두 명이면 충분하다든가, 파라오의 딸이 모세에게 이집트식 이름을 주는데 히브리어로 그 이름을 설명한다든가, 모세가 이집트의 모든 물을 피로 바꾸었는데 파라오의 마법사들도 그런 능력이 있음을 증명했다고 기록했다.

다섯째 재앙 때 이집트인들의 모든 가축은 돌림병에 걸려 죽었는데 여섯째 재앙 때 다시 악성 종기에 걸렸다거나, 일곱째 재앙 때 가축들이 우박에 맞아 죽었는데 열째 재앙 때 이집트 사람들의 첫째 자식과 함께 그들의 첫 새끼도 죽임을 당했다거나, 열째 재앙 때 자정부터 그 밤이 지나기 전에 재앙에 대한 소식이 이집트 전국에서 파라오에게까지 도착할 수 있었다.

이 같은 시간에 파라오는 모세와 아론은 물론 유아와 어린이를 포함하여 2-3백만 명에 이르는 이스라엘 사람들을 소집해서 그들의 모든 재산과 가축과 짐승을 가지고 출국시킬 수 있었다고 기록되어 있다.

이렇게 역사 자료를 평가하는 기준을 이런 이야기나 출애굽기에 있는 다른 자료에 적용하는 것이 완전히 부적절하다는 사실이 분명히 드러난다. 그러나 이런 판단은 이 책의 내용을 평가절하하기 위해 아무렇게나 내릴 수 있는 결론이 아니다. 그 내용이 크게 보아 원래 맡았던 기능이 아니고 누구나 기대할 수 있는 원래 기능을 더 이상 수행할 수 없는 상태가 되었을 때만 가능하다.

이 책은 폭넓은 역사적 문맥 안에 포진된 다양한 구전설화와 전설, 민담, 종교적 그리고 사회적 기관들을 아우르고 있으며, 주님께서 홀로 모든 사건을 인도하고 계시다고 근본적으로 인정하려 하고 있다. 최고의 기적들(표징들, 재앙들, 광야에서 생존, 시내산에서 일어난 신현 현상)은 모두 이런 일들이 세계 안에서 인과관계를 통해 벌어진 것이 아니라 주님의 인도와 개입에 따라 벌어졌다는 사실을 전해 주려 하고 있다.

그렇다면 출애굽기에 남아 있는 이야기는 역사적으로 어떻게 평가할 수 있는가?

내가 보기에 이것은 출애굽기의 이야기 형식 안에 포함된 증거들이 후기 청동기 시대 말과 철기 시대 초의 역사 흐름, 즉 이집트가 서아시아에 미치던 정치적 영향력이 감소하여 이집트의 동부 경계선 안에 갇히고 시리아와 팔레스타인에 새로운 민족국가들이 들어서던 상황과 얼마나 유사한지에 달려 있다.

출애굽기는 이런 상황을 이스라엘 쪽에서 본 설명이다. 출애굽기는 이스라엘의 신앙고백 일부이며 이 신앙이 변하지 않고 지속해서 의미가 있다는 사실을 강조하는 도구이다.

이런 사건들이 일어난 결과 놀랍게도 몇백 년 동안 그 지역을 지배하며 착취하던 제국주의 군대의 위력이 인간의 상상력이나 성취할 수 있는 능력을 넘어서는 방법으로 사라져 버렸다. 이스라엘은 이것이야말로 그들이 섬기는 하나님의 행위였다고 고백하면서, "이는 여호와께서 행하신 것이요 우리 눈에 기이한 바로다"(시 118:23)라고 찬송하는 것이다.

그러므로 이야기에 포함된 기적적 요소들을 굳이 설명하거나 그것들을 일상적이고 논리적이며 이해할 수 있는 사건들로 치환하려는 노력은 처음부터 모두 실수이다. 기적의 기능은 이야기가 역사와 연동되어 있긴 하지만 그 외 다른 많은 요소와 관련되어 있다는 의미에서 하나님이 의심할 수 없이 항상 함께하고 계시며 실제로 상상할 수 없는 능력을 갖추고 계시다는 사실을 전체적 틀과 자세한 세목을 통해 묘사하려는 것이다.

이런 관점에서 보면 해석자들이 맞닥뜨린 역사적, 지리적 문제를 좀 더 냉정하게 재고할 수 있다(이집트를 탈출한 '날짜'와 '위치' 그리고 숫자 등). 출애굽 이야기 안에서 성경은 이스라엘 입장에서 보았을 때 이집트 제국에 속박되어 있다가 탈출한 조건들이 무엇이었는지 잘 보여준다.

첫째, 이집트 제국과 이스라엘의 조상들도 그 일부였던 셈족에 속한 반유목민들이나 하비루는 시리아에서 시나이에 걸쳐 있는 사막의 가장자리나 가나안 도시국가들의 국경 지역에서 만났다. 이런 만남은 몇 세기에 걸쳐서 일어났는데, 이야기 안에서 대도시 지역인 이집트로 '내려가서' 그곳에 '머물렀다'고 묘사했다.

둘째, 후대 이스라엘의 조상들은 대도시 지역인 이집트에 살건 이집트 제국의 지배 아래 있는 가나안에 살건 제국의 권력에 반기를 들거나 그 밑에서 '종노릇'하는 것이 무슨 뜻인지 가장 잘 알고 있었다. 이 사건에 참가한 사람들의 숫자를 논리적으로 이해할 수 있도록 줄이려는 노력은 완전히 초점을 벗어난 행위가 아닐 수 없다.

셋째, 지금까지 알려진 성공적이고 자신만만한 파라오 중 마지막 사람이며 그 이름이 아직도 자기가 지은 거대한 석상들과 신전들과 성읍에 남아 있는 람세스 2세 시절, 삼각주 지역에서 매우 열악한 조건들 즉 작열하는 태양 밑에서 질병에 시달리며 건축 노동자로 일했다는 표현은 누구에게 종속된 상황을 가장 잘 드러낸다. 그러나 이스라엘의 조상들이 실제로 대도시 지역인 이집트에서 노예 생활을 했는지 아닌지는 중요하지 않으며 이 사실을 증명할 이집트 쪽 증거를 찾아 증명할 필요도 없다.

넷째, 이집트에 재앙이 덮친다든가 제국이 아시아 지역 속주에 사는 사람들을 착취했던 것은 누구나 경험해서 잘 알고 있는 사실이었다. 구약성경 안에도 이집트의 질병에 걸리는 일은 반복해서 벌어지는 위험한 사건으로 기록하고 있으며, 다시 한번 이집트의 올무를 지게 된다는 개념도 마찬가지이다(참고, 신 28:60-68). 제2 이사야를 보더라도 이집트의 올무에서 벗어난다는 말은 포로 상태에서 해방된다는 전형적인 표현이다.

다섯째, 사막의 여정과 관련된 지명들은 정보를 이념적으로 사용한 좋은 예이다. 탈출한 경로는 가나안을 향한 논리적인 직선 경로가 아니었고, 광야를 향한 직선 경로도 아니었다.

이 사실은 특히 출애굽기 14장에서 분명히 나타나는데, 매우 도발적이었던 '돌이킴'(출 14:2)은 군사적 전략이나 추격자를 떼어 버리려는 인간의 결정 때문이 아니라 바다에서 일어난 기적을 통해서 이스라엘의 하나님이야말로 그의 백성을 구원하시고 그들의 적들을 물리치신 유일한 분이심을 확실하게 보여 주려는 목적 때문이었기 때문이다(4절과 18절에 "애굽 사람들이 나를 여호와인 줄 알게 하리라"라고 나오는 '인정 공식'과 30절 이하에서 이스라엘도 믿게 되었음을 보라).

그러므로 이런 신학적 언설을 지리적으로 정확하게 위치시키려는 노력은 출애굽 사건을 정확한 역사적 연대로 추정하려는 것과 마찬가지로 의미 없는 일이다.

성경의 저자들이 '바다'라고 말할 때 마음속으로 홍해를 생각하고 있었다는 사실을 부인할 이유는 없다. 싸브핫 알-바르다윌 북부의 모래톱을 홍해라는 지명과 일치시키려는 해석은 자신이 그 모래톱의 전략적 가능성에 관해 알고 있는 지식에 기대어 잘 알려진 지형지물을 이집트가 더 이상 세력을 확장할 수 없는 확실한 경계로 이용하려는 것뿐이다.

논리적으로 '홍해'를 '갈대 바다'로 바꾸자는 제안은 완전히 초점을 벗어나 있으며 학문적 논쟁에서 제외해도 좋을 것이다. 그보다는 바다를 주제로 삼은 이야기가 창조한 신과 거대한 깊음 사이에 벌어진 전투에 관한 고대 근동의 우주론적 신화를 이스라엘이 논쟁적으로 수용한 결과라는 해석이 훨씬 더 타당한 연구주제라고 할 수 있다(출 15:5, 8, 10 참조).

이스라엘이 음식과 물 그리고 자기 짐승과 가축들을 위한 목초지를 발견할 수 있었던 아름다운 오아시스들을 찾는 것도 마찬가지로 소용없는 노력일 뿐이다(사막에서 소를 기르다니!).

여섯째, 연대와 숫자, 지리적 위치 등을 논리적으로 설명하려는 노력을 넓게 보고 평가한다면, 그들이 기초로 삼고 있는 사실들은 믿을 만할지라도 설득력 있는 논증을 전개할 수 없다. 그들이 출애굽기 이야기를 평가하기 위해 추구하는 기준이란 역사적으로 가능하거나 가능한 한 믿을 만한 것들이다.

그러나 역사적으로 믿을 만하다는 말 자체가 얼마나 주관적인가 하는 문제를 제외하더라도, 출애굽기를 점점 더 역사적으로 믿을 만하게 만듦에 따라, 이 책은 점점 더 개성을 잃게 되고 고대 이스라엘의 전통에 남겨 놓은 영향을 설명하기가 점점 더 어려워진다.

지금까지 논의한 바에 따르면, 출애굽기 저자는 종교 기관들과 신념들을 넓은 의미에서만 실제 역사를 반영하는 이야기라는 형식으로 묘사하려 했고, 필요할 때만 그 당시의 일반적이고 신빙성 있는 조건들을 제공하려 했으며, 그것도 자세한 사실을 기록할 때는 매우 선택적이었다고 말해도 큰 무리가 없을 것이다(이 '저자'라는 말이 무슨 뜻인지는 제3장에서 본격적으로 다루게 된다).

이스라엘의 종교는 역사적 사실들 위에 기초하지 않았다. 그보다 이스라엘의 종교적 저자들은 역사가 큰 틀이 되는 이야기라는 서술방식을 사용했다. 자세한 묘사로 들어가면 역사적 상황은 그들이 사용한 많은 자료 중의 하나에 불과했다.

이 복잡한 이야기는 원래 있던 종교적 전통을 표현하는 도구였다. 출애굽기에 기록된 역사적 사건들은 사료가 아니라 표현의 도구였으며, 서술의 기초가 되는 것이 아니라 확인하는 증거가 되며, 신빙성을 보여 주는 증거가 아니라 그것을 증명하는 시험장이 되고 있다.

§ 더 읽어 볼 자료

B.F. Batto, "Red Sea or Reed Sea?" *BAR* 10/4 (1984), 57ff.

C. Kloos, Yhwh's Combat with the Sea: *A Canaanite Tradition in the Religion of Ancient Israel*, Leiden: Brill, 1986.

7. 논의를 전개하는 데 필요한 모세의 모습

출애굽기 전체에 관해서도 그랬던 것처럼, 모세에 관해서도 역사성과 관련된 질문들이 많이 제기되었다. 모세라는 인물이 '본질에서 역사적'이라고 주장하는 이유는 유대교가 기독교와 이슬람교와 마찬가지로 창시자가 필요하다는 보편적인 생각 때문이다.

찰스(R.H. Charles)가 했던 말과 같이, "위대한 종교적 도덕적 계시는 도덕적 공동체의 작품이 아니며, 어떤 위대하고 뛰어난 인물의 영감을 통해 나타난다"는 것이다(The Decalogue, lii).

이 같은 생각을 좀 더 대중적으로 표현하여, '만약 모세가 존재하지 않았다면, 그는 꼭 발명되어야 했을 것이다'라고 말하기도 한다. 그가 이집트식 이름을 가졌다는 사실도 증거 중 하나로 덧붙이곤 한다('모세'라는 이름은 이집트어로 '태어나다'는 말을 히브리식으로 쓴 것이며, 투트모세나 람세스 같은 이름 안에도 들어 있다).

그런데 이 주장은 그리 설득력이 없다. '모세'라는 이름은 믿을 만한 윤색을 위해 또는 히브리식 논증을 위해 추가된 것 뿐이다('[그가 즉 주님이] 건지시다').

고대 이스라엘 사람들이 이집트식 이름을 잘 알고 있었다는 사실은 구약성경 안에서 그 이름의 주인이나 그 사람의 부모가 한 번도 이집트에 가 본 적이 없어도 이집트식 이름을 쓰는 사람들이 많다는 점을 통해 잘 드러난다(예를 들어, 엘리의 아들 비느하스, 삼상 1:3). 이 경우는 고대 이스라엘에서 이집트와 관련된 문제를 어떻게 이해해야 할지 보여 주는 좋은 예다.

일반적으로 말해서, 어떤 사람은 '정말 그렇구나'라고 말할지도 모른다. 위의 제1장 1-6에 기록한 논증에 따르면 이야기라는 형식은 고대 근동 지역에서 후기 청동기 시대가 철기로 바뀌던 시절 역사의 흐름을 폭넓게 일반화시키고 극도로 단순화시킨 그림을 제공하는 신앙고백으로 간주해야 한다. 이것은 역사적 이야기와 민간전승, 공식적 설명, 제사적 이야기, 그리고 법적 이야기 등 다양한 종류의 전승을 직선적 이야기라는 형태로 엮은 신학적 언설이다.

제2장에서 논의하겠지만, 대부분 자료가 구원과 계시라는 경험의 최적지인 출애굽 사건과 시내산에 이차적으로 연결되었다. 그렇다면 역사적으로 볼 때 한 개인이, 그가 모세라고 하더라도, 그 모든 관습과 또 성경 이야기와 관련된 모든 역사적 과정들을 시작했다고 보기는 어렵다. 그러나 좀 더 일관성이 있고 이해하기 쉽도록 성경 이야기는 한 개인에게 초점을 맞추고 있다.

역사적 모세를 찾는 작업은 아무리 좋은 의도에서 시작한다 해도 결국 성경의 자료들이 의도하는 요점과 부딪힐 수밖에 없다. 한 위대한 인물의 전기에 집중하면 이야기 전체의 목적에서 벗어나게 되기 때문이다.

모세는 여호수아나 사무엘 또는 에스라처럼 특정 지역에서 역사적으로 중요한 인물이었을 것으로 생각할 수 있다. 그는 이집트 세력이 확장해 옴에 따라 위협을 느끼던 네게브 북부에 사는 반유목민과 관련되어 있을 수도 있고, 그의 부족이 '이스라엘'이거나 '겐'족일지도 모른다.

그가 겐족 여성과 혼혈 결혼을 했을 수도 있다. 레위인이었으니 어떤 지역 성소에서 일을 했을 수도 있고, 고고학 발굴 결과 주전 10세기 유물이 발견되지 않았다는 점만 아니었다면 가데스-바네아는 매우 유력한 지역 중심지가 되었을 것이다(제2장 4. 1) (2) ④ 참조). 그와 관련된 청동 뱀 느후스단(왕하 18:4)은 정말 오래된 관습처럼 들린다. 바로 이렇게 지역에서 활동하던 인물이 직선적 이야기의 탄력을 받아 전체 이스라엘을 이끄는 지도자로 이상화되었을 것이다.

이런 재구성조차 어쩔 수 없는 상상의 결과일 뿐이며 독자들도 이런 추정을 통해 무엇을 얻을 수 있는지 혼란스러울 것이다.

만약 역사 자료를 토대로 모세의 인생을 재구성하려는 시도가 신뢰를 얻으려면(그것이 노트[M. Noth]와 같은 최소주의자[minimalist]이거나[제4장, 2] 또는 아우어바흐[E. Auerbach]와 같은 최대주의자maximalist이거나 상관없고), 지그문트 프로이트(Sigmund Freid) 때문에 악명이 높은 정신분석학이나 윌다브스키(A. Wildavsky)의 정치학에 근거한 설명이 더 나을 것이다.

그런 글이 그 저자가 주장하는 것처럼 타당성을 얻으려면 역사적 인물 한 명의 실제 경험을 재창조하는 방법이 아니라 그 인물에게 초점을 맞추고 있지만 좀 더 많은 것을 포함하는 진실, 그리고 실제로 근본적으로 신학적 진실을 탐구해야 할 것이다.

이 이야기의 주된 성격은 신학적이다. 주님이 유일한 구원의 주체이시다. 인간인 주인공이 중요성이 있는 것은 오직 이 분을 섬길 때뿐이다. 모세는 "권위가 없는 영웅"이다(D.J. Silver). 위대성은 하나님께 속하며 인간과는 상관이 없다. 이 관점은 오늘날에도 매년 유월절을 지키며 읽는 쎄데르(Seder)에 매우 잘 드러나 있는데, 모세는 그 기도서에서 아무런 역할도 맡고 있지 않다.

§ 더 읽어 볼 자료

E. Auerbach, *Moses*, Wayne State University Press, 1975.

A. Wildavsky, *The Nursing Father: Moses as a Political Leader*, University of Alabama, 1984.

G.W. Coats, *Moses: Heroic Man, Man of God*, JSOTS 57, Sheffield, 1988.

B.M. Bokser, *The Origins of the Seder: The Passover Rite and Early Rabbinic Judaism*, Berkeley: California University Press, 1984.

제3장

제도적 문제: 종교적 핵심

　제2장에서 출애굽기라는 책의 문학 양식은 원래 이야기 형식으로 표현한 신앙고백임을 밝혔다. 이 이야기는 민담과 공식적 설명, 법적 서술 등 다양한 자료를 사용하고 있으며, 이스라엘 관점에서 후기 청동기 시대에서 제1 철기 시대로 전환하던 시기의 역사적 상황들을 극도로 단순화시킨 시대적 배경을 틀로 삼고 있다.

　이 글의 목적은 과거를 있는 그대로 재구성하는 것이 아니라 이스라엘이 하나님의 지배 아래 살았던 경험 중 변하지 않는 요인들을 표현하는 것이다. 그리고 하나님의 지배를 받는 삶과 경험을 표현할 때 종교적 제도야말로 이런 이야기의 주요 부분을 표현하는 가장 중요한 방법이 된다.

　출애굽기 안에는 이야기 형식으로 언급된 가장 중요한 제도들 또는 제도 군들이 여섯 가지가 있다. 즉, 유월절, 무교절, 초태생 바치기, 신현 사건, 계약, 그리고 율법이다. 이 제도들이야말로 이스라엘이 하나님 밑에서 연례행사로 예배를 드리고 매일 일상생활을 유지하며 공동체 생활을 유지해 왔던 가장 중요한 수단이다. 이런 제도들을 통하여 현실 생활에서 겪는 쓰디쓴 경험들에 대항하고 근원적 빛 안에서 미래를 향한 희망을 확인할 수 있었다.

서로 공유하는 제도적 관행을 통해 표현된 실제 생활을 출애굽기 안에 모아서 일관적인 이야기로 만들었다. 이 이야기는 이런 제도들로부터 필요한 자료를 취하고 동시에 그 제도를 특정한 방향으로 해석하는 상호작용을 진행한다.

출애굽기 안에서 이런 여섯 가지 제도는 각각 셋씩 두 집단을 형성하고 있다. 유월절과 무교절과 초태생 제사가 주로 12-13장에서, 좀 더 넓게 보면 이집트를 탈출하는 문맥 안에서 논의되고 있다(출 1:1-15:21). 신현 현상과 계약과 율법은 주로 19-24장에서 그리고 넓게 보아 시내산 계시라는 문맥 안에 등장한다(출 19:1-민 10:10).

처음에는 좀 놀랄 수도 있지만, 이번 장에서 이런 제도들이 원래 출애굽이나 시내산과는 아무런 관련이 없었지만, 나중에 이차적으로 이런 주요 주제와 연결되었는지 논의하게 될 것이다(대개 '역사화하다'[historicized]라는 말로 표현하지만, 제2장의 논의에 따르면 다른 모든 요소를 배제하기에는 '역사'라는 자리에 붙은 수수료가 너무 높다).

이렇게 이차적 연결을 시도한 목적은 아마도 기억할 수 없는 옛날부터 지켜 와서 이제는 모든 참여자에게 공동체 생활이라는 경험을 공유하게 하던 제도를 특정한 방식으로 해석해서 이스라엘의 신앙 안에서 공동의 이해와 정체성을 표현하는 적절한 도구로 만드는 것이다.

1. 유월절

출애굽기 12:1-13:16은 법 규정이면서(12:1-27, 43-49; 13:1-16) 동시에 그 규정을 실제로 시행했던 기록이기도 하다(12:28-42, 50 이하).

그러나 여기에서 다루는 규정 세 가지, 즉 유월절과 무교절과 초태생에 관한 규정 중 유월절(12:1-13, 21-27, 43-50)만 이야기가 묘사하는 당시의 상황에서 실제로 지킬 수 있었고, 그 외에는 부분적으로만 가능했다. 무교절(12:14-20; 13:3-10), 즉 성소를 찾아가서 이레 동안 지키는 축제(출 23:14 이하)를 이집트 군대가 급히 뒤쫓고 있는 상황에서 지킬 수는 없었을 것이다.

초태생을 바치는 규정(13:1 이하, 11-16)은 원래 태어난 날부터 여드레 만에 바쳐야 하며(출 22:30[MT. 29]), 가축들의 출산 시기와 깊이 관련되어 있고 일 년 된 양이나 염소를 골라 유월절에 바치는 것(12:5)과는 분명히 다른 관례였다.

그러므로 처음에는 유월절-무교절-유월절-초태생-무교절-초태생이 서로 섞여 있는 이 법 규정이 이 본문 안에서 일관성 있게 기록된 것 같더라도, 유월절 규정만 출애굽과 직접 관련되어 있고 다른 두 부분은 추가적 정당성을 얻기 위해(13:8, 14 이하) 이차적으로 연결되었음을 알 수 있다.

이렇게 원래는 아무 관련이 없는 관행이지만 추가적 정당성이나 의의를 얻기 위해 출애굽과 이차적으로 관련을 맺는 행위는 구약성경 안에서 그리 드문 일이 아니다. 예를 들어, 할례(수 5:9), 안식일(신 5:15), 장막절(레 23:43), 제사 제도 전체(레 23장, 특히 33절), 희년(레 25:55), 그리고 심지어 정직한 도량형(레 19:35 이하)에 관한 언급도 그러하다.

그러나 과연 유월절은 출애굽기 12장 이하에 묘사된 이집트 탈출 문맥에 잘 맞는 명절일까?

이야기 중에서 역사적으로 신빙성이 떨어지는 요인들은 이미 제1장에서 언급했다. 그렇지만 유월절과 관련해서 시행해야 할 다양한 규정을 모두 이집트를 탈출하던 밤에 지키기는 어려웠을 것이다.

유월절 양을 먹고 남은 부분은 모두 다음날 아침에 불에 태워야 하며(출 12:10) 이스라엘 사람은 누구도 아침이 올 때까지 자기 집을 나올 수 없었는데(12:22), 그러나 모세와 아론은 그날 밤 파라오의 부름을 받아 나갔고(12:31) 이스라엘 백성들은 서둘러서, 아마도 곧장 그 땅을 떠나야만 했다.

그러므로 유월절 규정과 유월절을 처음으로 지킨 이야기 사이에 서로 잘 맞지 않는 어떤 부분들이 있다. 이 이야기는 유월절이 어떻게 시작되었는지 설명하기 위해 창작되었지만, 일단 이야기가 시작되고 나자 자기만의 탄력을 받아 독자적 문맥을 따라가게 된 것이다.

그렇다면 유월절도 무교절이나 초태생 규정과 마찬가지로 원래 출애굽과는 아무런 관련이 없지만, 이차적으로 연결된 독립된 제도이고 출애굽 이야기가 전달하려고 하는 정해진 틀로 짜 맞추어졌다고 말할 수 있을까?

유월절에 관해 연구를 발표한 쎄갈(J.B. Segal)이나 헨닝거(J. Henninger)는 출애굽 이야기 안에 포함된 요소 중 시내반도의 베두인들이나 이슬람 이전의 아랍 족속들의 관행과 인류학으로 유사한 점이 있다는 사실을 지적한다. 베두인들은 도살한 동물의 피를 콜레라로 고생하는 집 현관에 바르는 관습이 있었고, 여러 사람이 함께 먹는 고기를 '피드야'(*fidyah*)라고 불렀다(출 13:13, 15에 히브리어 낱말 '파다'[*padah*] 즉 '대속하다'는 말이 나온다).

그리고 뭔가를 새로 시작할 때 비슷한 제사를 시행하는 경우가 많았다. 새 땅을 경작할 때, 새 우물을 팔 때, 새집을 지을 때, 그리고 약속과 결혼할 때가 여기에 해당한다.

이런 제사의 목적은 액을 막기 위해인데, 참석자들에게 해를 끼치려고 슬며시 숨어들어 오는 악한 존재들을 쫓아내려는 것이다. 이스라엘 백성들이 자기 집 문설주와 기둥에 피를 발라서 "멸하는 자"(출 12:23)를 쫓아내려 했던 것과 매우 유사하다.

어떤 베두인이나 이슬람 이전 아랍 부족 중에는 가축 떼에서 처음으로 태어난 동물을 희생제물로 바치는 봄철 제사를 시행한 예가 있는데, 이 제물은 흠이 없고 수컷을 선호했으며, 함께 나누어 먹은 후 그 희생의 피를 뿌리거나 붓기도 했다. 이 제사의 목적은 새해에 그 공동체와 자기들 재산과 가축들을 보호하기 위해서였다.

로스트(L. Rost)는 이런 관습들을 성경의 내용과 훨씬 극적으로 연결할 수 있다고 주장했다. 유월절 양이나 염소는 첫째 달 10일에 선택을 해야 하는데, 일곱째 달 10일, 즉 속죄일에는 '대속하는 염소'를 골라서 유대 전통이 사막의 악령으로 기억하는 광야의 아사셀에게 내몰아야 한다는 사실과 비교해 보면 놀라운 유사성이 있음을 볼 수 있다. 그러므로 유목민들이 지키던 목축용 달력에 따라 한 해의 상반기와 하반기가 이렇게 서로 상응하는 두 제사로 상징되고 있다.

유월절 양이나 염소는 첫째 달 춘분을 전후해서 도살하게 되며, 이때 목자들은 광야 목초지에서 편리하게 가축을 기르던 겨울 계절에서 벗어나 얼마 안 되는 사료라도 구하기 위해 가축들을 몰고 농부들이 수확하고 나서 밭으로 들어가야 할 봄 계절로 바뀌는 시점을 가리킨다.

이와 마찬가지로 일곱째 달 추분을 전후해서 이른 비가 오고 농작물이 다시 자라기 시작하며 광야에 풀들이 다시 자라날 때쯤 대속하는 염소를 광야로 보내야 한다.

이러한 제도들 이면에 목자들이 그들의 동물 떼를 몰고 위험이 도사리고 있을지 모를 환경으로, 봄에는 농업지역으로 또 가을에는 사막의 가장자리로 이동하면서 악령들을 쫓으려고 기억할 수 없는 옛날부터 시행했던 제사의 흔적이 남아 있음을 부인하기 어렵다.

유월절과 속죄일은 모두 태초부터 시작된 유목 생활의 일부이며 계절에 따라 목초지를 따라 가축과 함께 여행하던 이동 유목 생활을 하던 습관에 뿌리를 두고 있다.

출애굽기 이야기 중 모세가 파라오를 만나 이스라엘의 하나님을 위해 제사를 드리기 위해 광야로 사흘 길을 가도록 허락해 달라고 요청한 것도(출 3:18 외) 이렇게 태곳적부터 지켜 온 봄 제사를 반영하는지 모른다.

만약 그렇다면 모세의 요청은 자기 백성을 해방하기 위해 임시방편으로 지어낸 변명이 아니고 이제 혁명적인 새로운 의미를 얻게 된 고대의 관습이었을 가능성이 있다. 이동 유목 생활에 관한 기록은 이집트 문서에 매우 잘 나타나 있다(제1장에서 인용한 *ANET* 259, 446 참조).

이렇게 유목 생활을 배경으로 전제하고 보면 유월절에 지켜야 할 규정들이 어떤 의미가 있는지 이해할 수 있다. 희생제물은 그 유목 집단의 어린 가축들, 흔히 양이나 염소 중에서 선택한다. 이스라엘의 모든 명절 중에서 유월절만 유일하게 밤에 지켜야 하는데, 불타는 낮이 지나서 동물들이 먹이를 찾아 헤매던 여행을 마치고 목자들은 자기 천막으로 돌아가기에 적당한 시간이다.

모든 제사행위는 날이 밝기 전에 마쳐야 하는데, 그때가 되면 동물들은 다시 한번 초장을 찾아 나서야 하고, 목자들은 서둘러서 떠날 수 있도록 준비가 되어 있어야 한다("허리에 띠를 띠고 발에 신을 신고 손에 지팡이를 잡고"[출 12:11]). 유목 사회에 잘 어울리도록, 제물은 성전에서 도살하거나 제사장에 의해 제단에 바치지 않았다.

한 가족의 가장이 제주가 되었으며 희생제물의 살을 불에 구웠으니, 베두인들이 임시로 지핀 불 위에 고기를 꼬챙이에 꽂아서 화로처럼 사용하던 관행과 유사하다. 그 희생제물은 여행하는 자들이 먹는 효모가 들어 있지 않은 빵과 함께 그리고 기른 것이 아니라 광야에서 채집한 야생 채소들과 함께 먹었다.

그러므로 유월절도 원래 출애굽과 관련이 없었을 가능성도 꽤 크다. 이런 가능성을 더 높여 주는 조건이 하나 더 있다. 만약 유월절이 이동 유목 생활과 관련되어 있다는 가정이 옳다면, 이 명절은 사막에서 농경지로 이행하는 봄 제사로 지켜야 한다. 그렇다면 이집트 땅에서 광야로 떠나는 일은 이 시기에 유목민들이 해야 할 일과는 완전히 반대된다.

그러나 구약성경에는 사막에서 농경지로 이동하는 시기의 봄 제사가 그 계절의 상황에 맞추어 진행되었다는 기록도 남아 있다. 여호수아서 1-6장 가나안 땅으로 진입하는 이야기는 그 사건을 정확하게 유월절을 전후한 시점으로 묘사하고 있으며(수 5:10), 더 나아가 보리를 수확하는 시점으로(수 3:15) 묘사하여 길갈 성소에서 무교절을 지킨 것과 연결하고 있다(수 5:11).

그렇다면 길갈에서 오랜 세월 동안 지켜 오던 관습과 관련된 몇 가지 요소가 출애굽 이야기의 기초에 깔리면서 이스라엘의 의식 속에 자리를 잡았을지도 모른다. 이런 이유로 여호수아 3:14 이하에서 요단강을 건너는 이야기가 출애굽기 14장에서 홍해를 건너는 이야기와 매우 유사하다는 점도 놀랍기는 마찬가지이다.

그래서 종교 제도에 관한 연구가 위에서 언급한 고고학 연구결과를 뒷받침해 주는지도 모른다. 요단강 건너편 북동쪽에서 이주해 온 아람인들 무리에 속한 이스라엘의 조상들이 이집트의 압제를 경험한 것은 나일강 계곡이나 삼각지처럼 이집트의 본토가 아니라 가나안이라는 제국의 식민지일 가능성이 있다는 것이다.

같은 주제에 속하는 논쟁이 또 하나 있다. 출애굽 이야기에서 이스라엘이 영원한 규례로 여기는 종교 제도들이, 특히 유월절과 같은 명절이 이차적으로 역사적 사건과 연결되었다. 한편으로는 이런 작업을 통해 이것들이 새롭고 확정적인 의미를 획득하고, 다른 한편으로는 이 제도들을 존중하여 지키는 공동체는 예의 역사 사건들이 가지는 의미를 지속으로 표현하고 재평가하게 된다.

이렇게 이스라엘 종교 제도들을 확정적으로 해석할 때 실제로 경험하는 것처럼 다양한 문학 양식의 이야기로 펼쳐진다. 아직도 끊임없이 매년 지키면서 하나님이 자기 백성을 이집트의 노예 생활에서 구원하셨다고 확정적으로 해석하는 유월절은 하나님의 백성에 속한 일원이라는 정체성을 표현하고 강화하는 데 가장 힘 있는 방법이 아닐 수 없다(기독교인들이 '주님의 식사'로 변형시킨 후에도 마찬가지 위력을 발휘하고 있다).

그러나 유월절과 무교절이 이차적으로 출애굽과 연결되었다는 사실을 간과하면 안 된다. 이런 명절들을 지키라는 법 규정에 반복해서 나오는 문장들이 괜히 들어간 것이 아니다.

오직 "너희에게 주시는 땅에 이를 때에/여호와께서 너를 인도하여 가나안 … 땅에 이르게 하시거든" 그때가 되어야 "너희는 … 이 예식을 지킬 것이라/구별하여 여호화께 돌리라"라고 기록했다(유월절은 출 12:25; 무교절은 출 13:5; 초태생은 출 13:11 참조).

§ 더 읽어 볼 자료

이스라엘의 종교 제도에 관한 대표적인 책은 다음과 같다.

R. de Vaux, *Ancient Israel: Its Life and Institutions*, London: Darton, Longman & Todd, 1961. 드보는 그가 저술한 역사책에서와 마찬가지로 이 책에서 주장하는 것보다 더 '보수적인' 견해를 주장한다.

J.B. Segal, *Hebrew Passover*, London: School of Oriental and African Studies, 1963.

J. Henninger, *Les fêtes de printemps chez les sémites et la pâque israélite*, Paris: Gabalda, 1975.

L. Rost, *Das kleine Credo*, Heidelberg: Quelle & Meyer, 1965, 101ff.

2. 무교절

이집트를 탈출하던 시점에 이레 동안 지속하는 무교절을 제대로 지킬 수 없었을 것이라는 점(출 12:14-20; 13:3-10)은 위의 제3장 1.에서 밝혔고 역사와 명절 제도가 이차적으로 연결되었다는 주장에 관한 가장 눈에 띄는 경우가 될 것이다. 이런 이차적 성격은 무교절과 유월절이 출애굽기 23:14-19 그리고 이와 평행본문인 출애굽기 34:18-26의 명절에 관한 법 규정에서 따로 언급된다는 사실로 다시 한번 증명된다.

유월절은 가족끼리 지키는 유목민들의 제사라면, 보리 추수를 시작하면서 지키는 무교절은 농경 사회가 일 년에 세 번 지키는 추수 축제 중 하나이며, 이때 남자들은 모두 성전으로 순례를 떠났던 것이다(다른 두 가지 추수 축제로는 먼저 보리 추수가 시작된 뒤 칠 주 뒤에 지키며 밀 추수가 끝나는 시점을 상징하는 칠칠절이 있고, 추분이 되어 타작마당에서 까부른 곡식을 창고와 포도주 저장고에 들이는 시점을 축하하는 장막절이 있다).

현재 출애굽기 12:14 이하에 기록한 법 규정에 따라 유월절은 14일 저녁에 그리고 무교절은 15일부터 21일까지 지켜야 하지만, 이런 연결도 이차적일 가능성이 크다. 고대에 무교절은 보리가 익는 시점에 맞추어 지켰을 것이며, 지역에 따라 그리고 계절에 따라 달라졌을 수도 있기 때문이다(신 16:9 참조).

사회학적 관점에서 볼 때도 유월절이 무교절과 원래 구별된 명절이었을 수 있다. 추수 기간이 시작되는 시점을 축하하는 무교절은 분명히 농부들의 명절이다. 반면에 위에서 언급한 바와 같이 유월절은 목동들의 축제다. 그러므로 유월절과 무교절은 이스라엘 공동체를 형성하는 분명하게 다른 두 '집단'(morphemes), 즉 목축 집단과 농업 집단이 지켰던 제사를 대표한다.

그렇지만 무교절은 규범적 해석을 가능하게 만들려고 유월절과 연결한 것이다. 두 명절 사이에 우연히 겹치는 요소들이 있었기 때문에 연결이 가능해졌는데, 두 명절이 모두 봄에 있었고 모두 발효시키지 않은 빵을 먹는 관습이 있었다.

토착 농부들의 제사를 '출애굽'이라는 이야기 안에 표현된 이스라엘의 신앙에 맞추어 규범적으로 해석해야 했던 상황은 사무엘하 21:1-14에 남아 있는 사건에 잘 나타나는데, 이 본문은 보리 추수를 시작하던 시점에 지키던 완전히 다른 명절을 배경으로 하고 있다.

그리고 이런 명절의 성격은 가나안 토착민들이 고대 우가릿 신화에 나오는 것처럼 여름 건기가 시작되기 전 곡식이 익고 까부를 때 바알 신이 죽고, 가을 우기가 되면 다시 살아난다고 믿었다는 사실을 통해 더 잘 드러난다. 무교절에 관한 규범적 해석은 출애굽기 23:15과 34:18 명절법 규정에 덧붙인 권고문을 통해서도 잘 드러난다.

§ 더 읽어 볼 자료

이스라엘 사회 안에 있었던 두 집단에 관해서는 로우톤의 연구를 보라.

M.B. Rowton, 'Dimorphic Structure and the Problem of the `apiru-`Ibrim,' *Journal of Near Eastern Studies* 35, 1976, 13ff.

우가릿 문서는 다음을 보라.

J.C.L. Gibson, *Canaanite Myths and Legends*, Edinburgh: T. & T. Clark, 2nd edn., 1978, e.g., 77.

3. 초태생

만약 유월절이 그리고 그보다는 덜하지만, 무교절도 이스라엘이 이집트에서 구원을 받았다는 이야기 일부로 설명했다면, 초태생을 드리는 관습은 어떨까?

동물의 초태생과 농작물의 첫 열매를 드리는 관습은 기억할 수 없는 과거부터 있었다(창 4:3 이하 참조). 이런 제물을 드리는 이유는 아마도 가축 떼와 농지에 풍성한 열매를 허락하신 하나님께 그에 합당한 예물을 드리는 것일 터이다.

이렇게 초태생 가축과 첫 열매를 제물로 바치면서 모든 가축 새끼와 농업 생산물이 거룩함을 선포하고, 동시에 남은 가축들과 농산물들은 인간들이 일상적 용도로 사용할 수 있도록 세속화되는 것이다(출 22:29 이하[MT. 28절 이하]; 신 26:1-11 참조).

그러나 인간 가족에 태어난 첫아들은 무를 수밖에 없다. 다른 본문에서 이스라엘의 첫아들들을 무르는 값을 대신 받는 자들은 레위인으로 나온다(민 3:11 이하, 40 이하).

그러나 출애굽기 13장에서는 초태생을 드리는 제도와 이스라엘의 첫아들을 무르는 일(1절 이하, 11-13절)은 출애굽과 연관되어 있으며 이로써 이차적 정당성을 획득한다(14절 이하). 이스라엘 백성이 하나님께 헌신하고 자유를 얻은 것은 이집트 전역에서 사람과 가축을 가리지 않고 처음 태어난 수컷을 값으로 드린 대가이다.

출애굽은 이스라엘이 자유를 얻은 과정은 물론 이스라엘의 자유를 상징하는 초태생을 드리는 관습의 연원이 되었다. 이집트의 초태생을 바친 값으로 자유를 얻게 된 일은 아주 먼 과거에 일회적으로 발생한 사건이 아니었다. 이것은 가족과 온 사회가 유월절과 무교절을 연달아 지키면서 매년 거룩하게 재확인하는 사건이다.

그리고 일 년 내내 사람이든 가축이든 초태생인 수컷이 태어나서 여드레가 될 때마다 그렇게 무른 첫아들이 존재한다는 사실을 통해 계속해서 그 가족 안에서 의미를 확인시켜 준다.

그러므로 출애굽 이야기 전체(출 11:1-13:16)가 이집트의 초태생이 죽는 이야기의 틀 안에 포함되어 있다. 그러나 가장 극적인 열 번째 재앙으로 이집트의 초태생이 죽는 사건은 7:14에 시작한 재앙 이야기 전체와 연결되기 때문에, 초태생 규정이 가지는 문학적 힘은 매우 의미가 깊다(많은 주석가가 열 번째 재앙을 초태생 관습보다 유월절과 관련시키고 있는 것은 적절하지 못하다).

파라오의 마음을 강퍅하게 만들었다든가 이집트인들에게 예물을 받았다는 등 다른 문학적 소재들도 이런 관련성을 확인시켜 주며, 출애굽기 3장에 나왔던 언급이 더욱 폭넓게 전개된 것이다.

첫째부터 아홉째까지 재앙의 많은 부분이 이집트 상황에 관한 폭넓은 상식에 근거한다는 주장에 일리가 있다. 나일강의 물이 피로 변한 첫째 재앙은 매년 나일강이 범람할 때 떠내려온 토사가 많아지는 현상을 대중적으로 표현한 것이라고 쉽게 짐작할 수 있다.

이런 현상이 어김없이 찾아온다는 사실은 매우 잘 알려져 있다(암 8:8; 9:5 참조; 이집트에서 6월 17일 밤은 아직도 라일랏 알-누크타[laylat al-nuqtah] 즉 '떨어지는 밤'으로 알려져 있는데, 매년 이날 밤에 나일강을 범람하게 만드는 첫비가 하늘에서 내린다고 믿기 때문이다).

그다음에 나오는 재앙들을 이해하는 것도 그리 어려운 일은 아니다. 불어난 물에서 나와서 땅에 기어오른 개구리들, 그것의 사체에 몰려드는 각다귀들과 파리들, 가축과 사람들에게 퍼지는 각종 질병이 그러하다. 그 외에 우박이나 메뚜기 암흑 재앙들도(일식 또는 아프리카 열풍?) 신적 계시로 잘 알려져 있었다.

그러므로 초태생 관습을 출애굽과 이차적으로 연관시킴으로써 이야기를 더욱 극적으로 만드는 효과가 있었다. 열 번째 재앙을 소개하는 기초를 닦기 위해 출애굽기 3장에서 파라오의 마음을 강퍅하게 만든다는 주제까지 그 영향력을 확장했고, 그러는 동안에 대중적 민담에서 가져온 다양한 소재들도 포함하게 이르렀다.

4. 신현

하나님이 스스로 자신을 드러내시는 신현(Theophany) 현상은 출애굽기에서 중심되는 주제라고 간주해야 한다.

하나님은 어디나 계시고 어느 곳에나 나타나실 수 있지만, 출애굽기에서 그리고 구약성경 전체에서 신현 현상은 단순히 신성한 분과 신비스러운 만남이 가끔 이루어진다는 뜻이 아니라, 물론 그런 면도 있겠지만, 그보다는 제도적 만남에 반대편에 대응하는 현상으로 나타난다. 신현 현상에 대응하는 근본적인 상대편 제도는 물론 성전이다.

여기서 이스라엘이 연원한 북서 셈족의 세계 안에 편만하던 성전이 어떤 개념이었는지 묘사하는 것이 큰 도움이 될 것이다. 왜냐하면, 이스라엘의 성전 개념 중 특별한 점들이 일반적 개념을 개량하면서 발생했기 때문이다. 성전 개념은 기초적으로 바마(*bamah*), 즉 신이 거주하며 우주의 왕으로 보좌에 앉아 있다고 생각했던 우주적 산에 대응하는 높은 곳, '산당'에 잘 나타난다.

산당에 필수적으로 있어야 하는 요소로는 물질적 영역과 영적 영역이 만나는 장소이며 상징적인 불이 타고 있는 제단(제단에는 뿔이 달려 있는데 그 뿔 자체가 우주적 산을 가리키는 상징으로 볼 수도 있다)이 있으며, 그곳에서 물질적 제물이 연기로 변하여 하늘로 올라가게 된다.

신전 건물은 필수적이지 않았으며, 그래서 그것을 그냥 벳 바마(*bet bamah*) 즉 '산당 집'이라고 불렀다. 그렇지만 신전 건물이 건설된 곳은 우주적 신의 거주지에 대응하는 지역적 종교중심지로 간주했고, 우주적 영역을 상징하는 설계와 가구들을 준비했다.

이러한 특징과 개념들을 출애굽기 이야기 안에 나와 있는 몇 가지 요소와 연결할 수 있다. 모세가 하나님을 만났던 곳은 자연스럽게 산이었으며, 이미 '하나님의 산'으로 알려진 시내산 또는 호렙산이었다.

여호와 하나님도 자기 산이 있었으며, 거기서 이집트와 다른 민족들의 운명을 지배하셨다(이 개념은 시온산과 관련해서 크게 발전했다. 여호와의 '왕좌 등극시들'인 47, 93, 96-99편과 출 15장에 포함된 시를 참조하라. 바다와 싸우는 주제는 제2장 6.에서 언급했다. 출 3:2 이하에 불타는 떨기나무 기사는 출 19:18처럼 성경에 나오는 신현 현상 중 하나가 아니라 하나님의 백성인 이스라엘이 당하는 압제를 상징하는 것으로 이해해야 한다. 이스라엘은 불에 타지만 사라지지 않는 떨기나무이며, 하나님은 불이 아니라 불 안에 계신 것으로 나타난다).

하나님이 모세에게 나타나셨던 그 산은 출애굽 이후에 그들이 다시 만나는 장소가 되며, 신현 현상이 일어났던 장소는 성전이 되는데, 하나님이 그곳에 한 번 나타나셨기 때문에 다시 나타나실 수도 있기 때문이다. 같은 장소에서 미디안 제사장이었던 이드로가 자기 사위 모세를 다시 만난다(출 18장).

이드로가 하나님의 제단에서 제사를 인도하고 있다는 사실로부터 이 산이 원래 겐족의 성소였음을 암시한다(이 본문을 사료로 사용할 수 있다면 그렇다는 말이다). 최소한 여기서 이스라엘이 일반적으로 인정받는 어떤 제사에 참석했다는 사실을 확인할 수 있다. 결정적인 신현 현상과 계시는 출애굽기 19장 이하에 나온다.

출애굽기 19장 이하에 나오는 많은 기록은 신현 현상에 관한 이스라엘의 개념을 이해하는 데 매우 중요하다. 신현 현상에 관한 묘사는 두렵고 영광스러운 하나님의 자기 현현을 가장 인상 깊은 언어로 표현하기 위해 일부 비유적인 표현을 쓰기도 한다. 그래서 폭풍, 천둥, 번개 등 기상학적 모습과 화산 폭발이나 지진처럼 지질학적 모습들이 자주 나타난다(19:16, 18).

그러나 이런 묘사의 신화적 성격을 간과하면 안 된다. 우가릿 문서들을 보면 바알 신은 '구름을 타고' 자기 자신을 천둥과 번개로 현현한다(루브르박물관에 있는 우가릿 비석을 보면 바알은 천둥을 상징하는 도끼를 오른손에, 번개를 상징하는 구불구불한 창을 왼손에 들고 휘두른다). 시내산에서 이스라엘의 하나님은 전형적인 북서 셈족의 신들이 사용하는 도구들을 사용하는 것으로 나타나는 것이다.

그러나 출애굽기는 신전 제사와 관련된 제도적 상징들도 사용하고 있다. 하늘에서 내려오는 불은 제단 위에서 타는 불을 가리키며, 하나님이 직접 내려주신 것으로 이해된다(레 9:24; 왕상 18:24). 낮에는 구름기둥으로 밤에는 불기둥으로 나타나는 이 불이 나중에 끊임없이 제단 위에서 드리는 번제로 이어지는 것이다.

광야를 여행하던 이스라엘 백성들의 이동용 제단 위에서 불이 꺼지지 않고 계속 타기는 어려울 것이라는 생각이 들지 않는 것은 아니지만, 그런 생각이 이런 묘사의 의미를 가리지는 않는다.

출애굽기에 포함된 초자연적 역사와 지리에 대한 태도를 감안한다면, 종교적 제도도 이상적인 신학적 의미를 표현하고 있다는 사실이 낯설지 않다. 끊임없이 번제가 타고 있는 제단은 하나님과 사람 사이에 보편적이고 그러므로 편재하는 깨지지 않는 소통의 현실이며, 결과적으로 추적하는 이집트인들로부터 자기 백성을 지키고 광야를 여행할 때 인도하는 하나님의 존재를 가장 적절하게 드러내는 상징이다.

구름이라는 상징 속에는 또 다른 요소도 포함되어 있다. 구름은 하나님께로부터 내려온 제단 불에서 나왔고, 부삽으로 퍼낸 숯 위에서 태우는 향품에서 나온다. 하나님의 제단 불로 태우고 성전을 에워싸며 피어오르는 분향 구름은 자기 백성 중에 계시는 하나님의 신비로운 현존을 상징하며, 인간의 눈으로부터 하나님의 신비를 가리는 역할을 한다.

시내산에서 진실로 나타난 것은 회막에서도 역시 진실이다. 회막은 하나님의 거주지에 대응하는 지역적인 물질적 장소이다. 회막과 관련된 모든 세목은 그 산 위에서 하나님이 모세에게 보여 주신 계획에 따라 만들었다(출 25:9, 40; 26:30; 또 히 8:5; 예루살렘 성전에 관해서는 대상 28:19 참조).

이런 이유로 출애굽기 25:1-31:17에 회막과 그 안에 있는 가구들을 만드는 방법을 매우 소상하게 묘사한 것이며(가끔은 매우 복잡하게 묘사되어 있는데, 예를 들어, 27:9-18에 성막 뜰을 돌아가며 기둥 60개에 휘장을 두르게 되어 있으니 그것은 돛의 활대 양쪽 끝에 거는 것처럼 들린다), 출애굽기 35-40장에 회막을 만드는 과정이 마찬가지로 소상하게 그리고 분명히 불필요한 것 같은 방법으로 다시 한번 반복해서 기록한 것이다.

하나님께서 자신을 드러내는 구름 속에 내려오신 장소가 바로 그 산이었던 것처럼, 이 구름 속에서 그의 영광이 회막을 가득 채우신 것이다(40:34 이하).

그렇지만 결국 이스라엘의 특징적인 성전 개념이 분명하게 드러나기도 한다. 때로는 성막과 회막이 좀 혼란스럽게 묘사되기도 한다(출 33:7-11). 소통이 가능한 말로 나타난 계시는 회막에서 말로 형언할 수 없는 신비로운 하나님의 영광으로 계속된다. 성전은 땅에 세운 신전이 아니며 그 백성이 나아갈 길을 인도하는 움직이는 성소이다.

성막의 구조나 가구에 관한 세목들(특히 예루살렘 성전과 같은 삼중 구조, 즉 '삼층' 우주에 상응하는 지성소와 성소와 뜰)이 어떤 우주적 상징을 반영할 수도 있지만, '고백'의 성격을 가진 돌판을 담는 성궤(25:10 이하)에서 시작해 안식일을 지키라는 명령(31:12-17)으로 끝나는 성경 본문은 분명히 이스라엘의 신앙을 강조하고 있다.

§ 더 읽어 볼 자료

A. Biran ed., *Temple and High Places in Biblical Times*(Proceedings of the Colloquium in Honor of the Centennial of Hebrew Union College, Jerusalem, 1977), Jerusalem: Hebrew Union College-Jewish Institute of Religion, 1981.

B. Otzen, 'Heavenly visions in early Judaism: origin and function', in W.B. Barrick, J.R. Spencer ed., *In the Shelter of Elyon*(Ahlström Festschrift), JSOTS 31, 1984, 199ff.

5. 계약

출애굽기 19:1-24:11 그리고 34:1-28에서 하나님과 그의 백성의 관계를 공식적으로 정의했던 말인 '계약'은 원래 고대 근동 지역에서 폭넓게 시행되던 제도가 그 공간과 시간에 있어서 이차적으로 출애굽과 시내산 사건에 연결된 또 다른 예이며, 마치 출애굽과 시내산 사건이 최초이며 최고의 사건이기 때문에 이런 제도들의 연원이 되는 것처럼 기록되어 있다.

이스라엘 역사를 선형 구조에 따라 서술하는 출애굽기 안에서 계약은 마치 유일무이하게 일어난 사건인 것처럼 시내산에 초점을 맞추고 있다. 반면에 계약이란 고대 세계에서 혈연관계로 엮여 있는 직계 가족처럼 서로 연관이 되어 있지 않은 당사자들이 상호 간에 시행할 의무를 매개로 관계를 맺는 상대적으로 흔한 제도적 장치였다.

그러므로 계약이란 이스라엘이 발생한 세계 안에서 기억할 수 없는 옛날부터 시행하던 관습이었다. 이것이 구약성경 안에서 신학적으로 하나님과 이스라엘의 관계를 묘사할 목적으로 적용된 것은 이차적 전용이었다.

'계약'이 기본적으로 인간들끼리 맺는 약속이라는 점은 이 말이 구약성경 안에서 사용된 용례들을 살펴봐도 잘 알 수 있다. 결혼은 원래 서로 가족관계로 묶이지 않았던 상대방 사이에 맺는 가장 간단한 형태의 계약이다(말 2:14). 두 친구가 엄숙하게 약속하는 행위도 동일하게 계약이라고 부를 수 있다(삼상 23:15-18).

특히, 창세기 31:43-54과 예레미야 34:8-22은 인간 당사자들이 계약을 맺을 때 시행하는 제사와 그 의미에 관한 자세한 정보를 제공해 준다. 두 당사자는 서로 직계 가족관계로 묶여 있지 않았다. 야곱과 라반은 삼촌과 조카 사이였지만 서로 다른 가족의 일원이었다(창 28:2). 예루살렘 거주민들의 종들은 구매 행위를 통해서 그들 가족의 일원이 되었을 뿐이다(렘 34:8 이하).

두 경우에 당사자 양측 모두 어떤 규칙을 조건으로 관계를 맺고 있다. 그리고 양자가 어떤 합의에 이르렀다는 객관적 증거가 있었다. 창세기 31:45 이하에서 기둥과 돌무더기가 증인 역할을 한 것을 보면 야곱과 라반은 구두로 합의한 것으로 보인다.

예레미야 34장에서는 합의 내용을 담은 객관적인 문서가 있었을 가능성이 크다. 계약 당사자들은 조건에 합의했고 그 합의사항을 지키기로 맹세했거나(창 31:53) 아니면 스스로 저주를 하는 제사를 통해 엄중히 약속했을 것이다(렘 34:18 이하).

하나님 앞에서 맹세하거나 약속하며 계약을 맺으면 하나님을 그 합의의 증인으로 삼는 것이다(렘 34:15). 그러므로 그분의 감독하에 아무런 증인이 없어도 합의 조건을 지키도록 보장하는 역할을 한다(창 31:49 이하, 53). 그분은 그 계약 내용을 어기는 죄를 지은 당사자를 처벌하는 역할을 맡고 있기도 하다(렘 34:17).

최소한 창세기 31:54에 따르면 합의에 이르렀을 때 성소에서 공동식사를 하면서 마무리를 한다. 만약 식탁 교제가 독립된 가족 안에서 구성원 간에 연대를 표현하는 최고의 수단이라면, 성소에서 드리는 화목제(*zebah shelamim*)는 계약 공동체 안에서 동일한 기능을 수행한다.

이 제물은 세 당사자가 나누어 가지는데, 제물을 바친 자와 제사장과 하나님이 당사자다(예를 들어, 레 7.11 이하). 희생제물의 몸과 피에 참여함으로써(이것은 스미스[W. Robertson Smith]의 표현이다), 하나님과 그분의 중재자와 그분의 백성이 새로운 연대 관계로, 단순히 친족 관계에 불과했던 오래된 관계를 넘어서 하나의 계약관계를 상징하는 새로운 혈연관계로 함께 묶이게 된다.

출애굽기 19:3-9; 24:1-11 본문에 나오는 계약 제사의 배경에는 기억할 수 없는 고대부터 시행하던 관습이 있는데, 조건으로 규정해야 할 상황, 약속, 계약 규정, 맹세, 기록, 증인, 공동 희생제사, 희생제물 하나의 몸과 피로 맺는 새 유대관계, 식사 등 많은 내용이 상관관계를 증명해 준다. 그러므로 시내산 계약이 주전 2000년 이후에 고대 근동 지방에서 맺은 조약들과 비슷한 점이 많다는 사실은 놀랄 일이 아니다.

멘덴홀(G.E. Mendenhall)이 처음으로 후기 청동기 시대 히타이트 종주권 조약이 출애굽기에 나오는 계약 본문과 매우 유사하다는 사실을 지적하고 시내산 계약이 모세 시대에 체결된 것임을 지지한다는 주장으로 유명해졌다. 그러나 지금은 이런 조약 형식이 매우 폭넓게 사용되었음이 알려졌고, 구약성경에 나오는 계약 본문을 기록한 연대를 결론적으로 확정하는 데 사용할 수 없다고 본다.

그래서 전과 마찬가지로 우리는 학술적 논쟁이 임의적일 수 있다는 사실에 놀라고(종주권 계약들이 모세와 같은 시기에 히타이트에 존재했으므로 시내산 계약도 모세 시대의 종주권 계약이라고 했다가, 사실 종주권 계약은 다른 시대에도 잘 알려져 있었다고 밝혀짐), 동시에 이런 증거가 성경 본문이 유일무이한 유물이기 때문에 역사성이 있다는 생각을 부인한다는 사실 때문에 놀라기도 한다.

어쨌든 기록연대에 관한 논쟁에서 무기로 사용해야 한다는 부담을 벗어 놓는다면, 고대 근동의 전형적인 6단계 조약 형식을 필요에 따라 적절히 사용할 수 있다. 조약 당사자 소개, 역사적 서언, 조약 조건, 문서화 관련 내용, 신들을 증인으로 세움, 저주문과 축복문.

이런 양식을 사용하면 성경 본문과 같은 특정한 본문의 개성이 더 분명히 드러나게 된다. 예를 들어, 신명기 본문은 출애굽기 본문보다 훨씬 더 이런 양식에 가까운 구조를 보여 준다.

이런 방식으로 해결할 수 없는 기록연대에 관한 질문 이외에도, '계약'이라는 문학 양식이 구약성경 안에서 일반적으로 인간들이 증인인 신 앞에서 '수평적' 계약을 맺는 것에서 하나님이 당사자로 참여하시는 '수직적' 계약으로 변형될 때 어떻게 달라지는지 관찰하는 흥미로운 연구를 할 수 있다.

다른 모든 유비 관계와 마찬가지로, '계약'도 파기된다. 출애굽기는 이 양식 전체를 하나님과 이스라엘 사이의 관계에 엄격하게 적용하려고 노력한다. 이스라엘은 계속해서 자신이 감당해야 할 합의 조건을 지킬 기회를 부여받고, 스스로 합의를 지킬 능력이 있음을 확신시켜 준다(출 19:8; 24:3).

그러나 들에서 백성들이(출 24:3-8) 그리고 산 위에서 대표자들이(출 24:1 이하, 9-11) 계약을 체결했고, 그 계약을 중재한 모세가 등을 돌리자마자(출 24:12-31:18), 백성들은 '황금 송아지' 예배로 타락하고 만다(출 32). 그런데도 하나님은 그 계약을 그 전과 동일한 조건으로 다시 체결해 주셨고(출 34:1-28), 모든 사람은 잘못할 수 있지만, 하나님은 신실하심을 선포하셨다. 인간에 의해 일방적으로 폐기된 계약이 하나님에 의해 일방적으로 회복된 것이다(제4장 2. 2) (3)을 보라).

§ 더 읽어 볼 자료

G.E. Mendenhall, 'Ancient Oriental Law and Biblical Law', *Biblical Archaeologist* 17, 1954, 26ff; 'Covenant Forms in Israelite Tradition', *ibid.*, 50ff.

D.J. McCarthy, *Treaty and Covenant*, Analecta Biblica 21A, Rome: Biblical Institute Press, 1978.

E.W. Nicholson, *God and his People: Covenant and Theology in the Old Testament*, Oxford: Clarendon Press, 1986.

6. 법

출애굽기 19:1-24:11에 기록한 계약 제사라는 틀 속에 어떤 법전이 삽입되어 있는데(출 20:22-23:19), 이것이 출애굽기 24:7에서 언급된 문서라는 가정하에 관례적으로 '계약의 책'이라고 부른다('B').

이제 이 법전은 이스라엘의 오래된 전통에 속한 시내산과 고대 근동 자료를 연결하는 작업이 그 연원이나 발전 과정에서 출애굽이나 시내산 사건과 아무런 관련이 없다는 사실을 보여줄 것이며, 어떤 규범적 의미를 부여하고 궁극적인 허가와 적당한 어원을 제공하려는 의도였음을 잘 보여 준다.

이런 자료를 시내산과 관련시킨 과정에 관한 질문은 다음 장 내용과 자연스럽게 연결되는데, 다음 장에서 출애굽기 본문이 문학적으로 어떻게 성장했는지 다룰 것이다.

비교연구할 외부 문서가 없을 때 이 법전을 모세 시대의 상황과 연결하는 것은 많은 질문을 불러일으켰다. 이 법전은 집에 사는 정착한 공동체에 관련되며 그런 상황을 전제로 하고 있는데(22:2, 7 이하[MT. 1, 6 이하]), 정해진 성소들(23:17, 19), 양은 물론 소를 기름(21:28 이하), 곡식을 기르는 밭, 포도원과 올리브 과수원, 그리고 포도와 올리브를 짜는 데 꼭 필요한 시설들(22:29[MT. 28]; 23:10 이하) 등을 자주 언급한다.

그래서 이 법전 안에 왕에 관한 언급이 없다는 이유로 B의 기록연대는 주전 12-11세기 정착기와 왕정 시대 사이라고 추정해 왔다.

이에 관해 모세가 신적 영감을 받아 미래 상황을 위해 법 규정을 마련했다는 대답은 그렇게 미리 내다보고 법을 제정하는 것이 개연적으로 가능성이 적고 필연적으로 불가능하다는 이유보다는 성경 본문에 기록된 사건의 전개순서를 인정한다고 하더라도 B에 포함된 법전이 시행되기도 전에 표면상 40년 후 정착 생활을 시작하기 직전에 새로운 신명기 법 규정이 등장하며(예를 들어, 출 21:2-11에 기록한 종에 관한 규정은 신 15:12-18에서 수정) 이미 그 내용을 수정하고 있다는 사실 때문에 반대에 직면하게 된다.

이런 증거들을 볼 때 이스라엘 법전은 다른 문화권처럼 변화하는 상황에 따라 점진적으로 발전하며 주기적으로 편찬했을 가능성이 크며, 후대 유대교 법 전통도 그런 방식으로 발전했다(예를 들어, 미쉬나는 주후 200년경에 편찬했고 탈무드는 500년경, 그리고 오늘날까지 '모세의 법'이 계속해서 발전하고 있다).

고대 근동 법전들이 재발견되고, 특히 주후 1902년에 바벨/바빌리(바벨론) 왕 함무라비의 법전이 출판되면서(약 주전 1,700년; *ANET* 159 이하; 523 이하 참조), 고대 근동 지방에는 오랜 세월에 걸쳐 폭넓게 전승되는 법 전통이 있었고 구약성경 법전이 어느 정도 이와 유사하다는 사실이 분명하게 드러났다.

구약성경 본문이 야만적이라는 증거로 인용되기도 하지만 사실 지나친 복수를 금지하고 범죄에 맞는 처벌을 하라는 보복에 관한 법, "눈에는 눈 이에는 이"(출 21:24)라는 원리는 함무라비 법전 196조에 동일하게 등장한다.

> 만약 어떤 시민이 다른 시민의 눈을 못 쓰게 만들었다면, 그들은 그의 눈을 못 쓰게 만들어야 한다.

다시 한번 말하지만 이런 증거는 모세가 시내산에서 받은 계시의 역사성을 증명하지 않으며, 이런 법 규정이 이스라엘 공동체 안에서 법 전통으로 수집해 온 것이며 구약성경 안에서 이차적으로 시내산과 연결된 것이다. 그렇게 신학적 복기를 통해 근본적인 신분보장을 받게 된 것이다. 시내산에서 수여받은 기록된 법뿐만 아니라 구전 법률도 있다고 주장하는 후대 유대 전통과 다시 한번 비교해 볼 만하다(예를 들어, 아봇 1, 1 이하 참조).

계약의 책 B가 정착기와 왕정 시대 사이 언제쯤 기록되었다고 '연대'를 추정하는 행위는 직선적인 성경 이야기를 잘못 해석한 결과이다. 만약 그 자료를 모세 시대에 기록한 것으로 확정할 수 없다면, 후대의 것으로 해석해야 옳다. 최소한 이 자료를 편찬한 것은 그렇게 후대에 시행했을 것이다(출 15:25에 모세가 시내산에서 했던 것처럼 수 24:25에는 여호수아가 법을 선포한다는 전승이 남아 있다).

그러나 이런 자료의 뿌리는 모세보다 훨씬 오래된 주전 3000-1000년경부터 존재했던 고대 근동 사회에서 찾아야 할 것이다.

시내산과 B 법전이 이차적으로 연관되었다는 사실은 상대적으로 쉽게 확인할 수 있다. B 안에는 서로 다른 자료층에서 연원한 매우 다양한 양식이 남아 있는데, 이런 자료층들은 특별한 목적을 가진 편집자의 활동에 따라 하나로 묶이게 되었다는 점을 분명하게 보여 준다.

B 안에는 주요 양식 네 가지가 있다.

첫째, '… 했을 때, 만약 …, 그렇다면 …' 양식(21:18 이하 참조)
이것은 법을 이야기처럼 설명하는 양식으로, 먼저 일반적 상황을 설명하고('어떤 사람이 다투었을 때 …'), 그다음에 특정한 상황을 설명하고('만약 그 사람이 다시 일어나면 …'), 적절한 선고를 하면서 결론을 내린다('그렇다면 그는 … 무죄이다'). 규정 전체를 삼인칭으로 표현하며('어떤 사람이 … 그 사람이 … 그는') 고대 근동의 표준적 법률양식에 해당한다(*ANET* '법률문서' 참조). 이 양식에 속하는 본문으로 21:1-11을 들 수 있고(1절에 나오는 이인칭 양식은 전체 문맥에 비추어 예외로 보아야 하며, 앞에 나왔던 20:26 문맥의 영향으로 간주할 수 있다) 21:18-22:17(MT. 16)도 해당한다. 이런 양식의 규정을 부르는 기술적 명칭이 21:1 머리에 미쉬파트(*mishpa*t) 즉 '법령'이라고 나와 있다. 알트(Albrecht Alt)는 이런 종류의 법을 "결의론적 법"(casuistic law)이라고 불렀다.

둘째, '누구든지' 양식(21:15 참조)
이것은 가장 짧은 표현양식이다. 이것은 특정한 상황을 설명하면서 시작하고(위의 예에서는 '누구든지 … 때리는 자는 …'[MT. 마케[*makkeh*])

삼인칭으로 진술한다. 21:12-17과 22:18-20(MT. 17-19)이 이 양식에 속한다(21:13 이하는 실수로 사람을 죽인 경우와 고의적인 살인을 구분하고 있는데 이차적인 규정으로 보이며, 22:18[17]에 나오는 이인칭 대명사는 역시 22:21[20]과 같은 다른 문맥의 영향이다).

이런 종류의 규정을 부르는 기술적 용어는(그런 말이 있다고 가정할 때) 혹(ḥoq) 즉 '법규'라고 생각해 볼 수 있는데, 물론 '법규'라는 말은 구약 성경 안에서 위에서 말한 '법령'과 짝을 지어 등장하는 경우가 많다(예를 들어, 출 15:25b; 수 24:25). '법규와 법령'이라는 표현은 히브리어에서 '법전'에 해당한다.

셋째, '너희는(남성 복수) … 하지 말지니라' 양식(예를 들어, 20:23과 같이 이인칭 복수로 금지하는 법)

이런 종류의 법을 가리키는 기술적 용어는 미쯔바(mitswah) 즉 '명령'이라고 볼 수 있다.

넷째, '너는(남성 단수) … 하지 말지니라' 양식(예를 들어, 20:24과 같이 이인칭 단수로 금지하는 법)

이것은 십계명 또는 '열 마디 말'과 같은 양식이며(예를 들어, 출 34:1; 신 4:13), 그러므로 이런 법을 부르는 기술적 용어는 다바르(dabar) 즉 '말'이 될 것이다.

세 번째와 네 번째 양식은 서로 혼용되며 B의 앞부분과 끝에 주로 나타난다. 그러므로 이런 양식들이 B의 외부 구조를 형성한다(20:23-26; 22:21[MT. 20]-23:19). 알트는 두 번째부터 네 번째 양식을 하나로 묶어서 '필연적 법'(apodeictic law)이라고 부르지만, 아래서 설명하게 될 이유 때문에 따로 구분해야 할 것이다.

이러한 자료층 사이의 상호관계는 다음과 같이 그림으로 설명할 수 있다.

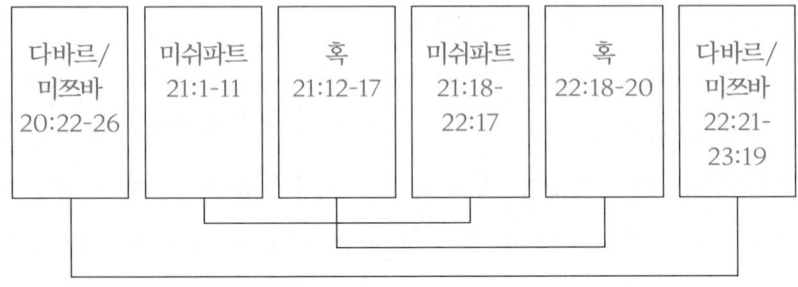

삼인칭으로 객관적으로 양식화한 '혹 우미쉬파트'(ḥoq umishpaṭ '법규와 법령')가 이인칭으로 직접 명령하는 '다바르/미쯔바'(dabar/mitswah '말/명령')라는 외부 구조 안에 들어 있다는 사실은 무슨 의미일까?

이런 구조를 짜면서 본래의 법전, 혹 우미쉬파트를 다바르/미쯔바라는 계약법전의 양식 안에 이차적으로 포함해서 '시내산 계약'이라는 전체 문맥을 생산해 낸 것이라고 제안해 볼 수 있을 것이다.

여기서 '미쉬파팀'(mishpaṭim '법령들')은 고대부터 전해져 내려오는 근동의 법적 관습과 매우 잘 어울린다. '미쉬파트'라는 말은 '관습'과 '전례'는 물론 그것에 근거한 판결을 모두 가리킨다. 그러므로 미쉬파팀은 폭넓은 민사 및 형사 사건들을 포함하며(종살이, 개인 상해, 사람을 들이받는 소, 절도, 농작물 피해, 보관업, 대출, 유혹 등), 그에 관련된 기존의 관습들을 설명한다.

그런데 이렇게 사람과 사람 사이에 일어나는 일상적이고 사회적인 문제들은 주로 세속적 표현으로 기록되어 있으며, 하나님이 계시의 주체가 되신다는 언급은 한 번도 등장하지 않는다는 사실이 매우 놀랍다.

이런 문제가 이스라엘에서만 일어나는 것도 아니고, 이런 문제에 관한 법 규정들이 다른 고대 근동 지역에도 존재한다는 사실이 놀랍지는 않다. 이런 문제를 판단할 관할권은 출애굽기 21:22이나 신명기 16:18-20; 17:2-7에 더 자세히 묘사된 그 사회의 가장들 위원회에 위임되어 있다.

그러므로 미쉬파트와 지혜 사이에는 국제적 성격이라든가 그 분야 최고 권위자가 지혜로운 자/장로라는 면에서 유사점이 있다. 꼭 필요한 증인 두 명 또는 세 명을 찾을 수 없는 경우에만 관할권이 신전으로 위임되며, 거룩한 제비뽑기를 통해서 또는 신 앞에서 맹세하여 결정한다(출 22:7-13[MT. 6-12]). 이런 규정들은 계약과 아무런 관계가 없으며, 시내산과도 연관성이 없다.

위에서 훅킴(*huqqim*, 법규들)이라고 부른 부분(21:12-17; 22:18-20[MT. 17-19])은 생명의 거룩함과 개인의 자유, 부모나 신을 향한 의무 등 사회의 기존질서를 해치는 행위들을 다루고 있다. 이러한 사항을 어기는 행위는 완전히 금지되어 있으므로 처벌은 피할 수 없이 사형된다. 이런 문제의 관할권은 역시 "성문에 앉아 있는 장로들"에게 있으며, 유사한 법 규정이 제멋대로 구는 아들 사건을 규정한 신명기 본문에 나타난다(신 21:18-21; 출 21:15, 17 참조).

이런 훅킴 일곱 가지는 신명기 27:15-26에 나오는 저주제사의 금지조항과 대척점에 있는데, 다른 점은 그 본문이 재판에 나와서 증언할 사람이 없어서 '비밀'스러운 경우에도 그러한 행위를 하는 것을 미리 막으려 한다는 것뿐이다. 역시 이런 문제들은 계약과 직접적인 관련이 없다.

그러나 외부 구조를 형성하고 있는 다바르와 미쯔바는 완전히 새로운 요소들을 소개해 준다(출 20:22-26; 22:21[MT. 20]-23:19). 이런 본문은 법전의 객관적인 삼인칭으로 기록하지 않고 하나님께서 이스라엘에게 개인적으로 또는 공동체로 직접 말씀하시는 형식을 취하고 있다. 그러므로 이러한 본문은 하나님과 이스라엘이 맺은 계약과 관련된 법전이라는 양식으로 기록한 것이다.

그러므로 계약 규정들은 자연스럽게 신인 관계에 직접으로 관련된 내용을 다룬다. 이 틀을 시작하는 부분(20:22-26)은 이스라엘과 계약 당사자인 하나님이 배타적 관계를 맺고 있음과 제단을 건설하는 적절한 방법, 즉 이 관계를 표현하고 유지하는 방법을 지시하고 있다. 이 틀을 마무리하는 부분(22:21[MT. 20]-23:19)은 좀 더 다양한 내용을 담고 있으며 네 문단으로 나뉘어 있다.

첫째와 셋째 문단(22:21-27[MT. 20-26]; 23:1-9)은 다양한 인간 간의 문제를 다루고 있다. 공동체 내부의 약자들, 외국인 객, 과부, 고아, 가난한 자, 심지어는 가축 돌보기 그리고 재판절차 보장, 혹 우미쉬파트 면제 등이 계약 의무 중 일부로 열거되었다.

첫째와 셋째 문단은 "너는 이방 나그네를 압제하지 말라"는 금지령으로 서로 연결되어 있는데, 이 말로 첫째 문단을 시작하고 셋째 문단을 마무리하고 있으며(22:21[MT. 20]; 23:9), 이렇게 가축에 대한 인도주의적 배려(23:4 이하)와 정의롭게 행하라는 명령을 조화시키고 있다.

이러한 인도주의적 관심은 둘째와 넷째 문단에서 이스라엘이 하나님께 지켜야 할 특정한 의무들을 설명할 때도 그대로 나타난다(22:28-31[MT. 27-30]; 23:10-19). 하나님을 저주하는 일 금지, 초태생과 첫 열매를 드려 하나님이 주신 것임을 인정하기, 적절한 제사를 통해 바친 고기만 먹기, 안식년 지키기, 안식일과 순례하는 명절 세 가지 지키기 등이 그것이다.

이 모든 것이 다바르/미쯔바 부분에 포함되어 있지만 '… 했을 때, 만약 …, 그렇다면 …'이라는 미쉬파트 양식의 흔적이 20:24 이하에서 제단을 건설하는 규정, 22:25-27(MT. 24-26)에서 가난한 자에게 꿔 주는 일, 그리고 23:4 이하에서 길을 잃거나 짐을 너무 많이 진 가축에 관한 규정에 그 흔적이 남아 있다. 이런 흔적들은 여기서 제안하는 성경 형성 과정을 증명하는 가치 있는 증거라고 볼 수 있다.

원래 법전이었고 혹 우미쉬파트 양식으로 기록한 자료들이 B 안에서 다바르/미쯔바 양식인 계약법전 안에 이차적으로 연결된 것이다. 계약은 꽤 흔하게 볼 수 있는 제도인데, 그 문맥 안에 이 법을 포함하면서 이차적으로 시내산에 초점을 맞추고 있는데, 시내산을 최고의 예로 제시하면 다른 예들도 의미로 쓰이게 되고, 시내산에서 받은 모든 법 규정의 초점도 당연히 이차적으로 된다.

일반 법전이 계약법전에 적합하게 동화되는 과정이 오경 본문 안에 나타난다는 사실은 계약의 책과 신명기 12:1-26:15에 나오는 법을 비교하면 분명하게 드러난다. 신명기 12:1에 나오는 법전의 소개는 이런 의미에서 매우 상징적이다.

이 본문은 다음에 나올 내용을 '혹킴'과 '미쉬파팀' 즉 '법규들'과 '법령들'이라고 부르고 있지만, 이것들은 거의 이인칭 명령의 형태를 가지고 있어서, 원래 일반 법전으로 시작했던 내용이 이제 계약법전으로 제시되고 있음을 확인할 수 있다.

다시 말해서 출애굽기에서 삼인칭 미쉬파트 양식으로 나왔던 법전이 신명기에서 계약법전에 해당하는 이인칭 다바르/미쯔바 양식으로 재구성한 것이다(예를 들어, 출 21:2-6에 나오는 종 관련 규정은 삼인칭 미쉬파트 양식이었는데 신 15:12-18에서 이인칭 다바르 양식으로 기록).

그렇다면 출애굽기 22:21-27(MT. 20-26)과 23:1-9은 일반 법전을 계약법전으로 재구성하는 과정에서 본디 미쉬파트 양식과 신명기 12:1-26:15에서 완전히 다바르/미쯔바 양식으로 동화된 상태 사이인 중간 단계를 대표하고 있다.

일반 법전이라는 B의 기본 성격이 본질에서 바뀐 것은 아니며, 외부 구조와 이에 따른 작은 규모의 수정을 통해서 계약법전으로 변형된 것이다(특히, 21:1 이하와 22:18[MT. 17]에서 이인칭 표현이 섞여든 것이 좋은 예이다). 이와 반대로 신명기는 일반 법전이 계약법전으로 완전히 변형된 상태를 대표하고 있으며, 그러므로 구약성경 안에서 가장 대표적인 계약 문서로 폭넓게 인정받는 것은 당연한 일이다.

그러므로 만약 출애굽기에 사용한 자료가 신명기보다 먼저 기록되었다고 하더라도 놀랄 일은 아니다. 그리고 이런 자료의 기록연대를 비교연구하는 문제로 주의를 돌려야 한다. 기록연대에 관한 질문은 필연적으로 그 자료의 연원과 그것이 창작되고 편집된 과정, 그러한 과정에 참여한 사람들, 그리고 그들이 그러한 일을 했던 목적이 무엇인지에 관해 논하게 된다. 그리고 이런 질문들은 전통적으로 학자들이 '문학비평'이라는 제목으로 연구하던 주제들이다.

§ 더 읽어 볼 자료

구약성경에 포함된 법전에 관한 대표적인 연구는 다음과 같다.

A. Alt, *Essays on Old Testament History and Religion*, Oxford: Blackwell, 1966 (repr. Sheffield: JSOT, 1989), 79ff. 이 책은 1934년 독일어로 출판한 것을 영어로 번역하면서 몇 가지 실수가 포함되었다는 사실에 유의해야 한다. 예를 들어, 88쪽 각주 15와 16에서 B 안에 포함된 '결의론적' 법규정은 21:2-22:16이라고 읽어야 하며, 89쪽에서 '결의론적' 법의 조건절을 설명하면서 히브리어 낱말 키(*ki*)와 임('*im*)이 서로 뒤바뀌어 있다.

S.M. Paul, *Studies in the Book of the Covenant in the Light of Cuneiform and Biblical Law*, VTS 18, 1970.

H.J. Boecker, *Law and the Administration of Justice in the Old Testament and Ancient East*, London: SPCK, 1980.

D. Patrick, *Old Testament Law*, Atlanta: John Knox, 1985.

R.E. Clements, *Deuteronomy*(Old Testament Guides), Sheffield: JSOT Press, 1989.

제4장

문학적 문제: 창조적 종합

지금까지 논의한 내용을 보면 출애굽기는 매우 다양한 자료를 모아 놓은 특별하고 복잡한 혼합물이라는 사실이 분명하게 드러난다. 이제 우리가 할 일은 이 모음집이 문학적으로 어떻게 성장했는지 그 흔적을 추적하는 일이다. 특별히 여러 단계의 편찬과 편집과정에 관여했던 사람들이 어떤 의도가 있었는지 이해하는 것이 중요하다.

그런데 출애굽기는 다른 오경의 책들과 유기적으로 연결되어 있으므로, 이 책의 연원과 성장 과정에 대한 논의는 오경 연구와 관련된 폭넓은 문제들에서 벗어날 수 없다.

이러한 문제들에 관한 논의를 시작하기 위해 그리고 그동안 발표된 수많은 연구를 소개하기 위해 출애굽기 연구에 가장 큰 영향을 미친 세 학자의 주장을 먼저 살펴볼 텐데, 그것은 드라이버(S.R. Driver)와 노트(M. Noth), 그리고 차일즈(B.S. Childs)의 연구이다.

이런 학자들은 생전에 발표한 많은 연구 중 출애굽기 주석을 썼을 뿐만 아니라 오경 형성에 관련된 주제들을 폭넓게 다룬 '입문서'를 쓰면서 어떤 특정한 접근법을 대표하거나 그 연구방법을 처음으로 사용했던 사람들이다. 그리고 나서 출애굽기를 해석하는 두 가지 다른 방법을 추가로 살펴볼 것이고, 그것은 편집사와 문학적 접근법이 될 것이다. 이 장은 중심 주제를 종합적으로 보여 주는 십계명 연구로 마무리할 것이다.

§ 더 읽어 볼 자료

영어로 발표된 '무수히 많은 논의' 중에서 앞으로 자세히 살펴볼 연구를 제외하면 다음과 같은 글을 참고할 수 있다.

입문서들:

O. Eissfeldt (1965), R.K. Harrison (1970), G. Fohrer (1970), O. Kaiser (1975), J.A. Soggin (2nd edn., 1980), W.H. Schmidt (1984), R. Rendtorff (1985)

이러한 연구들 속에서 다룬 주제를 비판한 글들은 다음을 보라.

R.E. Clements, A *Century of Old Testamet Study*, 2nd edn., Guildford: Lutterworth, 1983.

J. Barton, *Reading the Old Testament*, London: Darton, Longman & Todd, 1984.

J.H. Hayes, C.R. Holladay, *Biblical Exegesis: A Beginner's Handbook*, 2nd edn., London: SCM, 1987.

R.N. Whybray, *The Making of the Pentateuch: A Methodological Study*, JSOTS 53, 1987.

주석들: 그 외 출애굽기에 관한 전문적인 주석들(신앙고백이나 묵상이나 설교를 위한 작은 규모의 주석은 제외하고)은 다음을 보라.

J.P. Hyatt (New Century Bible, London: Oliphants, 1971) 대체로 전통적인 '문학비평'에 속하는 작품(제3장, 1 참조)

J.I. Durham (Waco, Texas: Word, 1987) '최종 형태' 해석방법으로 주석한 작품 (제3장, 5 참조)

W.H. Schmidt (1974ff, 처음 부분만 출간) 이 방대한 주석은 Biblischer Kommentar 라는 독일어 연구로 발표되었다. 주로 '양식비평/전승사'라는 입장에서 연구했다(제3장, 2 참조). 그의 다른 책도 참고하라.

W.H. Schmidt, *Exodus, Sinai und Mose*, Erträge der Forschung 191, Darmstadt: Wissenschaftliche Buchgesellschaft, 1983.

1. 새뮤얼 롤스 드라이버와 '문학비평'

드라이버의 『구약성경 문학 입문』(*Introduction to the Literature of the Old Testament*, Edinburgh: T. & T. Clark)은 1891년에 처음으로 출판되었고 그 뒤에 아홉 판을 더 찍어 냈다. 이 책은 이 주제에 관련해서 영어로 발표된 책 중 두세 세대에 걸쳐 가장 대표적인 연구로 간주되었고, 18세기 말이나 그 이전부터 유럽 대륙에서 성경이 점진적으로 형성되었다는 견해가 지지를 얻는 데 결정적 역할을 했다.

그의 출애굽기 주석은 케임브리지 성경 시리즈(Cambridge Bible for Schools and Colleges, Cambridge University Press)로 1911년 발간되었다.

1) 육경에 관한 문학비평 연구

성경 전체에 관한 견해가 그 부분에 대한 이해에 영향을 미치기 때문에, 드라이버가 성경 형성사에 관련해서 주장하는 바를 요약할 필요가 있다. 그는 육경(그는 여호수아를 오경과 함께 묶어서 연구한다)이 오랜 문학적 전승 과정을 거쳐서 최종 형태로 편집된 것은 주전 4세기 이전이 될 수 없으며 그러므로 육경의 최종 형태를 모세가 썼을 리는 없다고 결론을 내린다.

신명기는 이런 현상을 증명할 분명한 증거를 보여 준다(드라이버는 공동 편집인으로 1895년에 『국제 비평 주석』(*International Critical Commentary*)를 처음으로 썼다).

(1) 신명기 34:5 이하는 모세의 죽음을 기록한다.
(2) 신명기 1:1; 2:12; 3:8은 이미 가나안에 정착한 상황을 전제하는데, 신명기 34장에 따르면 모세는 정착기 이전에 사망했다.
(3) 주전 621년 요시야가 시행했던 전례 없는 개혁(특히 제사 중앙화 노력과 왕하 22장 이하에 나오는 유월절을 지키는 방법)은 신명기 12장; 16:1-8과 잘 어울린다.
(4) 반대로 왕정 시대 이전이나 초기 왕정 시대에 이스라엘이 많은 지방 성소에서 일하는 공공 종교지도자들을 저주하지 않았다는 사실은 유일하게 정통성이 있는 성소를 주장하는 신명기 12:1 이하의 규정이 아직 존재하지 않았음을 보여 준다.
(5) 신명기 17:14-20에서 왕권에 관한 모세 이후 시대의 개혁적 규정은 열왕기상 10:28 이후와 11:1 이후에 기록한 솔로몬의 통치 묘

사를 반영한다.

(6) 신명기 안에 포함된 다른 규정들, 예를 들어, 노예제도나 레위인 관련 규정들은 출애굽기 20:22 이하에 기록한 계약의 책과 레위기와 민수기 규정 중간쯤에 서 있다.

이런 이유로 그리고 그 외 많은 다른 관찰을 통해서 드라이버는 '신문서 가설'(New Documentary Hypothesis)을 주창했고, 1870년대에 벨하우젠(J. Wellhausen)이 발표한 이론을 권위 있게 발전시키는 역할을 했다. 이 주장에 따르면 육경은 주요 문학적 문서 네 가지로 형성되었다.

J: 신명으로 '야웨'(Jahweh)를 사용하고, 유다에서 발생했으며 주전 9세기 작품으로 추정
E: 신명으로 '엘로힘'Elohim을 사용하고, 에브라임에서 발생했으며 얼마쯤 후의 작품으로 추정
D: 신명기(Deuteronomy)이며 주전 7세기 작품으로 추정
P: 제사장 문서(Priestly documents)이며 주전 6-5세기 작품으로 추정

이러한 문서들이 편집인 세 명, RJE와 RD 그리고 RP의 손을 거쳐서 가장 먼저 주전 7세기 초와 7세기 말과 5/4세기에 걸쳐 점진적으로 한 작품으로 흡수되었다.

다음 제4장 4.에서 논하겠지만 이 네 가지 '자료'는 동일한 정도로 분명하게 구분되지 않는다는 점에 유의해야 한다. D와 P는 언어와 내용과 연대 면에서 분명하게 구분되지만, J와 E는 그렇지 않다.

2) 출애굽기에 대한 문학비평 연구

출애굽기가 문학적으로 성장한 과정에 관한 드라이버의 연구는 당연히 이런 문서 가설에 근거해서 이루어졌다. 그러나 자료 네 가지가 동일한 분량으로 등장하지도 않고, 그들 사이를 구분하는 것이 언제나 확실하지 않다는 점에 유의해야 한다.

사실 출애굽기 안에는 주로 두 가지 자료가 나타난다. 더 확실한 P와 그 사이에 섞여 있는 JE가 그것이다. 편집인 RD의 글로 볼 수 있는 것은 몇 구절, 특히 십계명에 속한 부분들뿐이다(물론 드라이버는 RJE가 신명기와 유사하다고 주장한다).

드라이버가 자신의 이론에 따라 P로 규정하는 구절들은 다음과 같다. 1:1-5, 7, 13-14, 23-26b; 6:2-7:13, 19-20a, 21b-22; 8:5-7, 15b-19; 9:8-12; 11:9-10; 12:1-10, 28, 37a, 40-51; 13:1 이하, 20; 14:1-4, 8-9, 15-18, 21a, 21b-23, 26-27a, 28, 29; (15:19;) 16:1-3, 6-24, 31-36; 17:1a; 19:1-2a; 24:15-18a; 25:1-31:18a; 24:29-35; 35-40. 앞으로 제4장 4.에서 이러한 범위설정과 본질에서 동일한 주장을 하게 될 것이다.

드라이버는 그 이외의 다른 남은 구절들을 J와 E로 나눈다. 그러나 그도 이 두 자료를 구분할 때 필요한 믿을 만한 기준들이 언제나 나타나지 않는다는 점은 그도 인정해야 할 것이다. 예를 들어, 19:3-24이나 31:18-34:28은 앞으로 제4장 4.과 6.에서 주요 본문으로 다룰 예정인데, 그도 자기의 분석이 잠정적임을 인정했다. 십계명(20:1-17)과 계약의 책(20:22-23:33)은 그 이전에 존재하던 기록된 자료로부터 나왔지만, E로 배정했다.

34:18-26은 23:15, 12, 16-19와 평행본문이므로 J로 배정했다. 그렇다면 드라이버의 분류에 따라 34:1-4, 10-28은 시내산에서 계약을 확정하던 J의 본래적 이야기라고 간주하여야 하며, 19:20-25과 24:1-2, 9-10을 이어 가는 문맥이다. 그러나 현재 위치에 E에 속한 평행본문 20:22-23:33; 24:3-8을 삽입하면서 34장으로 위치를 옮긴 것이다. 편집자가 이 본문을 새 자리로 옮기면서 이제 계약 갱신이라는 기능을 부여했다.

이 '갱신된' 계약의 조건들은 34:11-26에서 '열 마디 말'(34:28)로 묘사되었다. 드라이버는 조심스럽게 다음과 같이 말했다.

> 그러므로 이 구절들은 현재 편집자에 의해 많이 확장되었지만 원래 '제사적 십계명'을 형성하는 명령 열 가지였으리라 추정한다(20장에 나오는 '도덕적 십계명'에 대응한다(『구약성경 문학 입문』, 9판, 39).

드라이버는 J와 E가 "위대한 예언자들의 기록과 유사하다"고 생각했다. 그래서 그 편집인의 작업을 매우 긍정적으로 평가했다.

> RJE은 문체나 성향에 있어서 신명기와 매우 유사하다(*Exodus*, xi).

앞으로 제4장, 4.에서 언급하게 될 관점으로 이동하는 단초가 바로 여기에 있다.

3) '전승': 대답하지 않은 질문

드라이버는 역사가로서 글을 쓴다고 주장한 적은 없지만, 최소한 이 이야기가 묘사하는 사건들의 개요는 역사성이 있다고 보호하고자 했다. 그리고 이 사건들 자체와 상대적으로 후대 문학 자료인 JE와 P를 이어주는 연결점이 바로 전승이라고 제안했다.

> 어떤 사건이나 제도가 처음으로 어떤 글에 언급되었던 연대를 이 사건이 일어나거나 제도가 제정된 날짜와 혼동하면 안 된다. 한 국가의 역사가 처음으로 형성될 때 과거에 관한 기억은 습관에 따라 구전으로 보존되는 경우도 많기 때문이다. 그리고 유대인들은 필기체제를 갖춘 이후에도 오랫동안 전승에 의존하고는 했다(『구약성경 문학 입문』, 9판, 125).

그러나 드라이버는 이런 전승들이 어떻게 보존되었는지 설명하지는 않았다. 이런 전승들이 기초와 역사적 내용이 무엇일지 각자 짐작하거나 본능적으로 추정할 수밖에 없었다. 예를 들면, 다음과 같다.

> 출애굽기 15:5b, 8, 10b에 나오는 과장법이 너무 심해서 시인이라고 할지라도 직접 목격한 사람이라고 볼 수 없으며, 도강을 정말 했다면 … 깊은 물이 아니라 바람이 물을 옆으로 불어갈 수 있는 얕은 곳에서 건넜을 것이다(『구약성경 문학 입문』, 9판, 30).

그의 이성주의적 경향은 그곳에 멈추지 않았으니, 홍해를 건넌다는 전승의 진보적 흔적을 문학 자료들을 통해 찾다가 진보적 자연주의적 설명을 제안하게 된다.

> E 자료 안에서 기적들은 J 자료보다 더 과장되어 나타나며 … P 자료 안에서 그것은 E 자료보다 더 크게 묘사된다(*Exodus* liii).

그러나 기적 이야기가 덜 나오지만, 아직도 실제 사건보다 오백여 년 뒤에 기록한 이야기에서 무엇을 배울 수 있는가?

이 질문은 전승들의 역사와 전이 과정을 맨 처음부터 지금 입고 있는 문학적 옷을 입을 때까지 추적하고자 하는 시도와 정확하게 연결되며, 마틴 노트로 주의를 돌릴 이유가 된다.

§ 더 읽어 볼 자료

R.E. Friedman, *Who Wrote the Bible?* London: Cape, 1988.
프리드만은 책 제목을 위와 같이 붙였지만, 처음부터 끝까지 문학비평을 통해 '누가 오경을 썼는지' 대답하기 위해 노력한다.

2. 마틴 노트와 '전승사'

신문서 가설에 따르면 오경을 형성한 자료들인 J, E, D, 그리고 P는 주전 1000년 이후에 와서야 실제적인 문학 작품의 형태로 확립되었다.

그러나 현대에 와서 고대 근동 문서들 수천 점이 출판되고(예를 들어, 1872년에 바벨의 홍수 이야기 판본이, 1902년에 함무라비 법전이 발표되었다), 그중 주전 2000년 이전 심지어 3000년경까지 거슬러 올라가는 문서가 존재하는 것을 보고 이런 문서들과 오경 자료들을 비교하고 그 뒤에 깔린 전승의 고대성을 재평가하려는 경향이 생겼다. 이제 이러한 오경 자료들이 훨씬 더 오래된 기록 또는 구전 자료들을 포함하고 있을 가능성이 높아진 것이다.

이런 자료의 오래된 모습을 찾아 현재 문학적 형태로부터 고대 근동 세계에 어울리는 본래 문맥으로 추적해 올라가는 기술을 폭넓게 '양식비평'(form criticism)이라고 부른다. 이 연구방법은 20세기 초에 궁켈(Hermann Gunkel)이 창세기와 시편을 중심으로 적용하기 시작했는데, 두 책이 모두 비교연구를 할 수 있는 바벨 측 자료들이 있었기 때문이다.

'양식비평'은 성경의 문학적 자료들을 분석해서 그것을 형성하는 요소들과 각각의 전승들을 찾아낸 뒤, 그것들을 문학 양식에 따라 분류하려고 한다('범주', *Gattung* 또는 장르).

이러한 문학 양식들의 사회적 문맥(*Sitz im Leben*)도 결정이 가능하며, 그 본디 사회적 문맥 안에서 감당하던 기능이 무엇인지 이해하는 작업도 더 효율적으로 시행할 수 있다(예를 들어, 시편은 국가적 또는 개인적 기쁨과 슬픔을 표현하는 제사와 예배의식에, 법 규정 중 어떤 것들은 '성문에 앉은 장로들'의 손에 있는 것이 가장 잘 어울린다).

그러므로 양식비평은 서로 관련된 성경과 성경 외부 자료들을 모아서 적절한 방법으로 비교하고 그 차이를 살펴보는 연구방법이다. 이런 방법을 통해 각 문단의 내부 구조를 더 잘 이해하게 되고, 얼마나 관례에 잘 맞는지 개성은 어떤 것이 있는지 볼 수 있다(제3장 5.에서 계약과 조약에 관해 논의한 부분을 참조하라).

어떤 특정한 문학 양식이 역사적으로 진화해 온 단계들을 중심으로 '유형분류체제'(typology)를 제안할 수도 있으며(*Formgeschichte* '유형의 역사'), 어떤 유형에 속하는 각각의 예를 제시할 수도 있게 된다.

예를 들어, 다음과 같다.

어떤 특정한 시편이 역시 특정한 예배의식을 반영하는지 아니면 그 유형이 특정한 제사적 상황 너머로 발전하여 신앙과 경건을 표현하는 좀 더 보편적인 매개체가 되었는가?

구약성경에 나오는 '계약'을 '조약'으로 이해해도 좋을 것인가?

그러므로 어떤 특정한 발화 유형이 고대 근동 세계의 본디 문맥으로부터 구약성경 안에 있는 현재의 문학적 작품으로 변하게 된 과정과 그 과정에 간여했던 사람들을 추적할 수 있게 될 것이다(*Überlieferungsgeschichte* '전승사').

양식비평 연구방법은 1906년 궁켈이 했던 말 속에 잘 요약되어 있다고 말할 수 있다.

> 히브리 문학사는 … 이스라엘에서 창작된 문학 양식의 역사이다.

다시 말해서 이스라엘 문학(말하자면 오경)의 역사는 단순히 그것을 형성하는 자료들(이 경우 J, E, D, 그리고 P)만 분석해서 역사적 순서에 따라 늘어놓는 방식으로, 즉 '문학비평'으로 쓸 수 없으며, 이런 자료들을 더 깊숙이 분석해서 그 구성요소들을 본디 고대 근동의 문맥까지 추적하여 그 자료의 문학사를 더욱 자세하게 서술해야 한다고 주장한다.

마틴 노트(Martin Noth)는 대표적으로 이런 양식비평 연구방법을 주창한 사람이며, 특히 전승사라는 관점을 강조했다. 오경과 관련하여 다양한 주제에 관해 진행된 논의는 그의 책 『오경의 전승사』(A History of Pentateuchal Traditions, Englewood Cliffs: Prentice Hall, 1972; 독일어 원본은 1948)에 잘 수록되어 있다.

그가 쓴 출애굽기 주석은 1962년에 출판되었다(London: SCM; 독일어 원본은 1959; 그는 레위기와 민수기 주석도 저술했다). 노트는 또한 1955년에 시작해서 2000년에 마치기로 계획한 방대한 '성경 주석'(Biblischer Kommentar)의 첫 번째 편집인이기도 했다(위에서 언급한 슈미트[Schmidt] 의 주석이 이 주석시리즈의 일부이다).

이 성경 주석은 구약성경에 나오는 모든 구절마다 양식비평적 정의를 제공하고, 자료 전승사를 추적하며, 그 본래 삶의 자리(Sitz im Leben)를 드러내 1906년 궁켈이 주창한 연구방법을 충실하게 적용한 결과가 될 것이었다.

그의 목표는 성경 본문의 기원과 발전 과정을 철저하게 묘사함으로써 구약성경의 각 본문이 성경의 전체적 선포에 어떻게 이바지하는지 분석하는 일이었다. 이런 방법으로 '전승'이라는 용어를 정확하게 사용하고 그렇게 전해져 내려온 자료를 가능한 한 완벽하게 이해하고자 했다.

그리하여 노트는 자기 임무를 다음과 같이 정의했다.

> 전승된 오경 전체에서 기초적 주제들이 발전해 온 과장을 확인하고, 그런 주제들이 어떻게 개별 자료들로 구성되었는지 연구하며, 그들 상호 간의 관계를 추적하고 그 의의를 평가하는 것이다(『오경의 전승사』, 3).

이런 자료들을 평가하기 위해서는 구약성경의 방대한 문학적 본문들을 분석하는 일부터 시작해야 한다.

노트는 이 작업과 관련해서 본인이 벨하우젠(Wellhausen) 학파의 충실한 제자임을 보여 주었다. 가장 알아보기 쉬운 P는 오경 본문의 기초를 형성하고 있고 JE가 첨가되며 이를 '풍성하게' 만들었고, 이것은 JE의 기초가 되는 J에 E가 첨가되며 더욱 풍성하게 만든 것과 같다고 주장했다.

그는 어떤 성경 본문들은 문학비평적인 분석에 적합하지 않다고 인정하면서 특히 출애굽기 19, 24, 33장을 언급했다(드라이버S.R. Driver의 연구 참조). 그는 D-유형의 자료가 광범위하게 존재한다는 점을 인정했다.

이 부분은 아래 제4장 4.에서 논의할 내용에서 중요하기 때문에 출애굽기 안에서 노트가 인정하는 D-유형 자료를 다음과 같이 밝혀 둔다. 12:24-27a; 13:1-16; 15:25b, 26; 16:4b, 28; 17:4-7; 19:3b-9a(b); 32:7-14; 33*. 노트가 보기에 34:1a과 4절은 '이차적'이다.

그러나 프록쉬(O. Procksch)의 제안에 따라 노트는 J와 E가 공유하는 기초 본문 'G'(gemeinsame Grundlage, '공유하는 기초')가 있다고 가정하며 전승들의 발전 과정을 한 단계 이전으로 물렸다. 그는 G가 기록되었는지 구전이었는지 결정하지 않고 남겨 두었는데, "전승사적 입장에서 이 문제는 그리 중요하지 않다"고 말했다.

노트의 입장에서 오경의 내용은 크게 다섯 가지 본디 '주제'로 분석할 수 있다. 족장들, 출애굽, 광야, 시내산, 그리고 정착. 그중 출애굽은 우선적 지위를 가진다. "너를 애굽 땅 …에서 인도하여 낸" 분을 찬양하는 '찬송시' 성격의 분사구문(출 20:2)은 '그 뒤에 나오는 오경 전승 전체의 핵심'이다. 출애굽은 모든 역사적 사건의 '기초석', 즉 바다에서 이집트인들을 멸망시킨 사건(출 15:21b)으로 거슬러 올라간다.

이스라엘 전체가 출애굽 사건에 참여한 것은 아니지만('이스라엘'이라는 공동체는 가나안에서 형성되었다), 이 전승은 너무 광범위하게 퍼져서 나중에 이스라엘의 일원이 된 많은 부족도 이 전승을 공유하게 되었다. 이 전승 또는 '전설'(saga)은 왕정 이전 시대에 '정확히 알 수 없는 지파들이' 연례 제사 행사를 위해 함께 모였을 때 낭송자들이 구두로 '창작하고, 발전시키고, 전달하면서' 처음으로 나타났다.

이런 행사에서 부족 공동체의 중앙 성소에서 진행하는 예배의식 중에 이런 고백적인 찬송시를 낭송했으며, 그 중심에는 계약의 궤가 있었다. 이렇게 이 자료의 삶의 자리와 역사적 전승 과정을 규정한 것이다.

이렇게 기초적인 오경 주제들의 발전 과정과 관련하여 제사적 문맥을 강조하는 노트는 폰 라트(Gerhard von Rad)의 양식비평 연구의 영향을 받은 것이 분명하다.

폰 라트를 따르면, 오경 자료 중 가장 초기의 작품인 J의 저자가 아직도 신명기 26:5-10에서 '짧은 역사적 고백'의 형태로 남아 있는 고대 이스라엘의 신앙고백을 기본 자료로 사용했는데, 이 고백은 길갈 성소에서 칠칠절에 드리던 예배의식에서 연원했을 것이다. 그 축제 때는 이집트에서 탈출한 일과 땅을 정복한 일을 축하했을 것이다.

폰 라트가 지적한 점 중에서 이 신앙고백문이 시내산을 전혀 언급하지 않고 있다는 사실은 매우 중요하다. 이에 따라 그는 벨하우젠이 이미 주장한 바와 같이 시내산은 독립된 전승(출 19:1-민 10:10)에 속하며, 세겜에서 장막절에 시행하던 계약 축제의 예배의식 속에 보전되어 있었다고 결론을 내린다. J는 바로 이 '고백'을 자신의 자료를 창작하는 틀로 사용했다.

그는 출애굽과 정착에 관한 기사에 시내산을 삽입하고(*Einbau*), 창세기 2:4 이하에 나오는 창조 이야기로 서문을 시작했으며(*Vorbau*), 창세기 12장 이후에 족장들의 이야기를 넣어 확장시킨(*Ausbau*) 것이다.

그러나 노트는 이 논의를 훨씬 더 폭넓게 확대하고 깊이를 더했다. 그는 여러 성소에서 이스라엘의 농업 축제들을 지키며 출애굽 사건을 '역사화'시켰다는 본질적인 제도적 차원은 유지했으나, 출애굽과 정착 관련 자료를 연결하여(노트는 이 둘을 서로 다른 '주제'로 구분한다) 길갈 성소에서 드리는 초태생 제사로 너무나 좁게 해석하는 폰 라트의 주장을 비판했다.

> 왕정 이전 시대에 그 땅 전 지역에서 부족들이 각자 자신들의 영토를 확보하기 위해 노력하고 있었고 … 그러므로 야웨가 그 땅의 소유를 허락하셨다는 고백은 넓은 의미에서 초태생을 바치는 제사에 속해 있었을 가능성이 있다(『오경의 전승사』, 53).

그러므로 노트는 문학적 분석을 통해 각 자료들을 G까지 추적했고, 더 나아가 기초적인 전승들이 여러 성소에서 명절을 지키던 삶의 자리 속에서 구전으로 형성되던 상황까지 거슬러 올라간 것이다. 그리고 나서 그는 낭송자들이 나중에 매우 다양한 성격의 자료들을 첨가하며 주제들을 발전시켰다고 간주했고, 이런 현상의 연원과 성장 과정을 유사한 전승사 연구주제로 삼았다.

여기서는 노트의 방대한 논의 중 몇 가지 예만 들도록 하겠다.

유월절 기사 앞에 나오는 재앙 이야기는 "창조적 이야기꾼들의 작품이며 … 더 확장하고 향상시키려는 낭송자들의 본능에 따라 … 대상 상인들이 전해 준 이국적이고 흥미로운 이집트의 생활에 관한 상식 중에서 이집트 특유의 성격을 드러내는 특정한 사건들을 선택한 것이다"(『오경의 전승사』, 69).

광야를 여행하던 기사는 남부 광야에 거주하는 부족과 지파들이 "대상들의 경로에 대한 그들의 지식 … 그리고 그 길에 있는 다양한 역참마다 전해져 내려오는 지역 전통들을" 삽입하여 확장한 것이다(『오경의 전승사』, 116). 시내산은 이런 남부 전통 중 하나였다. 모세라는 인물도 광야 전승에 가장 밀접하게 연결되어 있다.

모세 관련 자료와 관련된 역사적 핵심은 신명기 34:6에 남아 있는 무덤 관련 자료인데, "본래적인 것이 확실한 기초석이 되는 역사적 실제"임이 거의 확실하다(『오경의 전승사』, 173).

이러한 확장 부분들 안에서 "오경 낭송자들이 특별히 관심을 가졌던 것은 … 그 땅에서 일어난 독특한 역사적 사건들이 아니라 그러한 생활의 조건에 일상적으로 맞추어 살아가는 모습"이었던 것이다(『오경의 전승사』, 191). 그 기초적인 주제들과 개개의 전승들은 '이차적' 계보와 여행경로 그리고 어디나 존재하는 모세라는 개인을 매개로 함께 '묶이게' 되었다.

그 후 기록된 자료가 등장하면서 "오경의 이야기들은 그런 주제들을 형성했던 제사적 장치라는 영역과 이야기를 확장하는 데 도움이 되었던 대중적인 영역을 벗어나서 과거를 신학적으로 반추하는 영역으로 들어가게 들어갔다"(『오경의 전승사』, 228). 노트는 J, E, 그리고 P 각각의 자료들이 어떤 '저자'의 것으로 분류할 수 있는 신학적 태도를 문학 작품으로 형상화했다고 주장했다.

마지막으로 노트는 완성된 오경에 관해 이렇게 주장했다.

> 우리가 해석해야 할 것은 완성된 오경이며, 모든 문학비평과 전승사 연구는 이 작업을 하기 위한 도구로 간주해야 하기 때문에, 오경 전승사 연구는 다시 오경 전체에 관한 언급으로 마무리될 수밖에 없다(『오경의 전승사』, 248).

그리고 단순히 이 본문의 성격상 그렇게 해야 할 뿐만 아니라, "그 문학 작품은 전체가 성경으로 읽혀졌고 예배에서 사용해 왔기 때문에 그렇게 연구해야 한다. 그러므로 이 본문을 전체로 이해하는 작업도 학자들이 해야 할 의무이다"(『오경의 전승사』, 250).

§ 더 읽어 볼 자료

H. Gunkel, "Fundamental Problems of Hebrew Literary History," in *What Remains of the Old Testament*, London: Allen & Unwin, 1928, 57ff.

G. von Rad, "The Form-critical Problem of the Hexateuch," in *The Problem of the Hexateuch*, Edinburgh: Oliver & Boyd, 1966, 1ff.

K. Koch, *The Growth of the Biblical Tradition*, London: A. & C. Black, 1969.

3. 브레바드 스프링스 차일즈와 '정경비평'

성경 주석에서 특정 문단의 마지막 부분마다 그 문단이 성경신학과 관련해서 어떤 의미가 있는지 조망하는 부분이 있고, 노트가 필요하다고 주장했지만 깊이 천착하지 못했던 연구, 즉 구약성경을 신앙을 중심으로 예배하는 공동체의 성경의 일부로 해석하는 작업을 진행하려고 노력하고 있다.

이 목표를 가장 열정적으로 추진했던 사람이 차일즈(B.S. Childs)였다는 점은 의심할 여지가 전혀 없다. 차일즈가 쓴 출애굽기 주석은 1974년에 발표되었다(London: SCM).

이 책에는 개론이 없는데, 그 이유는 차일즈가 그보다 먼저 출판한 책 『위기에 부딪힌 성경신학』(Biblical Theology in Crisis, Philadelphia: Westminster, 1970)에서 실제 예를 들면서 본인의 해석이론을 잘 설명했기 때문이다(이 책의 제목은 1960년대에 하나님이 역사 속에서 위대한 행위를 통해 스스로를 계시하신다는 개념을 거의 배타적으로 강조하던 성경신학운동[Biblical Theology Movement]이 붕괴하고 있다는 관점을 반영하고 있으며, 이 개념은 출애굽의 문맥에 관련된다는 사실에 유의해야 한다).

차일즈가 『위기에 부딪힌 성경신학』에서 밝힌 목표들은 그의 주석뿐만 아니라 『구약정경개론』(Introduction to the Old Testament as Scripture [London: SCM, 1979]) 등 그 뒤에 발표한 여러 연구를 통해 매우 철저하게 진행되었다.

차일즈는 『위기에 부딪힌 성경신학』을 쓰면서 본인은 근본적으로 기독교 목사 입장에서 글을 쓴다고 밝혔고, 교회 안에서 실제로 성경으로 기능하는 구약성경을 설명하여 그 기능을 활성화하는 데 관심이 있다고 말했다. 차일즈는 당시 유행하던 '역사비평적' 주석 관행, 즉 구약성경 본문의 연원과 성장 과정을 고대 이스라엘의 생활상과 고대 근동 배경에 비추어 추적하던 연구방법을 부적절한 행위라며 거절했다(제3장 2. 참조).

구약성경은 기독교 성경 전체를 정경으로 보는 문맥, 즉 기독교 성경신학 안에서 신약성경과 함께 읽을 때 적절하게 해석할 수 있다는 태도는 흥미롭고 그를 이해하는 데 도움이 된다. 그는 현대 주석가들을 통렬하게 비판했는데, 예를 들어, 시편 본문을 주석할 때 그들은 "신약성경과 관련된 부분은 용의주도하게 피하면서 바벨 문화와 유사한 부분은 빠짐없이 언급한다"고 평했다(『위기에 부딪힌 성경신학』, 144).

그의 주장은 다음과 같은 인용문들을 통해 잘 드러난다.

> 성경은 과거에 하나님의 종들을 통해서 말씀하셨지만, 교회와 세계의 눈앞에 지금도 자기 뜻을 제시하고 계시는 살아계신 하나님을 계속해서 가리키고 있다. 성경은 아직도 하나님이 성령의 사역을 통해 자기 백성과 새롭게 소통하시는 매개체로 남아 있다(『위기에 부딪힌 성경신학』, 131).

그러므로 주해는 단순히 과거를 탐구하는 작업이 아니다. "정경이라는 문맥 안에서 성경신학을 연구할 때 이 성경 전승이 규범적인 성격이 있다는 사실을 인정해야 한다"(『위기에 부딪힌 성경신학』, 100). 주해자의 작업은 개개의 본문이 전체 본문과 맺고 있는 신학적 상호관계를 드러낼 때 완성되는데, 다른 말로 '정경적 의도성'(canonical intentionality)을 밝혀야 한다(『구약정경개론』, 79).

구약과 신약은 서로가 서로를 해석한다.

> [신약성경은] 구약성경이 왜곡되지 않도록 이끌고 … 하나님은 … 이스라엘만의 하나님이 아니며, 모든 민족의 하나님이시다. 이 세계에서 받는 물질적인 복, 수명과 땅과 민족은 궁극적인 복이신 하나님 자신을 가리키는 유산일 뿐이다(『위기에 부딪힌 성경신학』, 218 이하).

> 그 반대 방향으로 수행하는 작업은 … 역사적 정당성이 없으며, 신학적 문맥을 고백하고 있을 뿐이다(『위기에 부딪힌 성경신학』, 109).

이것은 또한 '비평적 연구 이전' 시대, 특히 교부들과 랍비들과 개혁자들의 광범위한 해석 전통을 발견하는 문을 여는 더 폭넓은 목표를 제시하기도 한다.

이런 원리들을 언급하면서 차일즈는 자기 주석에서 이것들을 어떻게 적용하는지 보여 준다(『위기에 부딪힌 성경신학』에 나오는 예 중 하나는 출애굽기 주석과 똑같이 기록되어 있고, 준비하는 과정에 있다). 그는 본문비평, 문학비평, 양식비평과 전승사에 해당하는 문제들에 표준적 비평작업을 적용하며, 새로운 혁신을 시도하지 않고 극단적으로 철저하게 적용하는 예를 보여 준다.

그러나 차일즈는 자기 글을 구약과 신약성경이라는 폭넓은 문맥에 맞추어 전개하고 있으며, 그의 전체 목표를 위해 당시 가장 중요했던 신학적 사상까지 반영하려고 노력했다.

그의 주석은 자료들의 진정한 축제라고 할 만하다. 남아 있는 질문은 책 한 권으로 그 모든 것을 다 성취할 수 있느냐 여부일 뿐이다. 차일즈가 계획했던 작업은 구약성경 신학과 성경신학, 그리고 조직신학과 윤리학과 목회학이라는 관점에서도 다루어야 한다는 데 의심할 여지가 없다. 신자는 그가 신자이기 때문에 개인이 가진 제한 안에서 성경과 전통과 경험이라는 자료를 사용하여 일관적인 개인적 관점을 확립하는 데 최선을 다해야 한다.

그러나 그것은 분명히 공동 작업이기도 하다. 주석가는 주석가로서 훨씬 더 폭넓은 학제간 작업을 위해 감당해야 할 소소하지만 분명한 역할이 있다. 구약성경을 신약성경과 관련시키는 작업만 하더라도 그 가능성은 거의 무한대로 확장될 수 있다. 차일즈는 이 작업을 시행하는 방법을 두 가지로 규정했다(『위기에 부딪힌 성경신학』, 114 이하).

첫째, 신약성경 안에 나오는 분명한 구약성경 인용 구절들 따르기
둘째, 어떤 낱말의 의미가 유사하게 나타나는 구절들, 특히 분명한 인용이 아닌 문단들 탐구하기

둘째 방법을 사용하다 보면 해석자는 수만 가지 다른 방향으로 연구를 진행할 수 있다. 구약성경과 신약성경 사이의 상호관계를 해석하는 작업이 이런 식으로 나타난다면, 성경신학과 일반적인 신학을 연결하는 작업은 훨씬 더 다양하게 펼쳐질 것이다. 그렇다면 신학연구에 관한 차일즈의 모형이 전부 적절하다고 볼 수 있는지 의문이 생긴다.

이 세상에서 하나님에 앞서 나타나는 하나님의 말씀은 세상을 향해 선포하시고 교회는 오직 계시의 '유일한' 매개체인 정경을 통해서만 선포한다면 이것은 말씀을 선포하는 데 제한을 두어 부적절한 것처럼 보인다. 찰일즈는 본인이 보기에 유행이 지난 것을 새로운 지배적 성경

신학으로 대체하는 위험을 초래할 수도 있다.

제4장 뒷부분에서는 평범한 '개론'에서 다루는 몇 가지 주제로 돌아갈 것이며, 노트가 제기하고 아직도 문제가 되는 몇 가지 질문도 논의할 것이다.

§ 더 읽어 볼 자료

차일즈가 도전적으로 제안한 내용에 대해 많은 학자가 평가를 시도했고, 그중 하나는 *JSOT* 16, 1980을 들 수 있다. 그 외에도 다음의 글을 참조하라.
J. Barr, *Holy Scripture: Canon, Authority, Criticism*, Oxford: Clarendon, 1983, 130ff.

조금 다른 관점으로 정경이 유기적으로 성장했고 일종의 모형이 된다는 의견은 다음을 보라.
J.A. Sanders, *From Sacred Story to Sacred Text: Canon as Paradigm*, Philadelphia: Fortress, 1987.

4. 편집비평

1) '양식비평'적 접근에 대한 추가 논의

차일즈는 많은 비평적 연구가 성경 본문의 연원을 분석하고 재구성하는 데 급급한 나머지 '최종 형태'가 성경이라는 정경으로 수행하는 기능을 종합적으로 파악하는 데 소홀했음을 지적한다. 노트가 자료를 올바른 방법으로 다루어야 한다고 주장했음에도 불구하고 그의 연구 질문도 전승들의 초기 단계들을 재구성하는 데 집중하고 있었음은 분명히 알 수 있다.

첫째, 노트가 제안하는 역사적 재구성은 상당히 많은 부분이 추정과 임의적인 판단으로 구성되어 있다. 물론 추정하는 행위 자체가 원리적으로 잘못된 것은 아니다. 분명한 증거가 적은 부분은 추정할 수밖에 없고 창조적 해결책을 얻을 수도 있다.

그러나 신학적 성격을 강조하면서 출애굽기 15:21b("너희는 여호와를 찬양하라, 그는 높고 영화로우심이요, 말과 그 탄 자를 바다에 던지셨음이로다")와 신명기 34:6([주님께서] 그를[모세를] 벳브올 맞은편 모압 땅에 있는 골짜기에 장사했고, 오늘까지 그의 묻힌 곳을 아는 자가 없느니라)을 역사적 사건들의 '기초석'이라고 부르는 것은 사료학적으로 냉정하게 판단할 때 문학 양식을 혼동한 것으로 보인다.

둘째, 마찬가지로 노트가(그리고 폰 라트가) 오경이 문학적으로 성장한 과정을 설명한 것은 일관적 논증으로 가치가 있지만 역시 추정에 불과하다. 예를 들어, 그도 "우리는 자세한 증거가 없지만 [출애굽 '주제'의 성장이] 이런 방식으로 일어났다고 추론해야만 한다"라고 인정하기도 했다(『오경의 전승사』, 51).

어쨌든 그 '주제'가 어떤 정도의 위치를 가지는지 일반적으로 의심할 여지가 있다. 이것은 순례나 대상이 여행하는 길과 사막의 상황에 대해 지역민들이 상식적으로 알고 있는 어떤 요소에 문학적 측면에서 이념적인 목적을 첨가하여 복합체로 만들어 냈을 가능성도 매우 크다.

또 '족장들이 받은 언약'이라는 주제가 원래 어디서 나왔을지 질문해 볼 수도 있으며, 기초적 구성요소로 쓰기 위해 과거로 투사한 내용이라고 볼 수도 있다. 소위 '주제'라는 것들이 'G'로 인정받고 수집되면서 본디 전승으로 성장한 것이 아닐 수도 있으며, 전승사의 후속 단계에서 이스라엘의 연원을 설명할 때 규범적인 신학적 견해를 담은 일관적인 이야기가 되도록 문학적으로 구성한 결과일 수도 있는 것이다.

셋째, 왕정 이전 시대에 전승들을 수집하고 지파들로 퍼져 나가는 중심부 역할을 하던 '온 이스라엘'이 모이는 중앙 성소가 있었다는 노트의 주장도 많은 비판을 받고 있다. 그런 정도의 사회통합은, 그런 적이 있었다면, 다윗 왕국이 성립되었을 때나 가능했을 것이다. 전승들이 일관성을 가질 수 있게 만드는 영향력과 제도들도 좀 더 다양했을 것이다.

서로가 공유하는 역사(이집트 지배에서 해방, 짧은 독립 기간, 메소포타미아의 지배)와 공유하는 사회적 배경(공인된 법적 사회적 틀 안에서 유목민과 농부와 도시 거주자들이 가진 공통적 또 개체적 이해관계)과 공유하는 종교적 규범들(지역 성소에서 드리는 희생제사나 명절들)이 있어서, 출애굽기 안에서 시작하는 국가의 서사시를 구성하는 데 필수적 전제들을 제공했을 것이다.

그러나 이런 사회적 조건들 아래서 그리고 그 제도들을 통해 표현된 역사적 삶을 분명하게 해석하는 규범적인 야웨 신앙(normative Yahwism)은 헌신적인 신학자들의 치열한 세력다툼과 창조적 작업이 없었다면 성취하기 어려웠을 것이다. 그리고 이것은 소수집단들 속에서만 지지를 받았을 수도 있다.

한 민족 전체가 바벨론 포로기 중에 전승들을 모아 왔는데, 자신들의 사회가 끊임없이 계약을 위반했던 이야기로 과거를 해석한다는 것이 과연 전형적이라고 할 수 있는가?

넷째, 어쩌면 이스라엘의 조상들이 후기 청동기 시대에서 철기 시대로 이행하는 시기의 역사를 의심 없이 재구성하는 자료로 출애굽기를 사용하는 것과 이스라엘의 전승들이 전래되면서 분명히 겪었을 문학적 역사를 재구성하는 자료로 출애굽기를 사용하는 것 사이에는 어떤 유사점이 있을지도 모른다.

이스라엘은 어떤 의미에서 '이집트에서 노예' 신분이었는데, 출애굽기 안에서 그러한 경험을 사료를 통해 재구성할 수 있는 자료들을 찾을 수 없다.

마찬가지로 많은 전승이 많은 통로를 통해 전승되었고 마지막에 서로 어울릴 수 있는 관례적 형태로 형성되었을 것이다. 그러나 광범위한 저수지로부터 발원한 하나의 흐름을 골라 그 저수지를 채운 물들의 구성요소로 분석해 들어가서, 현존하는 이야기를 만들어 냈던 개개의 요소 역사와 그 자료로 역추적할 수도 있다는 희망을 품을 수도 있다. 그러나 이야기가 매우 다양한 자료를 모아 놓았고 상식적 정보와 제도적 자료를 혼합해 놓은 형태이기 때문에 이런 작업을 수행하는 것은 거의 불가능하다.

차일즈가 언급한 바와 같이 성경 자료들은 그것이 유래하고 발전해 온 역사적 과정을 재구성할 증거를 남기려는 의도가 전혀 없었다. 그런 과정은 의심할 여지 없이 존재했고, 누구나 원하는 대로 그 과정을 짐작해 볼 수 있지만, 이 모음집 안에는 그런 작업을 위한 증거가 더 이상 온전한 형태로 남아 있지 않고, 심지어 충분히 존재하지도 않는다.

이 말은 매우 부정적인 결론처럼 들리지만, 나는 아래 제4장 4. 2)-3) 에서 논의하게 될 내용처럼 비평적 연구가들이 확신하고 도움이 되는 연구를 할 여지가 많이 남아 있다고 믿는다.

2) 출애굽기 편집사

아래에서 출애굽기를 편집한 역사를 서술하게 될텐데, 문학비평이나 양식비평에 비하면 특정한 목적에 맞게 간단하게 진행하겠지만 정경비평보다는 좀 더 야심에 찬 작업이 될 것이다.

문학비평이나 양식비평이 주장하는 바와 같이 자료들이 굉장히 복잡한 연원을 가지고 있을 가능성을 부정하지 않고, 이런 연원이 불가해하다는 점을 인정하며, 편집비평은 편집행위와 그 의도가 좀 더 분명하게 구분되는 본문의 후대 형태에 관심을 집중한다. 앞으로 출애굽기 안에는 주요 편집행위가 크게 두 번에 걸쳐 나타난다고 꽤 확실하게 제안하게 될 것이다.

보다 나중에 최종적으로 시행한 편집은 대체로 문학비평가들이 전통적으로 'P'라고 부르는 자료로 형성되어 있는데, 이것은 단순히 자료(source)일 뿐만 아니라 자료에 나름대로 영향을 주는 판본(edition)이기도 하다. P가 아닌 자료들(예를 들어, 드라이버의 JE, RJE, RD) 역시 단순히 자료가 아니라 자기들 나름대로 자료를 편집한 전 단계의 판본으로 이해해야 한다.

이 이른 판본은 나중에 신명기(전통적으로 'D'라고 부름)와 그와 유사한 관점으로 편집하여 관례적으로 '신명기학파'(Deuteronomistic)라고 부르는 자료(Dtr, 특히, 구약성경에서 여호수아부터 열왕기하까지를 부르는 '신명기 역사'[DtrH])를 생산한 운동과 가장 잘 연관된다.

출애굽기의 이 두 판본은 연대적 순서에 따라 'D-판본'과 'P-판본'이라고 부를 것이다.

편집비평은 또한 정경비평과 다르다는 점을 분명히 해야 한다. 출애굽기를(차일즈의 표현을 따라) 그 '정경적 의도성'에 따라 해석하는 것으로 충분하지 않으니, 이 책이 기독교 성경에 속해 있다는 사실 덕분에 가지게 된 의미만으로는 부족하다. 출애굽기의 '최종적' 형태에만 집중하는 것도 충분하지 않다.

만약 이 책이 두 번에 걸친 연속적 '정경' 편집과정, 'D-판본'과 'P-판본'을 거쳤다면, 두 판본의 편집자들이 가지고 있던 신학적 의도를 모두 제대로 인식해야 이 책 전체의 가치를 이해할 수 있을 것이다.

그러므로 '정경적' 형태가 곧 '최종적' 형태라고 전제하면 실수가 된다. 현재 우리에게 알려진 구약성경의 '최종적' 형태는 연속적 '정경적' 형태들이 이른 판본이 후대 판본 안으로, 폐지되지 않고, 심지어는 전혀 수정되지 않거나 일부만 수정한 채로 결합한 결과이다. 성경이라는 정경은 성경 시대 후반기에 모든 자료가 손안에 준비된 상태에서 그 내용이 정경에 적합한지 최종적인 결정 한 번으로 완성된 결과물이 아니다.

오히려 이것은 '단계적으로' 형성된 정경(rolling canon)으로, 오래된 자료들의 모음집이 권위 있는 핵을 이루고 그 주위에 후대 자료들이 상호작용을 하면서 또는 혁신을 일으키면서 첨가되는 복잡한 방법을 통해 성장해 온 것이다.

성경의 내용을 충분히 이해하기 위해서는 단계마다 권위 있는 성경으로 선포했던 편집자들의 의도를 확인할 수 있는 한도 내에서 충분히 파악해야 한다. 이것이야말로 편집비평이 성취하고자 하는 이해이다.

3) 출애굽기의 신명기적 편집(Deuteronomistic redaction)

출애굽기의 최종 판본이 존재한다는 사실은 자명하기 때문에, 그리고 그 편집자의 의도는 아래 제5장 3.에서 논의할 예정이기 때문에, 여기서는 출애굽기의 이른 '정경적' 판본인 'D-판본'을 정의하고 그 범위를 결정하는 좀 더 논란이 많은 문제를 다루도록 하겠다. 이 판본의 편집 의도도 제5장에서 공부하게 될 것이다.

현재 출애굽기의 P-판본의 '최종 형태' 아래 깔린 D-판본을 구분해내는 작업은 다음과 같이 차례로 진행해야 한다.

(1) 출애굽기와 신명기 본문 중에는 놀랍게 유사한 부분들이 있어서, 밑에 깔린 D 자료가 출애굽기의 '최종 형태'라는 표면을 뚫고 나와 돌출된 것이 아닌가 생각하게 만든다. 특히, 출애굽기 24:12-34:35에서 모세가 산에 올라가 계시를 받는 설명이 그러하다. 평행본문의 기초가 되는 신명기 9:7-10:11을 비교하면 다음과 같은 내용을 관찰할 수 있다.

① 출애굽기 자료의 틀이 D와 매우 유사하다(출 24:12, 18b; 31:18; 32:7, 8a, 9, 10, 15a, 19b, 20; 34:1, 4, 28을 신 9:7, 10, 12-15, 17, 18a, 21a; 10:1a, 2a, 3abb, 4a과 비교하라). 표준적 문학비평은 여기서 신명기가 더 오래된 JE 기사에 의존하고 있다고 추정한다(예를 들어, 이 구절들을 도표로 만들어 정리한 S.R. Driver, *Deuteronomy*, ICC, Edinburgh; T. & T. Clark, 3rd edn., 1902, 122를 보라).

본인의 의견으로는 이런 평행본문들 사이의 상호관계는 예를 들어, 신명기 역사와 역대기 사이의 관계와 다르지 않으며, 이런 평행본문들은 동일한 자료로부터 나왔을 것이다.

② 사실 신명기 9:7 이하에 나오는 판본이 출애굽기 자료를 위한 본래의 형태를 제공하고 있다고 볼 수 있는 경우가 몇 번 있으므로 출애굽기에 나오는 이런 이야기 틀이 사실 D에서 나왔다고 볼 수 있으며, 나중에 마지막 편집자인 P가 수정을 하게 된다. 이런 사실은 다음과 같은 경우에서 분명하게 드러난다.

㉮ 출애굽기 31:18. 신명기 9:10a에 나오는 평행본문은 출애굽기 본문이 원래 "그리고 주님이 모세에게^1 하나님의 손가락으로 쓴 두^2 석판을 주셨다"라고 썼을 가능성을 제시한다. 최종 편집자 P가 1에 "그가 그와 시내산 위에서 말하기를 마쳤을 때"라는 말을 삽입했고(D는 '시내산' 대신 '호렙산'을 사용한다), 2에 "증거의 서판"이라는 말을 삽입했다.

㉯ 출애굽기 32:15a. 신명기 9:15에 나오는 평행본문은 최소한 모세의 손에 있었던 것은 '증거의 서판 두 개'가 아니라 '계약의 서판 두 개'였으리라 짐작할 수 있게 해 준다.

㉰ 출애굽기 34:1-4. 신명기 10:1-3에 나오는 평행본문은 출애굽기의 본문이 원래 다음과 같이 쓰였을 가능성을 제시한다. "주님이 모세에게 말했다. '석판 두 개를 처음처럼 깎아라. [그리고 산 위로 내게 올라와서 나무로 상자를 만들어라] 그리고 네가 부순^1 첫째 서판에 있던 말들을 그 서판 위에 다시 쓸 것이다. [그리고 너는 그것을 그 상자에 넣을 것이다].'"

그래서 그는 [아카시아나무로 상자를 만들었고] 석판 두 개를 처음처럼 깎았고,² 그 두 서판을 손에 들고 산 위로³ 올라갔다."
P는 사각 괄호 안에 들어 있는 내용을 제거했는데, 그 이유는 다른 곳에서 더 자세히 설명하기 때문이다(출 25:10 이하; 37:1 이하). 그 대신 자기 계획에 맞는 자료들을 첨가했는데, 1에 "아침에 준비하고 있다가, 아침에 시내산으로 올라와서, 산꼭대기에서 내 앞에 나서라. 아무도 너와 함께 올라오면 안 되고, 산 전체에 아무도 나타나서는 안 된다. 양 떼나 소 떼도 산기슭에서 풀을 뜯을 수 없다"라는 말을 첨가하고, 2에 "그리고 모세는[주의: 여기서 모세는 알 수 없는 이유로 RSV에서 잘못된 위치에 들어감] 아침 일찍 일어났다"를 삽입했고, 3에 "시내산의 … 주님께서 그에게 명령하신 대로, … 취했다"라고 첨가했다(여기에 부사구 '서판 두 개와 함께'가 들어가서 이제 '그리고 서판 두 개를 취했다'라는 동사절로 꾸밈을 받는다).

㉣ 출애굽기 32:20b. 황금 송아지를 파괴한 후 나오는 P의 제사 설명은 신명기 9:21b에 나오는 부분을 완전히 대체하고 있다.

㉤ 출애굽기 32:25-29에서 P는 레위인들이 위임식을 치르는 장소에 관해 신명기 10:8과는 완전히 다른 설명을 하고 있다.

㉥ 위에서 말한 분명한 경우들 때문에 신명기 9:9이 출애굽기 24:12, 18b 본문의 원래적인 형태를 제공했을 가능성이 커진다. "주님이 모세에게 말씀하셨다. '산 위로 나에게 와서 거기서 기다려라. 그리고 내가 네게 석판들을 주겠다. [내가 그들과 맺은 계약의 서판들을].' 그리고 모세가 그 산 위에 사십 일 낮과 사십 일 밤을 [머물렀다]."

P는 출애굽기 24:12b을 수정하고 14-18a을 삽입하여 계약에 대한 강조 대신 율법과 계층화와 신현에 대한 강조로 초점을 바꾼다. (출 24:13에 나오는 여호수아의 모습은 신명기적이다.)

(2) 동일한 논증 과정을 통해 신명기 4:10-15; 5장은 신현과 율법 계시와 호렙산 계약(이 산의 이름은 출 33:1-6에 보존되어 있다)이 나오는 D-판본이 출애굽기 19:1-24:11에 회복될 수 있도록 만든다.

D가 계획한 각본은 모세가 사람들을 모아서 산기슭에 서고, 하나님이 놀랍도록 무서운 불과 다른 신현 현상 중에 하나님과 사람들 계약관계의 기초가 되는 '십계명'을 직접 말씀하신다는 것이다.

그 후에 모세가 혼자 가까이 다가가서 "모든 명령과 법규와 법령"(신 5:31; 그리고 4:14 "법규와 법령"을 참조)을 받고 나서, 그가 사람들의 중재 역할을 하게 된다. 이렇게 연속되는 사건들은 (드라이버와 노트에게는 미안한 일이지만) 출애굽기 19:3-9, 16-17, 19; 20:1-23:33; 24:3-8 본문에서 상대적으로 쉽게 재현해 낼 수 있다. 그렇다고 해서 이 모든 자료를 D-편집자가 창작했다는 말은 아니며, 그에 의하여 편집되었을 뿐이다.

위의 제3장 6.에서 논의한 바와 같이 계약의 책에 들어 있는 법전(출 20:22-23:33)은 매우 긴 역사가 있지만, 이제 그것을 계약법전으로 재성형한 것은 D-편집자의 노고라는 점을 확신할 수 있다. D-편집자는 이 본문을 현재 형태로 잡아놓았을 뿐만 아니라 '계약의 책'이라는 이름도 붙였으며(출 24:7), 이 본문과 신현 현상을 계약체결이라는 틀 속에 위치시켰다(출 19:3-9; 24:3-8).

이 틀이 D의 작품이라는 사실은 수많은 전형적 구문을 통해 확인할 수 있다(예를 들어, 출 19:5a에 "그러므로 이제 만약 네가 내 목소리에 복종하고 내 계약을 지키면"이라는 문장은 신 11:13; 15:5; 27:10을 참조; 출 19:5b에 "너는 모든 민족 중에서 내 기업이 될 것이다"라는 문장은 신 7:6; 14:2; 26:18을 참조).

출애굽기 24:3-8에(특히 6절과 8a절에) 나오는 계약체결을 위한 독특한 제단제사는 P-편집층과 어느 정도 섞인 것으로 보이는데, P의 위임식 장면(레 9장)과 닮아 있다.

(3) 출애굽기의 이른 편집을 단순히 'D'(Deuteronomic)가 아니라 'Dtr'(Deuteronomistic)이라고 불러야 하는 이유는 호렙산 문단의 몇 구절을 통해 잘 드러난다(그래서 우리는 이것을 D-판본이라고 불러야 한다). (위에서 출 24:13에 관해 언급한 점을 참조하라.)

① 계약의 책을 마무리하는 약속(그리고 암시된 위협)은 D가 제시하는 계약이 더 완전한 형태로 계약의 복과 저주를 선포한 신명기 27-28장과 상응하며, 이스라엘이 순종할 경우 그들을 약속한 땅으로 이끌어 갈 천사가 있음을 언급한다(출 33:1-6 참조). 이 약속은 신명기 역사(DtrH)가 이스라엘이 실제로 약속의 땅으로 들어가는 경험을 묘사하는 부분의 결론인 사사기 2:1-5에서 분명하게 사상과 표현으로 나타난다.

② 황금 송아지 사건에서 사람들은 자기들의 새 우상을 "이것들이 네 신들이다, 이스라엘아, 그가 너를 이집트 땅에서 데리고 나왔다"라고 선포한다(출 32:4, 8).

출애굽 이야기에서 황금 송아지는 한 마리만 있었다고 가정하면, 여기서 사용한 '신들'이라는 애매한 복수형은 신명기 역사가 여로

보암 1세가 베델과 단에 세운 황금 송아지들에 관한 이야기를 의도적으로 가리키고 있음을 알 수 있다(왕상 12:28에서 이 선포가 거의 그대로 반복되고 있음을 참조하라).

신명기 역사에서 분리주의적이고 배교적인 북왕국을 세운 '느밧의 아들 여로보암이 이스라엘이 죄를 짓게 만든 죄'는 이스라엘이 결국 유배를 가게 되는 근본 원인이다(출 32:34에서 유배가 암시되고 있음을 참조하라). 북왕국의 역사를 모두 부정하게 만드는 이런 상징적이고 전형적인 배교 사건(왕하 17:16)이 D-편집자에 의해 출애굽기 32장에 포함된 황금 송아지 사건 속, 즉 민족이 처음으로 형성되던 시발점에 이식된 것이다.

③ 위에서 언급한 바와 같이 신명기 4:10-15; 5장에 나오는 D는 계약은 주로 하나님이 직접 기록한 십계명을 기초로 체결되었다고 간주하고 있으며, 추가적 '법규와 법령'은 지나가는 말로 언급할 뿐이다. 그러나 출애굽기에 나오는 Dtr 부분은 계약의 책(출 20:22-23:33)을 포함하면서 후자에 속하는 자료를 더 완전한 형태로 제시하고 있다.

이러한 폭넓은 기초는 출애굽기 24:3 이하에서 모세가 기록한 '주님의 모든 말씀'을 언급하면서 분명하게 드러나고 있다. 마찬가지로 신명기 10:1-5에서 황금 송아지 사건 이후에 계약을 갱신할 때도 십계명이 다시 전면에 등장하는 것과 달리 출애굽기 34장에서는 십계명과 계약의 책이 갱신된 계약의 공동 기초로 재확인된다. 출애굽기 34:6-7, 14, 17은 분명히 D의 형태를 띠며 십계명의 첫째 '명령'을 가리키고, 출애굽기 34:18-26은 계약의 책의 뒷부분의 4분의 3 정도를 인용하고 있다(출 23:12-19).

출애굽기 34장에서 십계명의 머리 부분과 계약의 책의 끝부분을 요약해서 언급하면서, Dtr-편집자는 본디 계약의 기초로 출애굽기 20:1부터 출애굽기 23:19에 나왔던 법적 자료들이 이제 갱신된 계약의 기초도 된다고 재확인하고 있다.

출애굽기 안에서 계약의 기초에 관해 D와 Dtr 편집층 사이에 나오는 이러한 강조점의 차이는, 그것이 원래 계약이건 갱신된 계약이건 상관없이 논쟁이 심한 출애굽기 34:28b을 이해하는 데 단초를 제공한다.

"그리고 그가 서판들 위에 계약의 말들, 열 가지 명령을 썼다." 현재의 문맥에서 "그가 썼다"는 문장의 주어는 모세다. 그런데 다른 곳에서는 십계명을 쓴 주체가 하나님이기 때문에(출 31:18; 신 9:10), 여기에 "열 가지 명령"이라는 말은 실수로 들어간 주석이거나 아니면 이 말이 선행 구절에 나오는 좀 다른 열 가지 명령을 가리키는 것일 수 있다는 주장을 했다.

이런 이유로 전통적인 문학비평에서 '제사적 십일조'가 출애굽기 34:17-26에 기록되었다고 규정했고 'J'로 분류하는데(제3장 1.과 2. 참조), 이 본문은 출애굽기 20장에 나오는 'E' 십계명과 분명하게 구별된다고 한다(출 20:1에 나오는 "엘로힘"을 보라). 본인은 이 주장이 잘못되었다고 본다. 내용과 관련해서 출애굽기 34:17-26에는 십계명이 존재하지 않으며, 계약의 책 끝부분을 인용하고 있을 뿐이다.

문학적 형태와 관련해서는 출애굽기의 Dtr-편집자가 다시 한 번 신명기에서 찾을 수 있는 자료들을 인용하고 있으며, 출애굽기 34:1, 4, 28b는 신명기 10:1-4a에 대응한다. 신명기에 나오는 평행본문에 따르면 하나님이 직접 십계명을 쓰셨으며 출애굽기 34:28b에 나오는 "그가 썼다"는 동사의 주어는 '하나님'임을 선명하게 보여 준다.

그러나 출애굽기의 Dtr-편집자는 계약의 책(바로 위에서 그 마지막 부분을 인용했음)을 갱신된 계약의 기초로 첨가하기 위해 신명기에 평행본문이 없는 출애굽기 34:27을 포함시켰다("이 말들을 기록하라. 이 말들에 따라 내가 너와 이스라엘과 계약을 맺었다.").

이렇게 모세가 쓴 말들에 관해 언급할 때 출애굽기 24:3 이하에서 모세가 "주님의 모든 말", 즉 원래 계약의 기초였던 계약의 책을 썼다고 하는 설명과 직접으로 연결된다. 그러므로 '제사 십계명'(The Ritual Decalogue)이라는 말은 더 이상 사용하지 말아야 할 부적절한 개념이다.

위에서 언급한 제안들이 복잡한 부분도 있지만 단순한 측면도 있음을 간과하면 안 된다. D-판본은 전통적 문학비평처럼 '자료'를 대표하지 않으며 관찰 가능한 편집행위를 가리킨다. 이것은 편집행위이기 때문에 의심할 여지 없이 그 이전 자료들(법, 역사, 민담, 제도 등)을 결합하며, 가정이기는 하지만 이러한 자료를 찾는 일 자체는 정당한 작업으로 볼 수 있다.

또한, 충분히 완성된 판본을 생산하는 편집행위이기 때문에 '뜯어 붙이기' 하는 방법으로 자료들을 혼합하는 정도가 아니라, 자료를 받아서 선배들의 작품을 재평가하고, 일관성 있는 문맥을 만들기 위해 노력했을 것이다. 때로는 자료를 광범위하게 수정할 수도 있고, 때로는 거의 손을 대지 않고 결합하기도 했을 것이다. 문학적 해석을 강조하는 방법이 정당화되는 것은 바로 이 일관된 문맥 때문이며 1970년대 이후로 크게 각광을 받아 왔다(제4장 5.를 보라).

(4) 출애굽기 1-18장과 관련해서 이 본문의 두 가지 주요 영역이 신명기의 전형적인 주제 제시 방법과 깊이 관련되어 있어서(출 1:1-15:21에 나오는 재앙, 유월절, 출애굽이라는 주제, 15:22-18:27에서 이스라엘이 광야를 지나 호렙산/시내산까지 가는 여정과 연대), 최종적인 P-판본 밑에 그보다 이른 Dtr 편집층을 발견할 수 있는 빌미를 제공해 준다. 논의는 더 짧은 후대 문단부터 시작하는 것이 용이할 것이다(이런 방법으로 출 1:1-15:21을 다음 제4장 5.에 나오는 문학적 접근 연구와 연결할 수 있다).

① 출애굽기 15:22-18:27

이 본문이 묘사하는(그리고 앞에 출 12:37; 13:20; 14:2, 9b에도 언급된) 홍해에서 광야를 지나 시내산까지 가는 여정은 좀 요약된 형태이기는 하지만 오경의 최종 판본 내용을 마무리 짓는 민수기 33:1-15에(P) 나온 여정과 유사하다.

이스라엘은 마라에서 르비딤까지 단계적으로 이동한다. 각 단계마다 사람들이 '불평하는' 장면들이 등장하며(출 15:24; 16:2, 7-9, 12; 17:3), 하나님은 모세를 통해 기적적 행위를 행하는 방법으로 반응한다. 그 후 18장은 재판관들을 임명하는 일을 기록한다.

반대로 신명기 1:6 이하에 나오는 역사 회고 부분에서 이스라엘은 홍해에서 호렙산까지 곧바로 이동한다. 재판관들을 선택하는 작업은 호렙산 이후에 나오며, 광야에서 이스라엘이 반란을 일으킨 불행한 역사도 그 후에 비로소 시작된다.

D와 P에 나오는 여정이 서로 다르다는 사실은 연대적 차이점과도 연관된다. 19:1에 따르면(P 여정의 일부) 이스라엘이 이집트를 탈출하여 시내산에 도착할 때까지 최소한 여섯 주가 걸렸다. 이에 반해 신명기 1:6 이하는 직선적 여정을 기록하여 출애굽기 19:4과 유사하며("내가 너희를 독수리의 날개에 실어 내게 데려왔다"), 이것은 이미 D-판본 일부로 규정한 바 있다.

이러한 이유로 모세가 주님을 예배하기 위하여 '사흘 길'을 가야 한다고 파라오의 허락을 구하던 부분이 D-판본에 속한 것이 아닌가 하는 질문을 제기하게 만든다(출 3:18; 5:3; 8:27[MT. 23]; 15:22). 이러한 관찰을 통해 쉽게 알 수 있는 점은 출애굽기 15:22-18:27 밑에 깔린 D-판본은 원래 이집트를 탈출한 뒤 곧 호렙산으로 갔다고 묘사하고 있고, 이 부분이 광야에서 일어난 반란의 역사는 호렙산 이후로 제한되었다는 민수기 10:11 이하의 이야기를 형성하는 데 도움이 된다는 것이다.

반대로 P-판본은 시내산을 중심으로 '광야에서 불평하던' 이야기들을 앞뒤로 대칭이 되게 배치하면서, 메추라기의 기적(출 16:13; 민 11:31 이하), 만나(출 16:15 이하; 민 11:6 이하), 바위에서 나온 물(출 17:1 이하; 민 20:1 이하) 등은 물론 D-자료도 일부 사용하며 골고루 배치하고 있다.

따라서 출애굽기 15:22-18:27에 있는 자료들은 대부분 P이고 특히 15:22-25a; 16:1-36이 그러하지만, 일부는 P-판본이 새로운 자리에 맞도록 수정을 가한 D-자료가 섞여 있는 상태이다(15:25b-26; 17:1-16; 18:13-27).

출애굽기 18:1-12은 출애굽기 2-4장의 문맥을 이어 가며 19장 이하의 호렙산 계약을 이 책 첫 부분과 연결해서 본래의 D-판본을 상징하는 권위 있는 유물과 같은 존재라고 볼 수 있다.

② **출애굽기 1:1-15:21**

신명기에는 출애굽기 1:1-15:21에 나오는 자료에 상응하는 연속적인 회상 이야기가 없어서(그런 경우로 신 4:10-15; 5; 9:7-10:11 본문이 출 19-24장 일부와 31:18-34:28과 대응함을 위에서 언급한 바 있다), 최종적 P-판본 아래 있는 D-판본을 발견하는 데 도움이 되지 않는다. 그러나 다른 현상들을 참고할 수 있다.

㉮ 신명기에 나오는 회상 이야기에는 출애굽기 안에 나오는 주제들을 가리키는 부분이 많이 있는데, 이런 현상은 그 주제들이 D/Dtr 작품에서도 유용했음을 의미한다.

예를 들어, 족장들과 그들의 자손들에게 약속된 젖과 꿀이 흐르는 땅(신 1:8, 35 외), 이집트로 내려간 칠십 인(신 10:22), '종의 집'이었던 이집트(신 6:12), '조상들의 하나님'이신 주님(신 1:21), 주님께서 이스라엘의 대적들 마음을 강퍅하게 만드심(신 2:30), '시험, 포적, 이적, 전쟁, 힘센 손과 뻗은 팔, 두려움'이었던 재앙들(신 7:8, 18 이하 외), 아들에게 물음(신 6:20)/아이들을 가르침(신 4:9 외), 낮에는 구름 기둥 밤에는 불기둥(신 1:33), 홍해에서 이집트인들의 말들과 전차들을 물에 빠뜨리심(신 11:3 이하; 수 24:6 이하) 등이 그러하다.

㉯ 신명기 15:19-23을 바로 따라 나오는 신명기 16:1-8에 유월절/무교절(요시야 치하에서 이 법을 실제로 지켰던 이야기가 신명기 역사인 왕하 22-23장에 나온다는 점도 참고) 그리고 초태생 제물에 관한

D 자료가 포함되어 있다는 점도 특별히 중요하다.

㉑ 위에서 논의한 바와 같이 D-판본의 연대로 추정한 시기가 될 때까지는, B의 자료가, 특히 이 문단의 마지막 부분(출 23:12-19)이며 출애굽기 34:18-26에도 인용되는 자료가 갱신한 계약조건의 결론으로 상정되었을 가능성이 있다. 이 자료는 무교병과 유월절과 초태생에 관한 규정들을 포함하고 있다.

그렇다면 출애굽기 1:1-15:21에서 밑에 깔려 있는 D-판본을 찾는 작업을 시작할 좋은 후보지는 출애굽기 12-13장의 유월절, 무교절, 그리고 첫태생 관련 자료인 것으로 보인다. D가 묘사하는 유월절은 중앙 성소에서 드리는 제사로 출애굽기 12:1-28의 각자 집에서 지키는 무교병제사와 결합하면서 지배적 역할을 하는 혁신적인 성격을 보여 주는데, 이 제사는 D보다는 P의 전통에 더 가까워 보인다.

출애굽기 본문을 더 자세히 관찰해 보면 더 많은 증거를 찾을 수 있다. 예를 들어, 13절은 D가 될 수 없고, 9절은 심지어 D의 주장에 반대되며, 이스라엘을 '회중'이라고 부르고(3, 6, 19절), 레위기의 용어가 10절(레 22:30 참조)과 14절(레 23:41)에 남아 있으며, 봄에 시작하는 달력의 첫 달을 숫자로 '첫' 달이라고 부르고 '아빕'(*Abib*)이라고 부르지 않는다(2, 18절).

출애굽기 12:37-51 본문도 분명히 P인 것처럼 보인다. 예를 들어, 여행 경로(37절)가 민수기 33장과 잘 들어맞아서 위에서 언급한 바와 같이 신명기 1:6 이하에 나타난 내용과 대조를 이루고 있으며, 그 연대(40절)는 오경의 최종적 구조에 속하고, 유월절 관련 규정(43-50절)은 역시 각각 집에서 지키는 관례를 묘사하고 있어서 D가 될 수 없다.

그럼에도 불구하고 39절에 나오는 무교병 굽는 묘사와 42절에 이런 규정들을 '지키는 밤'을 언급한다는 점은 고대의 D-판본의 흔적으로 볼 수도 있다.

이와 달리 출애굽기 13:1-16은 전형적인 D로 보이는데, 예를 들어, 이 본문은 신명기 15:19-16:8 규정과 B(출 23:12-19//34:18-26)를 연상시키며, 가나안 토착민 명부도 나오고(5절; 참고, 신 7:1), 후손을 가르치는 문제도 등장한다(8-10절, 14-16절).

이러한 현상들을 관찰해 볼 때 원래 D 본문은 최소한 출애굽기 12:29-36과 13:1-16로 구성되었던 것으로 보인다. P-편집자는 후자로부터 자료를 취하여 유월절을 무교절과 분리된 개인적 제사로 재구성했을 수 있다.

이 D 자료는 앞에 나오는 재앙에 관한 이야기와 연결된다. 이집트의 사람과 가축의 초태생을 죽이는 열 번째 재앙은 신명기 15:19-16:8에서 초태생 규정을 유월절/무교절과 연결하는 D의 전통과 직접 연결된다. D의 제사 중앙화 입장은 초태생에 관한 D의 규정을 유월절 규정처럼 혁신적으로 만든다.

계약의 책(출 22:30[MT. 29])에서는 초태생을 태어난 지 여드레 만에 아마도 지방 성소에 드렸는데, D에서는 남겨 놓았다가 중앙 성소를 연례적으로 방문할 때 다 자란 가축으로 드린다(신 15:19 참조).

이 연례 제사는 여기서 출애굽과 연결되면서 결정적 해석을 얻게 되지만, 출애굽기에서는 이 제도의 연원을 밝히는 이야기 형태로 기록되어 있다("우리는 왜 이 제사를 지키는가?", 출 13:5; 참고, 12:25).

그러나 D 규정에 대응하는 구절들은 더 많이 있다. 신명기 15:19-16:8에 나오는 초태생과 유월절 규정 바로 앞에는 히브리 노예를 해방하는 규정이 있다(신 15:12-18). 여기서 출애굽기 1:1-15:21 이야기 문맥이 신명기 15:12-16:8 법 규정들의 차례, 즉 히브리 노예 해방-첫태생-유월절로 매우 유사하게 전개된다는 사실은 놀랍다 하지 않을 수 없다. 신명기 15:12-18 (특히 13절) 본문은 출애굽기 1:1-5:21에서 노예였던 히브리 백성들이 해방되는 출애굽 사건을 묘사할 때 사용했던 것과 같은 표현 두 가지를 포함하고 있다.

"보내라"(쉴락[shillah])라는 말은 재앙 관련 문단에서 모세가 파라오와 만나 협상하며 사용했던 주제어이며, 더 거슬러 올라가면 모세가 소명받았을 때부터 나온다(출 3:20; 4:21, 23; 5:1, 2; 6:1, 11; 7:2, 14, 16, 26, 27; 8:4, 16, 17, 24, 25, 28; 9:1, 2, 7, 13, 17, 28, 35; 10:3, 4, 7, 10, 20, 27; 11:1, 10; 12:33; 참고, 13:15, 17; 14:5).

"빈 손으로"(레캄[reqam])라는 말은 보수를 받지 않고 일했던 히브리 노예들을 해방할 때 어느 정도 보상을 해 주어야 한다. "이집트인들에게 받은 재물"은 바로 이런 관점에서 보아야 하며(출 3:20-22에는 와 이 모두 나온다; 11:1-3; 12:35 이하), 이스라엘은 노예로 일했던 것을 보상받았다.

그렇다면 위에서 관찰한 내용은 신명기에 흩어져 있는 역사적 언급들이 증언하는 바와 같이 D-판본이 포함하는 본문의 경계를 출애굽기 1:1-15:21의 많은 부분으로 넓혀 준다.

이런 이해는 출애굽기와 신명기 사이의 다른 평행본문과도 잘 맞으며, 예를 들어, '모세를 믿는다'는 주제가 반복되고(4:1-9, 31;

14:31; 19:9), '첫째 아들'이라는 주제는 4:21-23까지 확장될 수 있다. 반대로 출애굽기 1-11장에 나오는 어떤 자료들은 거의 확실하게 'P'로 간주할 수 있다. 예를 들어, 1:1-4; 6:14-27에는 오경의 최종적인 연대기적 그리고 계통적 구조를 반영하고 있다. 후자의 본문은 아론과 제사장들의 혈연관계를 기록하고 있는데, 아론이 D-판본에 포함되기에 얼마나 먼 인물인지 묻게 만든다. 아론이 Dtr 본문에서 필수적이라는 점은 출애굽기 32장에서 분명히 드러난다(참고, 신 9:20).

그러나 그가 1-11장 본문 속에서 맡은 역할은 일관적이지 못하다. 4:16에서 그의 역할은 이스라엘에게 말하는 자로 제한되어 있고, 4:30에서도 그렇게 등장하지만, 7:2에서는 파라오에게 말하는 장면이 나오고 이런 일은 결코, 일어나지 않는다. 그렇다면 6:28-7:6은 P가 D의 4:13-17 본문을 되풀이하고 있는 것이 아닌가 하는 의문이 생긴다.

그 외에도 중복되는 본문이 또 있다. 7:8-13에서 아론의 지팡이에 나타난 이적으로 묘사한 내용은 4:1-5에서 모세의 지팡이에도 나타났다. 그 두 본문보다 앞서서(3:13-19; 6:2-9) '야웨'의 이름을 계시하는 내용도 중복본문이라고 할 수 있다(6:9은 4:31과 대조된다). 요약하면, 1:1-4; 6:2-7:13은 P라고 규정할 수 있다.

그리고 위와 같이 다른 표현들을 자세히 관찰해도 이 결론을 확립할 증거들을 찾을 수 있다. 예를 들어, 6:6; 7:4에 나오는 "심판하는 행위"(참고, 12:12), 이스라엘을 "군대"라고 부른 것(6:27; 7:4; 참고, 12:17, 41, 51)이 그러하다. 그러나 위와 같이 D-자료를 다시 사용한 경우도 있다(6:11; 7:2에 나오는 *shillaḥ*).

그렇다면 출애굽기 1-18장은 편집비평이 얼마나 복잡하며 구식의 문학비평과 얼마나 다른지 보여 주는 최상의 예이다. 문학비평가였다면 이 시점에서 자료들을 JE와 P '자료'로 구분하는 도표를 그려서 제시하고자 했을 것이다.

그러나 위에서 논의한 바와 같이 D-자료를 P가 재사용하는 등의 행위 때문에 그러한 도표를 그리는 것은 거의 불가능하며, 특히 12, 15(22절부터), 그리고 16-18장이 그런 경우에 해당한다. 이러한 본문들은 모두 원래 출애굽기와 민수기의 D-판본에 속한 자료들을 포함하고 있는데, P에 의해 원래 D-판본에서 나왔던 문맥과는 다른 장소로 옮겨진 경우가 많아, 이 본문들을 단순히 D라고 분류할 수가 없다.

그러나 P가 재사용하는 문맥 안에서도 D라고 확인할 수 있는 특징들을 다수 보유하고 있으며, 결국 이 본문들을 단순히 P라고 부를 때 그들의 원래 성격에 맞지 않는 부적절한 이름이 될 것이다. 오래된 판본을 향한 놀라운 존경심과 그것을 사용하고자 하는 욕망, 그리고 그 오래된 자료가 새로운 목적에 맞도록 재구성하는 극단적인 자유로움이 공존한다.

이런 연구를 통해 편집자의 기능이 어떤 것인지 좀 더 잘 알게 된다. 그는 단순한 자료를 수집하는 사람이 아니라 이미 존재하는 자료들을 가져다가 될 수 있는 대로 조화로운 작품을 창조하는 자이며, P-문서를 기초로 JE를 될 수 있는 한 많이 삽입하는 방법을 사용한 것으로 보인다(고대의 문학비평가를 비유로 들면, 주후 2세기에 살았던 타티안은 복음서를 조화롭게 정리한 저서 『디아테싸론』[Diatessaron]에서 요한복음을 기초로 삼고 다른 공관복음서를 맞추어 넣는 방법을 사용했다).

그러므로 편집자는 창조적 신학자이며 해석학자이며, 전통을 향한 성실함을 통해 고통을 당하는 자기 회중의 요구에 대답하기 위해 가능한 한 이해하기 쉬운 말로 하나님 앞에서 사는 자신들의 삶을 분명하게 해석하고자 했다. 바로 이런 신학적 창조성과 대중적 접근성 때문에 그는 손에 넣을 수 있는 모든 적절한 문학 작품들을 활용했다.

§ 더 읽어 볼 자료

P에 관한 끊임없는 논쟁에 관해, 특히 그 연대와 '자료'인지 '편집'인지 그 특징에 관해서 다음 글들을 참고하라.

M. Noth, "The 'Priestly Writing' and the Redaction of the Pentateuch," Appendix to *The Chronicler's History*, JSOTS 50, Sheffield, 1987.

J.G. Vink, *The Date and Origin of the Priestly Code in the Old Testament*, Oudtestamentische Studiën 15, Leiden: Brill, 1969, 1ff.

F.M. Cross, "The Priestly Work," in *Canaanite Myth and Hebrew Epic*, Cambridge, Mass.: Harvard UP, 1973, 293ff.

D.R. Hildebrand, "A Summary of Recent Findings in Support of and Early Date for the So-called Priestly Material of the Pentateuch," *Journal of the Evangelical Theological Society* 29, 1986, 129ff.

K. Koch, "P-kein Redaktor!" *VT* 37, 1987, 446ff.

오경의 Dtr 판본에 관한 매우 복잡한 편집사적 논의는 다음 책을 보라.

B. Peckham, T*he Composition of the Deuteronomistic History*, Harvard Semitic Monographs 35, Atlanta: Scholars Press, 1985.

5. 문학적 접근

최종적인 편집자가 문학가로 기술과 설계를 하고 있다는 인식과 인정받을 수 있을지 몰라도 전통적인 비평적 연구에서 수확체감 현상이 나타난다는 느낌 때문에 1970년대 이후로 해석자 중에 성경을 문학으로 다루려는 관심이 강렬하게 일어났다.

이러한 문학적 접근을 부르는 다양한 용어가 생겨났다. 이런 접근을 '공시적'(synchronic)이라고 부르는데, 왜냐하면, 본문 전체를 하나로 보고, 나름대로 예술적으로 전체가 하나로 구성된 온전한 문학 작품이며, 단일한 창작 욕구 아래서 같은 시대에 창작했다고 보기 때문이다.

'공시적'이라는 말은 '통시적'(diachronic)이라는 용어와 반대말인데, 이 장 머리에서 요약했던 것처럼, 본문의 발전 과정을 시간 순서에 따라 그 연원에서 수많은 편집을 거쳐 현재 합성된 형태에 오기까지 추적하려고 하는 일반적인 비판적 분석을 가리킨다.

공시적 연구는 본문의 완성된 형태에 적용하는 것이기 때문에, 이것을 '최종 형태' 해석이라는 말로 부르기도 한다. 공시적 연구는 '본문 자체'를 연구대상으로 삼기 때문에 이것을 문학적 창작품이나 가공품으로 대한다. 그리고 해석의 초점을 '본문 자체'에 맞추기 때문에, 역사적 배경, 저자의 의도, 이것이 묘사하는 객관적 현실은 물론 이것이 제시하는 신학적 언설에도 관심이 없다.

작품은 실로 자기 나름의 의미를 전달하는 자이며 저자의 목적이나 신념을 참고하지 않아도 이해가 가능하므로, 다른 예술 작품을 감상할 때 화가나 조각가 또는 작곡가를 이해하는 것 이상으로 문학 작품을 이해할 때 저자를 이해하는 것이 중요하지 않다.

출애굽기 7:14-11:10에 나오는 재앙 이야기는 제한된 범위 안에서 이러한 주제에 관련된 흥미로운 사례를 제공해 준다(위에서 언급한 바와 같이 이 본문은 앞뒤 자료들과 서로 연결되어 있으므로 더 큰 범위의 본문, 즉 출애굽기의 전체 D-판본이나 오경, 신명기 역사 또는 이 모든 것의 최종 판본을 이런 관점에서 연구하는 것 역시 정당하다고 말할 수 있다).

여기서 전통적 문학비평가들이 재앙 이야기의 일부 또는 특정한 세목들을 'JE'보다는 'P'로 분류한 것은(참고, 제4장 1., 2.)) 본문을 이해하는 데 거의 도움이 되지 않는다. 논의는 출애굽기 1:1-15:21 안에서 아론의 역할에 관한 문제부터 시작할 수 있다. 아론에 관련된 더 많은 자료를 P-판본으로 분류해야 한다고 주장하기도 한다.

출애굽기 7:8-13에서 아론의 지팡이와 그가 이집트 마술사들과 겨루었던 이야기를 P-자료로 간주한다면, 그의 지팡이나 유사한 대결을 묘사한 모든 본문이 전부 P-자료에 속한 것으로 볼 수 있을 것이며, 아론과 이집트 마술사들에 관련된 본문은 7:19 이하; 8:1 이하, 12 이하; 9:8 이하, 즉 재앙 이야기 중 첫째, 둘째, 셋째, 그리고 여섯째 재앙에 나온다. 그러나 이런 분포 상황을 살펴보면 또 다른 문학적 설명도 가능함을 알 수 있다.

저자는 특정한 효과를 염두에 두고 의도적으로 아론이라는 인물과 그의 지팡이를 소개했다. 이렇게 확장된 이야기 안에서 의도적으로 줄거리를 구성했을 가능성에 관해 문학적 질문을 제기하는 방법이 해석자들 사이에서 점점 더 각광을 받고 있다.

본문을 전체로 놓고 문학적으로 연구하다 보면 이야기의 주요 요소들이 규칙적으로 나타나면서 특별한 구조를 형성하게 하고 그 효과를 증대시켜서 내용을 향상하는 예술적 기교가 드러난다.

파라오와 그의 신하들이 한편에 서고 하나님과 그의 대변자들과 대리인들이 다른 한편에 서서 대결하는 극적 요소들과 이런 요소들을 기술한 정형화된 공식들이 열 가지 재앙에 걸쳐서 반복적으로 나타나기 때문에, 주요 요소들을 정리하고 각 장면에서 기능하는 정도를 나타내는 도표를 만드는 것은 상대적으로 쉽다(이 연구방법을 사용하면 도표나 도안을 사용하는 경우가 많다).

한 장면에는 모세가 재앙을 불러일으키라고 위임을 받으며 이와 함께 파라오에게 전달할 명령과 위협의 메시지를 포함하며, 또 그 명령과 위협을 전달하고, 재앙을 불러오고, 파라오가 일시적으로 누그러졌다가 다시 마음을 완악하게 하는 명령 수행 단계의 메시지도 포함한다.

이렇게 도표를 만들어 보면 줄거리를 이루는 요소들이 장면에 따라 어떻게 교묘하게 배치되었는지 분명하게 드러난다. 사실 어떤 장면도 필요한 모든 요소를 다 담고 있지 않으며, 위임하고 수행하는 설명이 모든 요소를 다 갖춘 장면은 없다. 문맥이 절정에 달하여 이야기가 서둘러서 수행 단계로 넘어가는 8-10번째 재앙을 제외하고는 대개 위임하는 부분이 양측을 대변한다.

어떤 경우에는 설명이 매우 짧아서 줄거리가 빠르게 진행되는데, 셋째(이, 4구절), 다섯째(가축 질병, 7구절), 여섯째(종기, 5구절), 그리고 아홉째(흑암, 9구절)가 그러하다. 어떤 경우에는 설명이 길어서 줄거리가 천천히 진행되는데, 둘째(개구리, 15구절), 넷째(파리, 13구절), 일곱째(우박, 23구절), 그리고 여덟째(메뚜기, 20구절)가 그러하다.

파라오는 갈수록 두려워서 제정신을 잃고 요구를 허락하려고 하지만 주님이 그의 마음을 변함없이 완강하게 만드실 때마다 전혀 저항하지 못한다. 아론은 완전히 순종적 인물로 등장한다.

아론은 마술사들이 파라오의 공범자로 등장할 때만 모세의 대리인으로 등장한다. 셋째 재앙까지 아론이 이들을 물리치는데, 그 후에는 마술사와 아론이 모두 사라지며, 그들이 모세에게 완전히 굴복하는 여섯째 재앙에서 짧게 등장하는 것은 예외라고 볼 수 있다. 다섯째 재앙에서는 아론에 관한 언급이 없으며 그런 암시조차 나오지 않는다.

문학적 접근을 옹호하는 사람들은 열 가지 재앙에 대한 본문이 현재 상태 '그대로' 극적 효과가 쌓여 가기 때문에 어떤 자료가 현재 자리에서 D-판본 또는 더 이른 판본에 속해야 하는지 여부라든가 아니면 P-판본 안에서 제한적으로 확장되었는지에 관한 질문들을 별로 중요하지 않다고 주장하는데, 그 주장은 어느 정도 일리가 있다.

그런데도 이 방법이 본문 하나를 분석하는 데 분명히 성공적이었다는 이유로 모든 본문을 연구하는 유일한 방법인 것처럼 절대화하는 태도는 바람직하지 않다. 모든 연구방법을 다양하게 사용해서 본문에 따라 각 연구방법이 추출할 수 있는 영감을 최대한으로 끌어내는 것이 현명하기 때문이다.

그러므로 연구방법들을 양극화시킬 필요는 없다. 회당이나 교회와 같은 공동체에 성경은 단순히 미학적 만족을 위해 사용하는 것이 아니다. 물론 그러한 용도로 사용하면 안 된다고 말할 이유는 없지만, 사람들은 그 본문 너머에 있는 신학적 진리와 종교적 경험을 얻을 수 있다고 믿기 때문에 성경을 읽는다.

저자와 편집자의 의도는 그러한 신학적 의미를 소통하는 유일하지는 않아도 최소한 중요한 한 가지 방법이 된다. (예를 들어, 예술 작품으로 이해하려는 태도도 배경과 문학 양식과 예술가의 관점을 알면 큰 도움이 된다. 까미

유 피사로가 그린 시골 풍경을 감상할 때 그가 인상파 화가이며 정치적으로 좌파 성향이 있었음을 알면 도움이 되는 것처럼 말이다.)

또한, '공시적' 연구와 '통시적' 연구를 서로 이질적인 것으로 간주할 필요도 없다. 두 연구방법이 상호보완적으로 작용할 수도 있기 때문이다. 제4장 4.에서 요약한 '통시적' 분석은 출애굽기 안에 두 가지 '공시적' 단계, 즉 D-판본과 P-판본이 있음을 확인해 줄 수도 있으며, 두 가지가 모두 미학적 관점을 포함하여 충분히 다양하게 분석할 가치가 있다.

더 나아가 통시적 연구는 본문을 구성하는 문단의 범위를 정하는 데 도움이 되어, 연구대상이 예술적으로 어느 정도까지 완성되어 있는지를 보여 준다. 이러한 작업 없이는 그 본문의 연원과 발전 과정을 재구성하려는 시도가 '최종 형태'를 해석할 때 사변적이고 주관적으로 될 수 있다.

만약 이런 연구가 어떤 문단의 범위를 제멋대로 결정하고 이런 방식으로 본문을 '읽는' 인상주의를 주장한다면, 구식 문학비평이나 양식비평이 제시하는 이론적인 사변성이 초래하는 해악과 별로 다르지 않을 것이다.

§ 더 읽어 볼 자료

출애굽기 1-4장에 대한 글은 다음과 같은 것들이 있다.

C. Isbell, A.M. Vater and D.M. Gunn in D.J.A. Clines, D.M. Gunn, A.J. Hauser eds., *Art and Meaning: Rhetoric in Biblical Literature*, JSOTS 19, 1982.

좀 더 일반적인 연구들은 다음과 같다.

R. Alter, *The Art of Biblical Narrative*, London: Allen & Unwin, 1981.

T.L. Thompson, *The Origin Tradition of Ancient Israel*, 1: The Literary Formation of Genesis and Exodus 1-23, JSOTS 55, Sheffield, 1987.

6. 이 주제의 실례로 살펴보는 십계명

십계명은 오경을 비평적으로 연구하는 작업에 관련하여 좋은 실례를 보여 주며 이 장을 마무리하는 적절한 내용이 될 것이다.

1) 문학비평

십계명은 두 가지 판본이 남아 있는 '평행본문'(doublet)이기 때문에(출 20:2-17; 신 5:6-21) 문학비평에서 본문을 비교할 때 즐겨 논하는 예이다.

이 두 판본 사이에는 사실 스물다섯 가지 정도의 차이점이 있다. 그 중에는 의미상의 중요성 없이 단순히 철자법이 다른 경우부터 매우 본질적인 차이까지 존재한다. 여기서는 매우 중요한 경우들만 골라서 논하기로 한다.

먼저 이 두 판본은 '십계명'의 조항을 세는 방법부터 다르다. 마소라 본문은 신명기에서 문단을 나누는 강세 열 개를 삽입하고 있지만(10, 11, 15, 16, 17, 18, 19, 20, 21a, 21b 끝에 강세가 있으며, 가톨릭과 루터교회가 이 전통을 따른다), 출애굽기에서는 아홉 개 밖에 없다(신 5:21a과 21b 사이에 해당하는 자리에 강세가 빠졌으며, 열 가지 조항으로 해석하려면 신명기의 첫째 계명을 둘로 나누어야 한다. 개신교가 이 전통을 따른다).

(한편 십계명을 이해하는 근본적인 주제로 소위 '서문'[출 20:2]을 첫째 '계명'으로 세는 유대 전통을 고려해 보아야 한다. 서문은 단순한 언설이며 명령이 아니라는 반대 주장은 오히려 이 주제를 잘 드러낸다. 누가 이 본문이 '계명'이라고 규정했단 말인가? 히브리어 낱말은 '말'이라고, 즉 그의 백성을 구원하시는 하나님의 행동을 기초로 한 '구성 원리'를 '말'로 표현한 것이다.)

각각의 '계명' 안에도 세목에 있어서 차이점이 존재한다(아래 논의에서 '계명'들은 출애굽기의 구조를 따른다).

(1) 제2계명

신명기 5:8은 "새긴 우상 곧 형상"이라고 언급하고, 출애굽기 20:4은 "새긴 우상 그리고 형상"이라고 기록하여 그 뒤에 나오는 "그것들에"(5a)라는 말과 대응하며, 제2계명은 제1계명과 구분된다. 신명기 5:9에 나오는 "그것들에"는 "다른 신들"(7절)에 대응한다.

신명기 5:9은 "아들들에게로(즉, 둘째 세대에 속한 자들) 그리고 셋째 세대에 속한 자들에게 그리고 넷째 세대에 속한 자들에"라고 말한다. 출애굽기 20:6은 "아들들에게(즉, 자손들에게), 심지어 셋째와 넷째 세대에게"라고 기록했다.

(2) 제4계명

신명기 5:12에서 "지켜"라는 말은 명령에 순종할 것을 강조한다. 출애굽기 20:8에서는 "기억하여"라고 쓰며 본래적 사건을 예배의식으로 재현하는 것을 가리키고 있다.

"네 하나님 여호와가 네게 명령한 대로"(신 5:12, 16)라는 표현을 신명기는 모세가 사십 년 전에 호렙산에서 일어났던 사건을 회상하는 문맥으로 기록하기 위해 삽입했다.

신명기 5:14 이하에 나오는 안식일 규정은 인도주의적 의도를 담고 있지만, 출애굽기 20:11은 창세기 2:2-3에 기록된 천지창조 법령에 기초하고 있다.

(3) 제7-10계명

신명기 5장은 18, 19, 20, 21, 그리고 21b을 시작하며 "그리고"라는 말을 첨가하여, 21절에서 금지조항 두 가지를 만들어 낼 뿐만 아니라 17절부터 21절을 연결하여 계명 여섯 개를 독립 문단으로 설정한다.

(4) 제9계명

신명기 5:20은 "헛된 증거"라고 말하여 11절에서 하나님의 이름을 헛되게 사용하지 말라는 명령과 관련되지만, 출애굽기 20:16은 "거짓 증거"라고 기술한다.

(5) 제10계명

신명기 5:21a은 "네 이웃의 아내"를 목록의 머리로 옮겨서 이것을 독립된 금지조항으로 만든다.

신명기 5:21b 역시 독립적 금지조항으로 제시하기 위하여 '탐내다'는 말을 다른 동사로 쓴다.

이런 차이점들이 의미하는 바는 무엇인가?

표준적 문학비평은 두 판본 사이에 차이점들이 존재하는 이유는 같은 원본에서 발생한 이차적 확장 본문이 있었기 때문이라고 추정하며, 원본은 현재 제6-9계명처럼 동일하게 짧은 부정 명령문 형태를 띠고 있었을 것이라고 주장한다(J.E. Carpenter, G. Harford-Battersby, *The Hexateuch*, London: Longmans, Green & Co., 1900).

제1계명 너는 내 앞에 다른 신들을 두지 말라.
제2계명 너는 너를 위해 새긴 우상을 만들지 말라.
제3계명 너는 야웨의 이름을 헛되게 취하지 말라.
제4계명 너는 일곱째 날에 아무 일도 하지 말라.
제5계명 너는 네 아버지와 어머니를 무례하게 대하지 말라.
제6계명 너는 살인하지 말라.
제7계명 너는 음행하지 말라.
제8계명 너는 도둑질하지 말라.
제9계명 너는 네 이웃에 대하여 잘못된 증언을 하지 말라.
제10계명 너는 네 이웃의 집을 탐내지 말라.

전형적 주장에 따르면(다시 한번 카펜터와 하트포드-베터스비를 따라) 출애굽기 20:2-17의 십계명이 현재 E-문서 안에 나오지만(출 20:1, 19에 '엘로힘' 사용), 이것은 현재 판본에 이차적으로 삽입한 것이며, E는 원래 제1-4계명에 상응하는 자신만의 자료를 가지고 있었다(제1계명은 출 22:20[MT. 19]; 23:13; 제2계명은 20:23; 제3계명은 22:28[MT. 27]; 제4계명은 23:12을 보라).

그러므로 십계명은 E보다 후대 본문일 가능성이 있다(이것은 J보다도 후대이며, 제2계명에 상응하는 내용은 34:17에 나온다). 그러나 동시에 이것은 D보다 이른 본문이며, 신명기 5:6 이하를 보면 십계명의 존재를 전제하고 있음을 볼 수 있다.

그런데도 출애굽기에 나오는 형태 안에서 십계명이 D에 의해 확장되었다는 사실은 인정해야 하며, 서문 안에서("나는 너를 애굽 땅에서 데리고 나온 야웨이다"라는 말이 원래 형태일 것이다), 제2계명 안에서("나를 미워하는 아버지들의 죄를 그 자식들에게, 그들의 셋째와 넷째 세대에게 찾으며 자비를 수천 대까지 베푸는 질투하는 하나님", 참고, 34:7, 14), 제4계명 안에서(출 20:9-10; 출 20:11 = RP), 제5계명과 제10계명 안에서 그 흔적을 찾을 수 있다.

그러므로 카펜터(J.E. Carpenter)와 하트포드-베터스비(G. Harford-Battersby)는 십계명의 기초적 형태의 연대를 주전 7세기, JE와 D 사이로 추정한다. 이 결론은 벨하우젠 류의 전통적 문학비평에서 이스라엘 종교사를 기술하는 관점과 완전히 일치한다. 십계명은 위대한 8세기 예언자들의 작품을 기초로 하고 있는데, 그들은 민족적-종교적 유일신론을 창시한 사람들이다.

2) 양식비평

카펜터와 하트포드-베터스비는 십계명의 연원과 사회적 배경에 관해 분명히 설명하지 않는다. 20세기 중후반에 양식비평 연구방법을 통해 좀 더 효과적으로 이 질문에 답하기 위해 시도된 연구 몇 가지를 소개한다.

(1) 모빙켈(S. Mowinckel)의 『십계명』(Le Décalogue, EHPR 16, Paris, 1927)

이 책의 첫 두 장을 통해 모빙켈은 전통적 문학비평의 질문들을 깊이 숙고한 뒤, 십계명은 포로기 직전 이사야와 신명기 사이 시대에 창작되었을 것이라고 결론을 내린다. 그리고 약 주전 600년경에 D-편집자가 신명기에 포함했을 것이다. 약 주전 500-450년경 RJEDP가 E의 틀 안에 소개했을 것이며, 원래 출애굽기 19:19에서 20:18로 직접 이어졌을 수 있다.

모빙켈은 그의 책 제3장에서 궁켈의 연구방법을 채용하여 십계명의 문학 양식과 기능 그리고 삶의 자리에 관해 논했고, 역사적, 사회적 질문들과 관련해서 확실한 진전을 보여 주었다.

모빙켈은 이미 출애굽기 34:17-26과 20:22-23:19에서 원래 같은 연원에서 나왔지만, 각각 J와 E에 속하는 제사적 십계명들을 확인할 수 있다고 주장한 적이 있다. 이 십계명들의 형태는 제사장들의 토라(torah), 즉 누가 예루살렘 성전의 제사에 참여할 수 있는지를 정한 법규에 속한다고 말했다(시 15, 24편에 남아 있는 '입장 예배의식'을 참고하라).

이런 자료가 '입장 예배의식'으로 사용되었던 특정한 시기로 가을에 돌아오는 새해(참고, 레 23:23 이하)를 들 수 있는데, 모빙켈은 이것이 계약 갱신의 축제라고 주장했다. 이런 주장을 뒷받침하는 증거는 주로 시편에서 가져왔는데, 특히 시편 99, 81, 95, 50편을 예로 들었다. 이런 시편들은 비록 현재의 형태가 후대의 것이기는 하지만 예배의식과 관련된 본문에서 연원했을 것이다.

그중에서도 시편 81편이 특별히 중요하다.

3절(MT. 4절)은 순례의 명절들을 열거하고 있는데, 나팔 소리를 언급하는 부분은 분명히 가을 명절을 의미한다(참고, 레 23:24). 6절(MT. 7절)은 이집트 탈출을 축하하고, 7절(MT. 8절)은 가데스로 가는 광야 여정을 언급하며, 8절(MT. 9절)은 율법의 수여를, 9절(MT. 10절)은 제1-2 계명을(출 20:3, 5), 10절(MT. 11절)은 십계명 서문을(출 20:2) 가리키며, 고대 근동 지방에서 왕의 말하던 습관을 반영하면서 야웨의 '현현' 또는 '임재'를 표시하게 된다.

그러므로 제사장들의 토라는 "(성전의) 예언자가 계약을 갱신하러 오시는 하나님의 현현을 선포하는 것과 관계가 있다."

모빙켈에 따르면 현재 D와 P 학파가 추가한 내용의 기초를 이루고 있는 십계명의 주된 형태는 이사야의 제자들 집단이 결정했다(참고, 사 8:16). 십계명은 그 제자집단의 '입회 의식'이었으며, 당시의 대중적 관습과 공식적 관습을 모두 거절했기 때문에 이런 특별한 의식이 필요했다.

(2) 알트(A. Alt)의 양식비평적 연구

그의 연구는 이미 제3장 6.에서 언급했는데, 모빙켈과 크게 두 가지 점에서 달랐다.

첫째, 그의 견해에 따르면 십계명은 '입장 예배의식'을 위해 사용된 것이 아니라 레위인들이 계약갱신 의식을 진행할 때 중심 본문으로 사용했다.

둘째, 이 본문은 매년이 아니라 칠 년에 한 번씩 선포되었으며, 땅을 경작하지 않고 남겨 두며 모든 빚을 탕감하는 안식년에 선포했다. 그러나 이런 법은 제사에만 국한되지 않았으니, "삶의 모든 영역에서 … 무조건적으로 야웨의 뜻이 지배하도록 하기 위한 … 억제되지 않은 노력을 드러낸다. 이것은 이스라엘 백성을 성전에서 … 그들의 일상생활로 추적해 들어간다"(*The Art of Biblical Narrative*, 132).

십계명처럼 정언적 자료의 기록시기와 관련하여 알트는 최소한 그 형태에 있어서 이스라엘이 주님과 맺은 관계를 계약이라는 용어로 이해하기 시작했던 광야 시대로 돌아갈 수 있다는 의견이었다.

알트는 십계명이 8세기 예언자들의 작품에 의지하고 있다는 전통적 문학비평의 주장에 크게 신경 쓰지 않았다. 그럼에도 불구하고 십계명이 현재 상태로 공식화된 형태는 훨씬 후대의 것일 수 있다는 점을 인정했다. 예를 들어, 제6-9계명에 남아 있는 짧은 금지조항처럼 공통되는 모범을 벗어난 평서문 문체가 그런 예이다.

(3) 멘덴홀(G.E. Mendenhall)의 주장

이는 제3장 5.에서 이미 소개한 바 있으므로 여기서는 간단하게 요약만 하기로 한다.

그는 양식비평의 필수적 주장들을 사용해서 십계명이 처음으로 시작한 시간을 다시 모세 시대로 밀어 올린다. 그는 정언적 법이 고대 이스라엘에만 배타적으로 연결되는 것은 아니며, 후기 청동기 시대 히타이트 봉신 조약에서도 발견된다고 지적했다.

이런 조약형태가 주전 1500-1000년경 지중해 해안 지방에 잘 알려져 있었기 때문에, 이스라엘이 이 시기에 주님과 맺은 계약을 표현하기 위해 이 형태를 차용했을 가능성이 있다는 것이다. 세겜은 하몰의 자손(창 33:18-34:31)을 비롯해서 그 거주민들이 히타이트와 관련이 있다고 간주되었으며, 바알 브릿('계약의 주인') 성소에서 계약을 맺었다는 전승(삿 9:1-57)도 있기 때문에, 이스라엘이 이런 형태를 배우게 된 가장 적합한 장소가 될 것이었다.

(4) 게르슈텐버거(E. Gerstenberger)의 『정언적 법'의 성격과 연원』(*Wesen und Herkunft des 'apodiktischen Rechts'*, WMANT 20, Neukirchen, 1965)

알트가 십계명에 관해 양식비평적으로 논의한 내용, 특히 '정언적 법'이라는 범주와 그가 제안한 삶의 자리에 초점을 맞추고 연구했다.

그는 알트가 십계명의 삶의 자리로 계약체결이나 갱신제사를 제안한 것을 받아들이지 않는다. 계약의 조건은 계약의 양측 당사자 사이의 관계를 규정해야 한다. 그러나 십계명에서 오직 제1-2계명만 관계의 배타성을 보호하며 야웨와 이스라엘 사이의 계약 규정에 걸맞는 내용을 보여 준다.

또 이러한 조항들이 원래 제사와 관련이 있다는 주장을 인정한다 하더라도, 다른 금지조항들(그리고 명령들), 특히 제5-10계명은 개인의 사회적 책임과 관련되어 있다. 이러한 조항을 계약갱신 예배의식에서 사용했다면, 그 연관성은 이차적이었을 가능성이 크다.

그렇다면 이 금지조항들의 본디 배경은 무엇인가?

사실 무엇을 '하지 말라'는 금지는 인간이 사용하는 말 중 매우 기본적이고 보편적인 요소이며, 특히 가족 안에서 아이들을 기르는 상황과 관련이 깊다. 이 말은 별 가치가 없는 뻔한 말처럼 들리고 이 문제를 밝히는 데 도움이 되지 않는 것처럼 보인다.

그러나 게르슈텐버거가 구약성경에서 찾아낸 예들은 꽤 설득력이 있다. 예를 들어, 예레미야 35:6 이하에서 레갑의 아들 요나답이 '아버지'로서 자기 '가족'에게 내린 금지 명령은 최소한 이백 년 동안 잘 지켜졌다.

그 금지조항은 십계명과 마찬가지로 2인칭 미완료형 동사 + 부정어로(*lo'*[로], '말라')로 이루어져 있다. 예레미야서에서 동사는 복수형이어서 십계명의 단수형 동사와 대비되는데, 십계명에서는 공동체 일원들을 집합명사로 간주한 것이며, 단수형은 개인을 표현하는 데 적격이었을 것이다.

요나답의 명령은 드바림(*debarim*, "말들")이라고 불렸으며(14절), 십계명을 부르는 말과 정확히 일치한다(예를 들어, 출 20:1). 금지조항은 혼자 나오지 않고 무리를 지어 나오는데, 이 경우에는 네 개가 함께 나왔다 (십계명에서는 열 개 또는 하위집단으로 네 개와 여섯 개로 나오며, 더 짧은 것들이 이 문학 양식에 훨씬 더 잘 들어맞는다).

긍정적 명령도 결과절로 등장한다(7절; 참고, 제5계명). 이러한 금지조항/명령들의 목적은 가족생활을 보존하는 것이다(참고, 제5계명). 그러므로 가족을 온전하게 지키려고 하는 다른 목록들, 예를 들어, 레위기 18:7 이하의 규정들과 관련시킬 수 있다.

이 금령은 또한 이스라엘이나 그 주위 나라의 지혜문학 교훈과 비교할 만하며(예를 들어, 잠 1-9; 22:17 이하), 그 삶의 자리도 이러한 현인들의 활동에서 찾아야 할 것이다. 그렇다면 이 문학 양식의 주인공은 상하관계에 따라 가족의 가장, 확대가족 안에서는 형제들과 아들들, 그리고 사회 안에서는 장로들이 될 것이다.

아버지의 권위는 가족 안에서 그가 지니는 위치뿐만 아니라 그가 제공한 생명의 거룩한 순서 때문에 높이 평가받는다. 시간이 지남에 따라 이러한 부족 중심의 관점이 점점 발전하면서 전문 제사장과 현인들로 대체되고 제사와 법과 지혜에 관련된 다른 자료들과 결합하기도 한다. 그렇게 본다면 십계명이 일종의 모음집으로 등장한 것은 초기보다는 후대의 현상일 수도 있다는 가능성을 제기한다.

3) 정경비평

이 주제에 관한 예로 십계명을 공부할 때 논의를 완성하려면 차일즈가 출애굽기 본문의 '정경적 형태'(canonical form) 안에서 십계명의 기능에 관해 언급한 매우 통찰력 있는 의견을 간단히 생각해 보아야 한다.

십계명은 매우 중요한 위치를 차지하고 있는데, 출애굽기 20:2에 나오는 서문은 출애굽기 1-18장을 요약하고 있으며, 출애굽기 20:3-17에 나오는 '명령 열 가지'는 그다음에 나올 법 규정에 대한 권위 있는 기준 역할을 한다(*Introduction*, 174).

4) 문학적 접근

문학적 해석 가능성도 여기서 간단히 짚고 넘어가야 하는데, 무엇보다 각 해석자의 대답을 살펴볼 수 있다. 각 '명령'의 길이가 다르다는 사실을 문학비평과 양식비평이 제안하는 일관적 모범에 따라 비정상적이라고 볼 필요는 없다.

오히려 차이가 있다는 사실은 매우 의미가 있다. 예를 들어, 본문은 안식일을 논하는 제4계명을 가장 자세하게 묘사하며 관심의 중심이 되도록 만들며, 하나님을 향한 의무와 인간을 향한 의무는 앞뒤고 거의 대칭이 되게 분포된다. 단순히 어떤 상황을 피하라고 명령하는 부정적 명령들에 반하여 적극적 실행을 명령하는 긍정적 명령 제4계명과 제5계명은 바로 옆에 차례로 위치했다.

5) 편집비평

편집비평은 문학 작품 전체를 형성해 가는 요소들이 함께 점진적으로 성장하는 과정에 관심을 가진다. '편집'(redaction)은 기록된 자료를 편집하는 마지막 단계를 의미하며, '편집비평'은 어떤 본문이 전체로 또는 일부분으로 거쳐온 역사가 어떠했든지 그 본문의 문학적 문맥 안에서 편집 의도와 그 본문의 기능이 무엇인지에 초점을 맞춘다.

문학비평과 양식비평적 논의가 유용하고 또 옳은 면도 있지만, 위의 제4장 6. 1)과 2)에서 살펴본 초기 본문의 재구성 작업 안에서 상당 부분이 가설적 요소들을 포함하고 있음을 분명히 확인할 수 있었다.

그러므로 좀 더 분명한 문학적 본문의 다양한 진화단계를 통해 십계명의 기능을 이해하려면 편집사적 관점에서 다루는 것이 훨씬 더 안전하며, 이에 관해 제4장 4.에서 언급한 바 있다.

좀 더 간단한 편집사적 목표로 D-판본과 P-판본의 두 단계에서 나타나는 편집자들의 의도를 제대로 파악하는 것은 훨씬 더 분명한 대답을 얻을 수 있으며, 신학의 정경적 다양성(앞으로 제5장 2.과 3.에서 논하게 될 텐데, D-판본의 초태생 무르기, 계약과 종말론에 비해 P-판본의 신의 존재, 거룩함과 실현된 종말론 등) 사이에서 적절한 정도의 변증법이 본문 해석 안에 보존되어 있음을 확신할 수 있도록 해 준다.

출애굽기의 D-판본에서 십계명이 정확히 현재 위치에 있었다는 점을 의심할 이유는 없다(이것은 호스펠트[F.-L. Hossfeld]의 의견과 반대된다). 제4장 4. 3)의 논의가 기초로 삼고 있는 바와 같이 신명기 4:10-15; 5장에 나오는 십계명 수여에 관한 평행본문은 이러한 사실을 증명해 준다.

지나간 일을 '회상'하는 문맥으로 기록한 신명기 5:6-21에 나오는 십계명 본문은(특히, 신 5:12처럼 "네 하나님 여호와가 네게 명령한 대로"라는 말이 자꾸 반복됨) 십계명의 D-판본이 P-판본의 최종 편집을 거치기 전에는 출애굽기 20:2-17에 있었음을 증명해 줄 수 있다. 십계명의 D-판본이 P-편집을 거치면서 가장 분명해진 성격은 제4계명에서 안식일 준수를 강조한 점이다.

출애굽기의 D-판본은 이스라엘의 연원에 관한 포로기의 설명을 제공해 준다. D-판본의 현재 문맥 안에서 십계명은 본디 특정한 역사적 사회적 조건을 반영하지 않으며, 예를 들어, 주전 8세기 말의 상황은 찾아볼 수 없다(크뤼제만[F. Crüsemann]이 해석한 내용).

오히려 십계명은 과거의 사회적 역사적 정보를 얼마나 이용하고 있는지와 상관없이 이상적이고 종말론적인 언설로 보이며, 주님 아래서 이스라엘이 자유로운 삶을 성취할 미래를 기대하고 있다.

이런 관점에서 봐야 과부와 고아를 보호하라는 명령이나 예언자들의 사회적 관심 등이 십계명에 빠져 있는 이유를 이해할 수 있다. 왜냐하면, 이러한 종말이 실현될 때 가장 취약한 계층을 포함하여 모든 이스라엘 가족들이 각각 누구도 침범할 수 없는 자신의 농지에 정착하게 된다는 완벽한 정착계획이 이루어질 것이며, 이스라엘은 모두 스스로 부양할 능력이 생길 것이기 때문이다.

이러한 문맥 안에서 노예들도 완벽한 인도주의적 배려를 받을 수 있게 된다(스스로 종이 되었거나[신 15:16이하] 외국인이 전쟁 포로가 되었을 때). 그러므로 D-판본 안에 있는 십계명은 신학적 연민이 넘치는 문서이다. 주님의 백성은 현재 포로로 잡히거나 외국에 흩어져 '종살이'를 하고 있고, 하나님이 선물로 주신 땅이나 자유라는 기본 조건도 없다.

그들의 적들은 물론 겨우 재난을 피한 탐욕스러운 주위 민족들에 의해 원래 소유하던 땅과 재산과 아내를 빼앗기고 고통당하고 있지만(참고, 겔 11:14-21; 33:23-29), 과거에 이집트에서 구원하셨고 이제 포로기에서 구원하신 하나님이 언젠가 그들을 이러한 이상적이고 자유로운 나라로 회복시키시리라 믿는 신앙을 재확인하고 있기 때문이다.

포로기 이후 '귀환'하던 때로 추정하는 출애굽기의 최종적 P-판본 안에서 십계명은 '실현된 종말론'을 반영하는 문서가 된다. '포로지에서 귀환'하는 일은 성취되었으나, 아직 부분적 성취일 뿐이었다. 절대적 '귀환'이 아직 필요한 상태였다.

그러므로 P-판본 안에 있는 십계명은 아직 역사적으로 실현되지 못한 이상적 종말의 세계 안에서 살아가는 방법을 묘사하고 있다. 완성을 기다리는 시대에 그 종말을 '예언적으로 실현하는' 방법과 그날의 실현을 성취할 수 있도록 '도움이 되는 환경'을 창조하는 방법을 그리고 있다.

D-판본과 P-판본의 강조점의 차이는 편리하게도 안식일 규정에서 모두 나타난다.

D에게 있어서(신 5:15) 포로로 잡힌 사람들을 위해 종살이로부터 자유를 얻은 경험을 상기시키는 것이 절실했고, 안식일을 지키면서 약속된 땅의 자유로움으로 돌아가는 종말론적 경험을 미리 할 수 있도록 도와줄 수도 있었다.

P에게 있어서 안식일은 창조의 이상적 균형에 그리고 일곱째 날에 창조가 완벽하게 끝나서 찾아온 휴식에 참여하는 일이며(출 20:11; 참고, 창 2:1-3), 이 땅의 조건들이 태초의 이상적 상태로 돌아갈 때 찾아올 종말론적 희년을 미리 앞당겨 경험하는 일이었다.

십계명의 D-판본과 P-판본의 목적에 관한 이러한 관찰들이 명백하게 신학적 성격을 띠고 있으므로 자연스럽게 마지막 장 내용과 연결된다.

§ 더 읽어 볼 자료

1960년대 중반까지 십계명에 관한 연구들은 다음 글의 논의를 보라.

J.J. Stamm, M.E. Andrew, *The Ten Commandments in Recent Research*, Studies in Biblical Theology, Second Series 2, London: SCM, 1967.

위에서도 언급했지만 최근에 발표된 가장 중요한 연구 두 가지는 다음과 같다.

F.-L. Hossfeld, *Der Kekalog: Seine späten Fassungen, die originale Komposition und seine Vorstufen*, OBO 45, Freiburg: Universitätsverlag Göttingen: Vandenhoeck & Ruprecht, 1982.

F. Crüsemann, *Bewahrung der Freiheit: Das Thema des Dekalogs in sozialgeschichtlicher Perspektive*, Kaiser Traktate 78, Munich, 1983.

"The Decalogue and the Redaction of the Sinai Pericope in Exodus," *ZAW 100*, 1988, 361ff, and "The "Ten Commendments": Some Recent Interpretation," *ET 100*, 1988-1989, 453ff.

제5장

신학적 문제: 넓게 퍼져 있는 의도

　마지막 장은 일단 앞에서 논의한바 출애굽기가 문학적으로 형성된 과정이 받아들일 만하다는 전제를 가지고 시작한다. 물론 이 이야기를 분석해서 현재 출애굽기를 형성하고 있는 다양한 자료가 진화해 온 과정을 추적하는 작업에 대해 회의적인 사람도 있을 수 있다.

　그래서 이런 가설적 초기 단계의 신학에 대해서는 많은 분량을 투자하지 않을 것이다. 방대한 전승들의 바다로부터 저자들은 포로기의 D-판본과 재건기의 P-판본 두 단계로 신빙성 있게 이스라엘이 시작되던 시절의 생활을 재현해 냈다. 그들의 목적은 역사적 사건들을 스스로 재창조하는 것이라기보다는 그들의 동시대인들과 후대 사람들의 경험을 설명하려는 것이었다.

1. '야웨'라는 이름을 계시

히브리인들은 이름이 그 이름을 쓰는 사람의 성격을 드러낸다고 믿었다(참고, 삼상 25:25). 그러므로 십계명을 시작하며 하나님의 이름을 언급했을 때 그의 이름 뜻은 이스라엘의 신학에서 근본적 중요성을 가진다. D-판본과 P-판본이 모두 신명을 계시한 부분을 논리전개의 기초로 삼고 있다는 점도 매우 의미심장하다(D는 출 3:13 이하; P는 6:2 이하).

1) 신명의 형태: '여호와'가 아닌 '야웨'

유대교에서 하나님의 이름을 발음하는 일은 매년 속죄일에 대제사장이 부르는 경우를 제외하고는 금지되어 있다. 이 금지조항은 레위기 24:16을 해석하여 근거로 삼고 있는데, RSV 성경이 "신성모독을 하다"라고 번역한 나카브(*naqab*) 동사를 '명백하게 발음하다'라는 뜻으로 이해한 것이다(이것은 사 62:2 용례와 유사하다).

구약성경 본문에 YHWH라는 신명이 기록되어 있는 경우 관례에 따라 "아도나이"(*'Adonay*, "내 주님")라고 바꾸어 읽는다. 전통에 따라 기록한 YHWH라는 자음을 본문에서 제거할 수는 없지만, 이 이름을 바꾸어 읽어야 한다는 사실을 표시하기 위해 아도나이에 해당하는 모음을 첨가했다(이렇게 혼합하여 YeHoWaH라고 읽을 때 첫째 모음이 달라진 이유는 히브리어에서 이 모음이 분명하지 않기 때문인데, '아도나이'를 시작하는 성문 폐쇄음은 '아'로 발음하지만 YHWH의 첫 자음 Y는 '에'로 발음하기 때문이다.)

이 이름을 비공식적으로 '여호와'라고 읽는 관습은 교황 레오 10세(Leo X)의 고해신부였던 페트루스 갈라티누스(Petrus Galatinus, 주후

1460-1540년)로부터 시작되었다고 한다.

YHWH라는 이름에 붙였던 본래 모음이 무엇이었는지 초기 기독교 자료들이 증거하는 바가 있는데, 알렉산드리아의 클레멘트(Clement, 주후 150-215년)는 야오우에(Iaoue), 에피파니우스(Epiphanius, 주후 315-403년)와 테오도레트(Theodoret, 주후 393-466년)는 야베(Iabe)라고 읽었다.

이러한 헬라어 음역들은 YHWH의 첫째와 둘째 음절 모음이 각각 '아'와 '에'라고 증거하고 있으며, 결국 '야웨'(YaHWeH)라는 읽기가 나온다(자음을 다르게 읽은 이유는 아티카/코이네 헬라어에서 Y, H, 그리고 W 같은 글자를 사용하지 않기 때문이다).

이렇게 얻은 '야웨'(Yahweh)라는 발음은 히브리어 동사형과 잘 들어맞고(3인칭 남성 단수 미완료형 동사) 구약성경 본문 특히 출애굽기 3:14 이하에서도 분명히 이렇게 이해하고 있으므로 일리 있다고 볼 수 있다.

2) 야웨라는 이름의 뜻

'야웨'라는 이름은 구약성경 안에 약 6,823번 등장하고 구약성경 밖에도 메샤 석비(Mesha Stele, 약 주전 840년), 쿤틸랏 아즈루드(Kuntillat 머경, 주전 9-8세기), 그리고 아라드와 라키쉬 도편들(Arad and Lachish ostraca, 주전 6세기) 위에도 나온다.

이 이름이 동사의 활용형이라는 것을 확인할 수는 있지만(모든 사람이 동의하는 것은 아니다), 다른 여러 가지 영역에서 불분명한 요소들도 많다(어근, 활용형, 인칭, 시제, 그리고 주어와 보어가 누구인지 등). 출애굽기

3:14 본문은 이러한 모호한 이름에 관계절(나는 나인 자[Who I am])까지 첨가하면서 더 복잡해진다. 어쩌면 이런 중요한 이름을 계시할 때 모호하게 언급하는 것이 근본적으로 필요했을 수도 있다.

야웨는 자기 이름으로 알려지기를 선택하셨고, 야웨는 자기가 스스로 알리신 대로 알려지실 수 있으며, 그 지식에 관해 이성적 논의가 가능했고, 그 이름으로 부르는 것도 가능했다.

그러나 그분이 혼자 계실 때 또는 어떤 행동을 하실 때 그분의 정체를 완전하게 아는 것은 절대 불가능하다. 자기 백성에서 계시하신 이 감춤과 알림의 역설은 신명기 29:29(MT. 28) 본문에 잘 나타나 있다. 몇 가지 모호한 요소에 관해 다음과 같이 생각해 볼 수 있다.

(1) 어근

이 이름이 동사 형태라고 전제할 때, 이 이름은 다음과 같은 네 가지 어원과 관련시킬 수 있다.

HW: '떨어지다'(눈이 떨어지다, 욥 37:6)

HWH: '바라다'(참고, 미 7:3; 잠 10:3 등)

HWH: '되다'(드물게 등장하는 동사, 넷째 어근의 비슷한 말[아람어?])

HYH: '이다'(자주 사용되는 히브리어 동사)

처음 두 가지 어근에서 적절한 이름의 뜻을 도출할 수도 있지만(야웨는 바알과 마찬가지로 날씨의 신일 수 있고, 야웨는 '질투하는' 열정적인 신일 수도 있다), 출애굽기 3:14은 YHWH를 마지막 어근에 맞추어 해석한다. 이것은 과학적으로 정확하기보다는 대중적 어원일 수 있으며, 이스라엘이 전통적 용어를 이해하기 쉽도록 풀어 주는 역할을 했을 것이다.

성경 본문에 기초하여 '야웨'라는 이름이 겐족으로부터 나왔다는 가설도 제기되었다. 모세가 하나님의 산에서 야웨를 처음으로 만난 것은(출 3장) 분명히 그의 장인이며 미디안의 제사장인 이드로를 위해 일을 할 때였다.

출애굽기 18장에서 이드로는 제사를 드리고 공동식사를 할 때 주도적인 역할을 맡기도 했으며, 공동체 내부에서 재판하는 일과 관련해서 좋은 제안을 하기도 했다. 이드로는 겐족 출신이라고 기록하기도 했는데(삿 1:16) 나중에 구약성경 안에서 겐족은 야웨를 향한 열정적 신앙을 가진 집단으로 묘사되기도 했다(삿 4:11, 17 이하; 왕하 10:15 이하; 참고, 대상 2:55).

로텐버그(B. Rothenberg)는 놋쇠로 만든 뱀이 있는 미디안 천막 성소를 발견했다(참고, 민 21:8). 겐족의 시조였던 가인의 세대부터 야웨를 알고 있었다는 전통(창 4:26)이 이 이름을 처음으로 모세에게 알렸다는 전통(출 3, 6장)과 대조되는 현상은 어떤 역사적 기초가 있었을 가능성이 있다.

야웨라는 이름이 이스라엘 외부에서 시작되었을 가능성에 관해 드라이버(S.R. Driver)는 결정적으로 이렇게 말했다(*Exodus*, li).

> 이 이름이나 다른 신명이 파생된 자료가 본질적으로 히브리인들로부터 나왔느냐 하는 문제는 사실 중요하지 않다. 중요한 질문은 이 이름이 그들에게 어떤 의미를 지녔는가 하는 것이다. … 앞으로 이 이름의 근본적 연원이나 이스라엘 이전 시대의 용례에 관해 발견되는 내용이 무엇이든 우리는 완벽하게 평안한 마음으로 기다릴 수 있다.

(2) 활용형

만약 이 이름이 접두사 '야'로 시작하는 3인칭 남성 단수 미완료 동사라면, 그 활용형은 사역형이 되어야 한다(히필, 자동사인 칼 활용형은 접두사 '이'로 시작한다). 그렇다면 이 이름은 생명을 만들어 내는 창조주의 활동을 묘사한다.

그러나 출애굽기 3:14에는 접두사 '에'로 시작하는 1인칭 공통 단수 미완료 동사를 쓰고 있어서, 이 이름이 동사의 자동사 어형으로부터 나왔다는 해석을 보여 준다(칼; 사역형인 히필이었다면 접두사 '아'로 시작했을 것이다). 그러므로 출애굽기 3:14의 설명은 이 이름을 '창조'가 아니라 '존재'와 관련이 있다고 이해한다.

(3) 인칭

형태로 보면, 야웨는 3인칭 남성 단수로 '그는'이지만, 출애굽기 3:14에서는 1인칭 공통 단수 '나는'으로 해석한다. 이렇게 1인칭을 강조하는 이름은 특별히 십계명 '서문'에서 '나는'이라는 말로 '신적 자기 서술'을 한 것과 비교할 수 있다(예를 들어, 출 6:7처럼 '계약 공식'의 첫 부분으로 "나는 너의 하나님 될 것이다"라고 기록했다).

출애굽기 3:14의 설명 속에서 야웨는 간접적으로 '그'로 표현하는 객체가 아니며 개인적이고 관계가 깊은 주체 '나'로 등장하며, 단순히 '너'가 아니라 '나'로 대화를 시작하는 존재로 나타나고 있다.

(4) 시제

전통적으로 이 이름은 현재 시제의 동사, '그는 -이다'로 간주했다. 참고로 70인역 출애굽기 3:14도 "나는 그런 자이다"라고, 불가타는 "나는 나인 자이다"로, 그리고 EVV는 "나다"라고 번역했다. 그렇다면 이 언설은 하나님이라는 존재의 영원성을 강조하는 존재론적 의미를 강조한다.

그런데도 히브리어에서 이 동사는 미래 시제 '그는 …일 것이다'로 이해하는 것이 자연스럽다. 그렇다면 이 언설은 계속되는 행위를 약속하는 구원론적 의미로, 심지어 종말론적 확언으로 이해할 수도 있다.

(5) 주어와 보어가 누구인지 열려 있음

인칭대명사로 표현한 주어 '나/그', 즉 야웨라는 이름을 가진 신 존재는 누구인지 아직 밝혀지지 않은 상황이다. 그래서 이미 구약성경에서 이 하나님이 곧 조상들의 하나님(출 3:13 이하)이라고 그리고 의심할 여지 없이 북서 셈족 만신전의 최고 신인 엘일 가능성이 있다고 기록했다(참고, 창 17:1에 따르면 아브라함은 헤브론[?]에서 엘-샷다이를 만났고, 창 35:11을 보면 야곱은 베델에서 만났다).

마찬가지로 '이다'라는 동사에 대응하는 보어도 결정해야 한다('나는/그는 …이다'). 그 이름은 경험을 통해 구체화되어야 하며, 이전의 경험을 갱신시키고 재활성화하는 새 경험을 향해 열려 있다.

(6) 출애굽기 3:14에서 관계절('나는 -인/일 자')의 힘

히브리어 관계절에 관련된 구문론적 원리에 기초하여 이 부분은 "나는 그런 자이다"라고 번역해야 한다고 주장하는 사람들도 있다.

출애굽기 3:14은 출애굽기 33:19을 기초로 설명하기도 하는데, 이 구절에서도 관계절은 유사한 구문론적 문제를 안고 있다.

나는 은혜 베풀 자에게 은혜를 베풀고, 긍휼히 여길 자에게 긍휼을 베푸느니라.

이 표현이 어떤 개념의 전체성과 강력함을 표현하기 위한 말장난이라고 보고, '나는 정말로 동정심이 있고 연민을 보여 주는 자다'라는 뜻이라고 주장하기도 한다.

또는 이런 말장난이 전체성이 아니라 모호함을 표현한다고 주장하기도 한다. 그러므로 출애굽기 3:14은('나는 나인 사람/것이다/일 것이다') 감추어져 있다는 사실을 계시한 것으로 간주할 수 있고, 하나님의 존재나 행위를 온전히 드러내지 않고 가리는 문장이며, 하나님의 초월성과 타자성과 자유를 보호하고 있다고 주장하기도 한다(참고, 창 32:29; 삿 13:18).

바로 여기에 유대 전통 안에서 신명을 형언할 수 없다는 신학적 기초가 놓여 있다(참고, 바벨 탈무드, 페싸힘 50 앞면을 보면 출 3:15을 "이는 나의 영원한[le'olam] 이름이요."라고 읽지 않고, 동일한 자음 본문에 다른 모음을 붙여서 "이것은 내 이름을 가리는 것이요."[le'allem]라고 읽는다).

§ 더 읽어 볼 자료

F.M. Cross, "Yahweh and the God of the Patriarchs," *HTR* 55, 1962, 225ff.

B. Albrektson, "On the Syntax of *'ehyeh 'asher 'ehyeh* in Exodus 3.14," in P.R. Ackroyd, B. Lindars, eds., *Words and Meanings: Essays presented to David Winton Thomas*, Cambridge University Press, 1968, 15ff.

M. Rose, Jahwe: *Zum Streit um den alttestamentlichen Gottesnamen*, Zürich: Theologischer Verlag, 1978.

어원은 그 의미를 밝히는 작업의 한 단계일 뿐이며, 이 경우에는 특별히 그 뜻을 가장 잘 드러내는 것도 아니다. 출애굽기의 다른 부분뿐만 아니라 구약성경 전체가 야웨라는 이름을 사용하는 신이 어떤 분인지 설명하는 본문이다. 위에서 언급한 전승사적 논의에 맞추어 말하면, 야웨라는 이름을 쓰는 신의 성격은 먼저 D-판본의 용어에 맞추어 그 후 P-판본의 용어에 맞추어 설명해야 한다.

2. 신명기 판본의 신학

십계명과 관련해서 제4장 6. 5)에서 언급했던 D-판본과 P-판본의 상보성은 다른 영역으로 확장할 수 있다. 모세와 아론이 맡은 역할과 관계, 이스라엘이 야웨 하나님과 관계를 규정한 종교 제도들(D 안에는 초태생, 유월절, 계약; P 안에는 유월절, 무교절, 그리고 성소), 그리고 이러한 제도들이 내포하는 신학적 의미들(D의 칭의; P의 성화), 그리고 그것들과 연결된 종말론 등이 여기에 해당한다.

1) 모세

D-판본의 중심부 그리고 그 일부인 출애굽기 19:3-20:21은 계시, 즉 하나님이 자기 계시를 시작하셨다는 사실에 집중한다. 계시는 경외심

을 일으키고 의지를 복종시키는 신현 현상은 물론 교훈과 개인적 인도로 표현되는 이성적 소통을 통해 나타난다.

호렙산 기슭에 모였던 사람들은 모두 압도적인 광경과 소리를 직접 경험하고 공유한다. 계약을 준비하던 순간을 묘사하는 이야기는 야웨 하나님과 백성 사이의 관계가 직접적일 수밖에 없다고 묘사하는 것이며, 이 근본적으로 중요한 순간에 모세는 진행자 역할을 맡을 뿐이다. 백성들은 자기들 위 산꼭대기에 하나님이 나타나시는 두려운 모습을 직접 목격한다.

그 하나님의 신비를 가리고 있는 폭풍의 구름은 절대로 꿰뚫어 볼 수가 없어서 그 두려움이 더 커졌으며, 원래 하나님의 모습은 인간이 이해하거나 견뎌 낼 수 있는 범위를 넘어서 있었다.

이런 광경과 함께 그에 절대 뒤지지 않는 압도적인 소리도 경험했는데, 천둥이 치는 소리와 우주적 전투를 알리는 나팔 소리가 들려왔다. 사람들은 이런 광경과 소리를 통해 하나님과 직접 만나는 경험을 절대 잊을 수 없게 될 것이며, 보통 사람이 이해할 수 있고 견딜 수 있는 범위 안에서 경험할 수 있었다.

자신들을 종살이와 위기에서 구원하셨고 자유를 주신 그들만의 신과 직접 개인적으로 만나는 압도적이고 유일무이한 경험은 그 후 그들 인생의 기초가 되고 판단 기준이 될 것이었다.

절대 지울 수 없는 이 기억을 끊임없이 되새기고 현실에 적용하는 행위는 이스라엘 역사의 근본 전제가 되고 개인적 그리고 공동체 정체성의 필수 요인을 형성하게 되었다. 이 순간부터 영원히 '야웨를 두려워 하는 것'이 그의 백성들에게 요구되는 기본 자세가 된 것이다 (출 20:20).

개인이 하나님의 절대 뚫을 수 없는 신비와 상상할 수 없는 장엄함을 직접 만나는 극도로 압도적인 경험을 하는 순간에도 이성적 소통이 이루어지고 있었으니, 중간에 아무런 매개체 없이 그들의 귀로 직접 들었던 하나님께서 스스로 하신 말씀, 그 '열 마디 말'이 있었다.

십계명 안에서 하나님이 그분의 백성과 계속해서 유지하시는 관계, 그리고 그들이 서로 간에 유지해야 할 사회적 관계에 관련된 근본 원리들을 분명하고 완전한 용어들로 전달하셨다. 확실하고 간단하고 이해하기 쉬워서 외우기도 쉬웠기 때문에 이 명령들은 하나님과 만나며 느꼈던 두려운 경험처럼 잊히지 않도록 계획된 것이다.

모세가 맡은 역할은 오직 사람들이 하나님과 직접 중재자 없이 만나는 주된 경험을 돕는 데 필요했다. 그의 역할은 뛰어난 예언자와 비슷했다. 그는 하나님의 대변인이자 대리인이며, 하나님과 사람들 사이에 선 중재자, 계약의 중계인, 자기 자신을 사람들을 위해 대신 바칠 준비가 되어 있는 중보자였다. 모세를 예언자로 묘사한 것은 신명기가 그의 지위를 예언자로 규정한 것과 잘 맞는다(특히, 신 5:23-26; 13:1-5; 18:15-22; 34:10-12를 보라).

또한, Dtr에 속하는 본문에서 모세와 다른 예언자들 사이에 유사성이 잘 드러나게 묘사하는 경우도 있으니, 북왕국에서 활동한 개혁적인 예언자 중 첫 번째인 엘리야(출애굽기 33장에 나온 신현 현상과 매우 유사한 경험이 기록된 왕상 19장 참고), 그리고 남왕국의 점점 쇠락하다가 최종적으로 멸망하는 것까지 지켜보았던 마지막 개혁적 예언자 예레미야를 들 수 있다(출 3장 이하에 나오는 소명 이야기와 아마도 Dtr 편집자가 손을 댄 것으로 보이는 렘 1장, 특히 불타는 떨기나무/살구나무 상징이나 두 사람이 모두 어린 나이 또는 말이 어눌함을 언급하고 있음을 참고하라).

야웨의 대리인으로서 모세는 기적을 행하는 자격을 얻게 된다("그들이 나를 믿지 아니하며", 출 4:1-9). 그의 목동용 지팡이는 기적을 부르는 막대기가 되고, 원칙적으로 야웨의 작품인 재앙을 이것으로 불러온다(예를 들어, 출 4:17; 9:23; 10:13). 재앙의 목적은 파라오의 고집을 강조하고 야웨의 힘과 영광이 더 크다는 사실을 드러내는 것이다(참고, 출 14:17).

모세의 막대기는 홍해에서 모세를 통해 야웨의 힘을 드러낼 때(출 14:16, 21, 31["그리고 그들이 야웨와 그의 종 모세를 믿었다"]), 바위에서 물에 솟아 나왔을 때(출 17:5 본문은 출 7:17의 첫째 재앙을 상기시킨다) 그리고 아말렉 사람들의 손에서 구원할 때(출 17:8 이하) 다시 한번 유용하게 사용된다.

모세가 야웨와 친밀한 관계였다는 사실은 하나님의 산 호렙산에서 그를 만난 사건(출 3:1-4:17; 18:1-12)과 홀로 나눈 대화들(출 19:3-9, 19; 24:12, 18; 31:18-32:30; 32:20-33:6; 34:1, 4-28), 그리고 산꼭대기에서 본 전례 없는 환상(출 33:12-23)을 통해 드러난다.

이로써 모세는 계시를 받은 자라는 자격을 얻게 된다(출 19:9 "그들이 너를 믿게 하려고"). 호렙산을 떠난 다음에 이 친밀성은 회막을 통해 계속되며(출 33:7-11), 계시는 그 중재자를 통해 백성들에게 주어진 이성적이고 이해가 가능한 인도하심으로 표현된다.

모세가 중재자 역할을 맡고 있다는 사실은 그가 반복해서 한쪽의 말을 다른 쪽에 전달하는 행위(출 19:3-9)를 통해, 계약의 책에 계약조건을 기록하고 계약체결 의식을 조직함(출 24:3-8)을 통해, 그리고 야웨의 손가락으로 새긴 십계명 돌판을 받음(출 24:12, 18; 31:18)으로 인해 극적으로 표현된다.

그가 맡은 중재자 역할은 황금 송아지 사건의 결과 백성들을 위해 중보할 때 자기 자신이 대신 벌을 받겠다고 제안하면서 가장 위대한 정점에 이르고(출 32:30-33) 원래 조건에 따라 계약을 갱신하는 작업을 중재하면서 결론에 이른다(출 34:1, 4-28).

2) 야웨의 이름을 출애굽, 계약, 계약 갱신을 통해 설명하는 Dtrc

(1) 출애굽

출애굽기 1:1-14:21에서 출애굽 이야기의 D-판본은 신명기 15:12-16:8의 순서를 따르고 있는데, 예를 들어, 히브리 종 해방(신 15:12-18), 초태생 바치기(신 15:19-23), 그리고 유월절 준수(신 16:1-8)가 차례로 나온다. 이것은 법 규정을 이야기 형태로 설명한 것이다.

이 본문은 출애굽기 4:22 이하에서 이 세 가지 규정에 나오는 주제들을 혼합하여 강력한 선언을 제시하며 시작한다.

> 너는 바로에게 이르기를, 여호와의 말씀에 이스라엘은 내 아들 내 장자라 … 내 아들을 보내 주어 나를 섬기게 하라 하여도 네가 보내 주기를 거절하니 내가 네 아들 네 장자를 죽이리라(출 4:22-23).

이렇게 '초태생'과 '노예 해방'과 '섬기기'(준수하기) 즉 야웨의 '노예'가 되기라는 주제들을 섞어서 출애굽의 D-판본의 주제가 나타난다.

종교적 제도와 관련해서 Dtrc의 출애굽기 이야기가 주목하는 주제는 유월절이 아니고 초태생을 바치는 일이다(참고, 제4장 4. 3) (4) ②).
(이런 제도들은 이야기 안에서 이집트인들의 장자가 죽는 결정적인 열째 재앙을

통해 연결되면서 이런 결론을 도출한다.)

야웨의 초태생인 이스라엘은 이집트인들의 초태생을 바치면서 야웨에게 생명과 자유, 그리고 재물을 빚지게 되었으며, 결과적으로 그들은 감사의 뜻으로 자기들의 초태생을 모두 야웨에게 드려야 할 의무를 지게 되었다.

그러므로 이집트인들의 초태생을 사람과 짐승을 가리지 않고 살해한 일은 이스라엘이 짐승들의 초태생을 바쳐서 그들의 첫아들을 무르는 규정(출 13:1-16)과 직접 연관된다.

D에서 제사가 중앙화되었기 때문에 짐승의 초태생은 더 이상 여덟째 날에 지방에서 드릴 수 없게 되었으며(이것이 출 22:29[MT. 28] 이하 계약의 책에 남아 있는 초기 규정이다), 매년 중앙성소를 방문하여(신 15:20) 이미 유월절로 해석된 무교절에(신 15:12-16:8) 드려야 한다.

그러므로 출애굽 기념식은 이중으로 치러진다. 매년 무교절/유월절 축제에서 한 번, 그리고 일 년 내내 어느 가족의 첫째 아들이 살아 있을 때 또 한 번 기념한다.

그러므로 출애굽기 13장에서 무교병은 매년 아빕월에 출애굽을 기념하며 먹게 되어 있는데(3-10절), 이 규정은 첫태생을 바치는 규정 안에 갇히면서(1-2, 11-16절) 초태생을 바치는 대신에 이스라엘이 구원을 얻는다는 영원한 기억 속에 종속되고 만다.

혹시 이와 같은 문맥에서 야웨가 모세의 목숨을 헤치려 했다는 출애굽기 4:24-26의 수수께끼 같은 본문을 이해해야 할지도 모른다. 이집트의 초태생을 값으로 치르고 구원받았으며 자기들의 초태생을 바치고 거룩하게 된 이스라엘을 이끄는 모세가 야웨에게 헌신한다는 의미로 자기의 첫째 아들의 할례를 받고 흘린 피로 구원을 받았다는 사실은 잘 어울리는 구석이 있다.

(2) 계약

D-판본에서 줄거리는 홍해를 건넌 후 그대로 호렙산으로 이어지며, 구원에서 계약으로 직접 이행한다. 출애굽기 20:2에서 십계명에 붙은 '서문'인 "나는 야웨, 네 하나님, 너를 이집트 땅에서 종 된 집에서 데려온 자다"라는 문장이 이러한 문제의 요점을 짧게 요약해서 보여 준다.

모든 것이 '야웨'라는 이름으로 스스로를 드러내는 하나님의 본성과 행위에 달려 있다. 이스라엘은 야웨와의 관계 안에서 자신이 누구인지 발견하는데, 자기가 스스로 선택한 결과가 아니라 오직 그분이 이 관계를 시작하셨기 때문이다. 그들이 존재하고 자유로운 백성이라는 지위를 누리게 된 것도 다 이 관계 안에서 가능해졌다.

이제 이 관계를 계약으로 공식화할 차례다. '계약'이라는 개념을 탐구한 것은 D/Dtr 학파 신학자들이 기여한 가장 핵심적인 부분이라고 할 수 있다. '계약'이란 의심할 여지 없이 양자가 계약조건을 걸고 합의하는 일상적인 사회적, 경제적 관습에서 빌어온 용어이다(참고, 제3장 5.). 그러나 이 개념이 (사람과 사람 사이의) '수평적' 차원에서 (야웨와 이스라엘 사이의) '수직적' 차원으로 변경되었을 때, 그 계약조건도 신학적 수정이 필요했다.

홀로 초월적이시고 독립적이셔서 인간이 이해할 수 없는 야웨가 어떻게 계약 당사자로 제한을 받을 수 있단 말인가?

이스라엘 사람들은 그들이 성취한 것과 가진 것을 모두 하나님께 받은 것인데, 인간인 그들이 어떻게 하나님을 위해 무엇인가를 할 수 있다는 말인가?

이스라엘이 순종하는 상태에서도 하나님을 위해 아무것도 할 수 없다면, 그들이 불순종할 때는 얼마나 더 무능하겠는가?

그 계약을 처음으로 체결하던 순간에 체결의식이 아무리 엄숙하고 당사자들이 헌신적이었다 하더라도, 이와 함께 일어났던 야웨의 신현 현상이 너무 두려웠고 완벽하게 그들을 계약으로 묶었다 하더라도, 이스라엘은 황금 송아지라는 상징적 죄를 지으며 타락하고 만다(출 32장).

Dtr 신학자들은 포로기라는 문맥 속에서 글을 쓰는데, 포로기 한가운데서 이스라엘의 보존이라는 신비에 관해 묵상하며 이것이 호렙산 이후부터 지었던 모든 죄에 대한 처벌이라고 이해했다. 이스라엘은 야웨의 첫째 아들이지만, 그 긴 역사를 통해 자신이 불순종하는 자식임을 증명했다. 법 규정에 따라 불량한 아들은 사형이라는 법을 받아야 한다(참고, 신 21:18-21).

그렇다면 이스라엘이 완전히 패망하지 않은 이유는 무엇인가?

그 대답은 오직 야웨 자신의 용서하는 자비와 오래 참으시는 은혜에 있다. 그러므로 Dtr 신학자들이 출애굽기 20:22-23:19 법전을 계약법전으로 재구성하고 이것을 '계약의 책'이라고 부른 것이다(참고, 제4장 4. 3) (2)).

처벌규정이 있는 법전이 이제 계약법전이 되었고, 계약법전을 어겼을 때 받는 벌은 이제 "은혜 베풀 자에게 은혜를 베풀고 긍휼히 여길 자에게 긍휼을 베푸는" 신적 계약 당사자의 독립적 의지에 달려 있었다(출 33:19). 관례적 용어 '칭의'(justification)는 Dtrc 신학에 가장 잘 맞는 용어로 자리를 잡게 된 것이다.

(3) 종말론

그러나 이스라엘이 일방적으로 파기한 계약의 조건들은 유효성을 잃지 않고 유지되었다. 그러므로 계약은 출애굽기 34장에서 십계명과 B라는 동일한 조건으로 그전처럼 갱신되었다(참고, 제4장 4. 3) (3) ③).

그러나 Dtr 신학자들은 결국 이스라엘이 신실하게 따를 조건들을 야웨가 직접 제시할 경우에만, 그 계약이 유지될 수 있으리라는 것을 잘 알고 있었다. 출애굽기라는 울타리 너머에서 D/Dtr 학파는 하나님이 이 계약의 조건들을 석판 위가 아니라 그 공동체 일원들 각각의 육체의 마음판에 새기셔서, 하나님의 명령들을 직접 알고 있는 하나님의 백성이 그 계약을 지킬 수 있게 될 날을 기대했던 것이다(참고, 신 30:1-10; 렘 31:31-34).

3. 제사장 판본의 신학

출애굽기의 P-판본은 특별히 1장과 6장에 나오는 가계도, 12-19장에 나오는 여정, 6-11장 이하에서 강조하는 아론의 역할, 그리고 12장의 유월절과 15장의 안식일 규정, 19, 24, 34장에 나오는 제사적 정결함과 계층구조, 25장부터 31:17; 35-40장에 나오는 성막, 그리고 기초가 되는 D-판본의 세목들을 수정한 본문들 속에서 그 자료를 확인할 수 있다.

이러한 출애굽기의 후대 편집층은 포로기 이후 시대에 오경 전체를 성경으로 선포한 최종 단계에 속하기 때문에, 오경을 위해 준비한 종합적인 연대기적, 계보학적 구조 안에서 최종 편집인들이 주장하는 전반적 주제 일부로 보아야 하며, 또한 광야 여정(참고, 민 33장)이라는 좁은 구조와 '시내산 계시'(출 19:1-민 10:10)라는 큰 중심 부분 안에서 관찰해야 한다.

이런 작업은 이 문맥에서 제한된 범위 안에서만 가능하다. 매우 일반적이고 부분적인 관점에서 말하자면, 오경의 P-판본은 승인을 받기 위해 이상화된 고대로 투사된 제도적 형태에 관심이 있는데, 하나님 아래서 계속되는 삶은 실제로 그 범위나 질에 있어서 제한적인 것으로 드러났던 '포로지에서 귀환'과 이스라엘이 최종적 희년에 도달하게 될 결정적 '귀환' 사이 '실현된 종말'(realized eschatology)의 시대를 사는 것이었다.

P-판본에서도 '야웨'라는 신명의 계시와 종살이로부터의 구원과 계약 관계가 D-판본만큼이나 중요했다(출 6:2-9). 그러나 출애굽기의 P-판본은 몇 가지 중요한 내용을 첨가하며 D-판본을 보강하고 있다.

1) 아론의 지위

P-저자는 당연히 아론을 제2성전의 아론계 제사장들의 '아버지'로 묘사한다. 그는 D-판본과 마찬가지로 아론이 모세에게 의존하고 있음을 잘 알고 있다.

사실 어느 신의 이름을 써서 시행해도 무관한 희생제사(황금 송아지 사건이나 이스라엘 땅의 원주민이었던 가나안인들을 참고)는 본질상 모호한 성격이 있으며 모세가 받은 계시에서 비롯된 야웨 신앙의 규범적 해석이 있어야 받아들일 수 있는 제도가 된다(출 34:29-35에서 모세가 야웨와 대면하고 난 뒤 그의 얼굴에서 빛이 났다는 P의 삽입 부분을 참고).

아론계 제사장들은 레위인 모세의 가르침에 따라 좀 더 일반적인 '레위인'이라는 틀 안에서만 제사 진행자로 일할 수 있다.

이러한 관계는 가계도 안에서 아론의 가족이 레위 지파의 한 분파에 불과하다는 묘사 안에 잘 드러나며(출 6:16-25), 이야기 형태로는 출애굽기 32:20b-29 본문에서 레위인들이 피비린내 나는 위임식을 통해 열성적 야웨주의자들임이 입증되었다. 레위인들의 역할은 제사적 영역을 넘어서고 있었고, 이스라엘이 법 규정을 지키도록 가르치고 감시하는 일도 담당하고 있었다(참고, 신 33:8-11).

P의 관점에서 야웨와 이스라엘 사이의 관계를 보조하기 위해 가장 중요한 것은 아론계 제사장들이 제단에서 희생제사를 제대로 드리는 일이었다.

속죄일 제사를 통해 성전과 사람들이 매년 거룩하게 정화되었고, 그다음으로 정해진 대로 희생제사, 번제, 화목제, 속죄제와 속건제를 매일, 매주, 매달 그리고 명절마다 드렸으며, 또 때에 따라 수없이 많은 서원제와 감사제들을 드려서, 야웨와 백성들 사이의 회복된 관계가 성사로 표현되고 잘 관리되고 또 갱신되어야 했다(참고, 레 16장; 민 28:29).

공동체 안에서 선한 질서를 유지하기 위해 똑같이 중요한 것은 제사장들이 '거룩한 것과 속된 것, 정결한 것과 부정한 것'을 구별하는 일이었다(레 10:10).

그러므로 출애굽기의 P-판본은 아론이 모세가 연설하거나 기적을 일으킬 때 그의 대리인이 되었고(예를 들어, 출 6:27-7:13) 또 하나님의 산 위에서 계층구조상 모세와 가까이 서 있었다고 강조했다. 아론계 제사장을 위임하는 적절한 제사와 그들이 입을 옷가지는 출애굽기 28:29; 30:30에 자세히 묘사되어 있다(참고, 39; 레 8:1-36).

2) 실현된 종말론

오경에서 광야 여행에 관한 D-판본은 역동적이고, 점차 발전하는 종말을 기대하고 있어서, 구원에서 계약으로, 상징적인 배반으로, 그러고 나서 갱신된 계약에서 반복되는 배반으로, 모압 평야에서 갱신한 계약으로, 그래서 이스라엘이 약속된 땅으로 들어갈 찰나에 서 있는 것으로 묘사한다. 그러나 P-판본은 신의 법령이 생활의 중심에 계시되었는데도 불구하고 사람들이 끊임없이 배반하는 상황이 반복되기 때문에 상대적으로 정적인 설명을 제공한다.

포로지에서 귀환한 시점과 마지막 희년 사이에서 기다리는 시대를 사는 동안, 야웨가 그의 백성들이 종말을 미리 내다보고 거룩한 상태를 유지할 수 있도록 법령과 제도들을 모두 계시해 주셨는데도 불구하고, 이스라엘은 끊임없이 야웨에게 반항하며 '불평하고' 있었다.

그러므로 P-저자는 출애굽기 19:1-민수기 10:10 본문에 나오는 시내산 본문에서 불평하는 사람들과 그때마다 대답해 주시는, 그리고 반복적으로 지치지 않고 은혜를 베푸시는 야웨의 이야기를 어느 정도 대칭이 되도록 양쪽으로 배치했던 것이다(참고, 제4장 4. 3) (4) ①).

그러므로 D-판본이 야웨가 고난을 무릅쓰고 은혜를 베푸셔서 배반하는 사람들이 계속 새롭게 회복되어 그들의 기업을 상속할 순간에 이른다는 '칭의'(justification)를 말하고 있다면, P-판본은 매우 오랜 시간동안 완성을 기다리며 중간 시대를 살고 있다고 해도 지금 거룩하게 생활할 수 있다는 '성화'(sanctification)를 논한다고 해도 잘못된 것은 아닐 것이다.

3) 제도의 초점

　제사장들의 직임과 걸맞게, 유월절을 가족 제사로 지키는 규정들과 성전에서 지키는 무교절 규정은, 신명기 16:1-8에서는 전례없이 섞여 있기는 하지만(참고, 왕하 23:21-23; 출 13:3-10), 출애굽기에서는 유의해서 서로 구분되어 있다(출 12:1-28; 43-50).
　성화라는 주제에 맞추어 P-저자는 출애굽기 19-24장의 시내산에서 계약을 체결하는 문맥에서 야웨와 만날 때 제사적 정결이 중요하다고 강조하며 하나님을 향해 가까이 오려는 자들을 계층구조에 따라 제한한다. 그러므로 모세는 직접 계시를 받는 자로 시내산 꼭대기에 서 있고, 아론과 그의 아들들과 장로 칠십 명은 산에서 계약 식사를 나누어 먹으며, 젊은이들과 다른 사람들은 산 밑 평원에서 계약 제사에 참여한다(출 24:1-2, 5, 6, 8, 9-11).
　마찬가지로 성막과 그 가구들과 도구들에 관한 자세한 세목들(출 25:1-27:21; 30:1-31:11) 그리고 출애굽기 35:1-38:31; 39:32-40:33에서 그러한 자세한 세목들을 철저하게 시행하던 기록들은 거룩함의 개념을 공간적 그리고 물질적 용어들을 통해 표현하고 있다.
　그러나 단순한 외형적 형태는 아무리 놀라운 정도로 자세히 묘사했다 하더라도 근본적인 문제가 아니다. 야웨가 거주하시기에 걸맞는 외부적, 물질적 환경을 그분의 명령에 따라 건설할 수 있다는 것이 본문 각처에 스며들어 있는 목적이다. 그러므로 출애굽기 40:34-38은 이 작업의 절정을 묘사하고 있다. 야웨가 직접 계시하시고 행동하셔서 모든 것이 준비되었을 때, 그분의 백성들이 지속적으로 예배하고 인도를 받을 수 있도록 그분의 임재가 허락되었다.

§ 더 읽어 볼 자료

구약성경 신학에 관한 책들은 영어로 많이 출간되어 있다. 예를 들어, L. Koehler (1957), E. Jacob (1958), T.C. Vriezen (1958), G.A.F. Knight (1959), W. Eichrodt (I, 1961; II, 1967), G. von Rad (I, 1962; II, 1965), J.L. McKenzie (1974), W. Zimmerli (1978), R.E. Clements (1978), C. Westermann (1982), W.H. Schmidt (1983), B.S. Childs (1985) 를 보라.

신명기 학파에 대한 일반적인 논의는 다음을 보라.

M. Weinfeld, *Deuteronomy and the Deuteronomic School*, Oxford: Clarendon, 1972.

포로기 시대에 이스라엘 문학이 형성될 때 신명기 운동이 미친 신학적 영향에 관해 다음을 참고하라.

J. Vermeylen, *Le Dieu de la promesse et le Dieu de l'alliance*, Lectio Divina 126, Paris: Editions du Cerf, 1986.

제사장 자료 신학에 대해서는 다음을 보라.

R.W. Klein, "The Message of P," in J. Jeremias, L. Perlitt, eds., *Die Botschaft und die Boten: Festschrift für Hans Walter Wolff*, Neukirchen: Neukirchener Verlag, 1981, 57ff.

M. Saebø, "Priestertheologie und Priesterschrift," in Congress *Volume*, Vienna, VTS 32, 1981, 357ff.

출애굽기 해석의 역사를 개관하고 해방신학에 미친 영향까지 지적한 글로는 다음 연구를 보라.

B. Van Iersel, A. Weiler, eds., *The Exodus - a Lasting Paradigm*, Concilium 198, Edinburgh: T. & T. Clark, 1987.

제2부

LEVITICUS

제1장　레위기 개론

제2장　희생제사 제도

제3장　정결함과 부정결함, 정함과 부정함

제4장　제사장들과 레위인들

제5장　"내가 거룩하니 너희도 거룩할지어다" 성결법

제6장　성스러운 시간: 의식용 달력

제7장　레위기의 지속적인 상관성

역자 서문

임 요 한 박사
세계선교신학원 구약학 교수

　레위기는 가장 오해받는 책이기도 하면서 동시에 신약을 이해하는 데 매우 중요한 역할을 하는 성경책들 가운데 하나다. 아마도 레위기는 오경 가운데 가르치거나 설교하는 본문으로 가장 잘 채택되지 않는 책들에 속할 것이다.

　그럼에도 "모든 성경은 하나님의 감동으로 된 것으로 교훈과 책망과 바르게 함과 의로 교육하기에 유익하니"(딤후 3:16)라는 말씀을 고려할 때 레위기가 비록 어려움이 있지만 극복해야 할 본문이라는 점은 틀림없다.

　더구나 시내산 언약에서 주어진 율법과 관련하여 직접적으로는 아니더라도 신약의 그리스도 및 교회라는 공동체를 이루며 살아가는 오늘날의 우리에게 관련된 신학적 의미를 던져 주기에 레위기에 대한 적절한 이해는 필수적이라고 할 수 있다.

　이 시리즈의 다른 책들과 마찬가지로 짧은 분량이지만, 이 레위기 시리즈 역시 레위기라는 책에 대한 이해를 돕는 데서 훌륭한 임무를 수행한다고 본다.

각 장은 서론이 포함되고, 레위기의 내용을 중심으로 다루는 장, 레위기를 이해하는 데 필요한 배경적 측면, 그리고 레위기에서 다루는 내용들이 우리에게 어떤 적절성 내지 상관성을 지니는지를 시도하는 장들을 포함한다. 그중에서도 희생제사 제도, 정함과 부정함, 제사장 및 레위인과 관련된 이슈, 거룩한 시간이라는 면에서 절기를 다루는 것들은 많은 정보를 제공한다.

비록 저자 그라베(Grabbe)는 비평학자로서 보수주의적 입장에서는 동의하지 못하는 부분들이 있겠지만, 비판적 관점에서 읽어 가면 레위기를 이해하는 데 매우 중요한 통찰력들과 정보를 얻을 수 있을 것이다.

약어표

AB	Anchor Bible
AnBib	Analecta biblica
BA	*Biblical Archaeologist*
BBB	Bonner biblische *Bib Biblica*
BJS	Braun Judaic Studies
BKAT	Biblischer Kommentar: Altes Testament
CBQ	*Catholic Biblical Quarterly*
EI	*Eretz Israel*
FRLANT	Forschungen zur Religion und Literatur des Alten und Neuen Testaments
HAT	Handbuch zum Alten Testament
HSM	Harvard Semitic Monographs
HUCA	*Hebrew Union College Annual*
IDBSup	*Interpreter's Dictionary of the Bible, Supplementary Volume*
JBL	*Journal of Biblical Literature*
JCS	*Journal of Cuneiform Studies*
JNES	*Journal of Near Eastern Studies*
JQR	*Jewish Quarterly Review*

JSJ	*Journal for the Study of Judaism*
JSOT	*Journal for the Study of the Old Testament*
LCL	Loeb Classical Library
NICOT	New International Commentary on the Old Testament
OTL	Old Testament Library
OTS	Oudtestamentische Studiën
RB	*Revue biblique*
SBL	Society of Biblical Literature
SC	Sources Chrétiennes
SJLA	Studies in Judaism in Late Antiquity
VT	*Vetus Testamentun*
VTSup	Supplements
WMANT	Wissenschaftliche Monographien zum Alten und Neuen Testament
ZAW	*Zeitschrift fr die alttestamentliche Wissenschaft*

LEVITICUS

§ 참고 문헌

레위기에 관한 주된 참고 문헌은 다음을 포함한다.

K. Elliger, *Leviticus* (HAT 4; Tübingen: Mohr (P. Siebeck], 1966). Extensive literary criticism of the text.

[1]J. Milgrom, *Leviticus 1-16* (AB 3; Garden City, NY: Doubleday, 1991). With over 1000 pages in volume I alone, this will no doubt become one of the major commentaries on the book.

[2]M. Noth, *Leviticus: A Commentary* (OTL; London: SCM Press, 1977). A classic commentary, very readable for students, with emphasis on the traditio-historical approach.

[3]J.R. Porter, *Leviticus* (Cambridge Bible Commentary on the New English Bible; Cambridge: Cambridge University Press, 1976). Aimed more at the non-specialist.

R. Rendtorff, *Leviticus* (BKAT III; Neukirchen-Vluyn: Neukirchener Verlag, 1985-). Only two fascicles are available, up to Leviticus 5.

[4]G.J. Wenham, *The Book of Leviticus* (NICOT; Grand Rapids: Eerdmans, 1979). A conservative Christian perspective.

---

1   HAT Handbuch zum Alten Testament
2   AB Anchor Bible
3   OTL Old Testament Library
4   BKAT Biblischer Kommentar: Altes Testament

⁵ 레위기에 대한 문학비평과 양식비평, 그리고 레위기의 발전에 대한 일반적인 물음들에 관해서는 다음을 참조하라. 이와 더불어, 위에 제시된 주된 참고 문헌도 참조하라.

A. Cholewinski, *Heiligkeitsgesetz und Deuteronomium* (AnBib 66, Rome: Pontifical Biblical Institute, 1976).

⁶R. Kilian, *Literarkritische und formgeschichtliche Untersuchung des Heiligkeitsgesetzes* (BBB 19; Bonn: Peter Hanstein, 1963).

⁷K. Koch, *Die Priesterschrift von Exodus 25 bis Leviticus 16: Eine überlieferungsgeschichtliche und literarische Untersuchung* (FRLANT 71; Göttingen: Vandenhoeck & Ruprecht, 1959).

⁸I. Knohl, 'The Priestly Torah Versus the Holiness School: Sabbath and the Festivals', *HUCA* 58 (1987), 65-117.

⁹M. Noth, *A History of Pentateuchal Traditions* (Englewood Cliffs, NJ: Prentice-Hall, 1972).

R. Rendtorff, *Die Gesetze in der Priesterschrift: Eine gattungsgeschichtliche Untersuchung* (Göttingen: Vandenhoeck & Ruprecht, 2nd edn, 1963).

H. Graf Reventlow, *Das Heiligkeitsgesetz formgeschichtlich untersucht* (WMANT; Neukirchen-Vluyn: Neukirchener Verlag, 1961).

---

5 NICOT New International Commentary on the Old Testament
6 AnBib Analecta biblica
7 BBB Bonner biblische Beiträge
8 FRLANT Forschungen zur Religion und Literatur des Altenund Neuen Testaments
9 *HUCA Hebrew Union College Annual*

제1장

레위기 개론

언뜻 보기에는 현대 신학 학생들에게 성경 가운데 어떤 책도 레위기보다 흥미를 끌지 못하는 책은 없다. 레위기는 희생제사에 대한 자세한 규정과 더불어, 많은 이에게 관련이 없어 보인다.

전통적 기독교 논쟁가는 이런 관습들을 '무의미한 의식'이라고 규정짓는 경향이 있었다. 채식주의자들과 동물의 권리를 주장하는 자들에게, 피의 제사라는 개념은 완전히 야만적으로 보일 수도 있다.

그렇다면 이 책은 오늘날의 그리스도인들과 유대인들에게 왜 흥미로워야 하는가?

하지만 이웃을 자신의 몸과 같이 사랑해야 한다는 예수님의 유명한 진술(막 12:31)은 실제로 레위기 19:18에서 인용한 것이다. 그리고 유대 주석가들과 기독교 주석가들은 수세기에 걸쳐 레위기가 종교적 상징과 신학적 성찰의 중요한 근거라고 보았다.

레위기는 '공허한 의식'에 결코 몰두하지 않으면서, 레위기에서 대략적으로 드러내는 희생제사의 구조에서 윤리적 제도를 전제한다. 레위기의 정보는 주후 70년 성전이 파괴되기 전까지 고대 이스라엘과 성전에서의 예배를 이해하는 데 중대하지만, 희생제사보다 훨씬 중요한 것이 레위기에 있다.

사람들이 종교와 종교의 의식을 논할 때 종종 종교는 윤리에 포함된다는 암묵적 전제가 있으나, 이는 잘못이다. 윤리는 종교의 한 측면일 뿐인 반면에 많은 무신론자가 지적했듯이, 종교 없이 윤리 제도가 있을 수 있다. 유대교와 기독교의 의식에서 신성의 특성, 기도, 적절한 예배, 하나님에 대한 사랑과 존중, 죄의 제거, 구속 등과 같이 윤리와 직접적 관련이 없는 것이 많다.

이것들은 주로 윤리적 질문이 아니라 신학적 질문들이다. 사람들이 공식화된 제사 없이 지낼 수 있다고 해도, 예배의 적절한 형태는 모든 종교에 속한 사람들이 관심을 가지는 문제들이다. 레위기는 시편과 선지서만큼이나 하나님을 예배하는 올바른 방법에 진지하게 관심을 가진다.

그러므로 레위기가 오늘날 왜 여전히 중요한지에 대해 많은 이유가 있다.

첫째, 레위기는 그리스도인들과 유대인들의 성경의 한 부분을 형성한다.

둘째, 희생제사는 고대 이스라엘에게서 여호와에 대한 예배의 중심에 있었으므로, 이스라엘 종교에 대해 적절하게 이해한다는 것은 이 사실을 인정하지 않고서는 불가능하다.

셋째, 최근 인류학 연구에서는 정결과 부정결, 공동체 제사, 희생제사, 그 밖의 제사 활동이 산업화 이전의 사회가 하는 기능을 이해하는 데 가치가 있다는 것을 발견했다.

넷째, 회개, 죄의 용서, 성별 사이의 관계, 사회적 정의와 같은 주제들을 포함해서 레위기에는 제사 이상의 주제들이 있다.

본문을 더 면밀히 보면, 사회와 역사와 종교와 신학에 대한 많은 흥미로운 점들과 통찰력이 드러날 것이다.

1. 레위기와 'P 자료'

'문서설'(documentary hypothesis) 혹은 '그라프-벨하우젠 가설'(Graf-Wellhausen hypothesis)이 지난 세기 동안 오경의 연구에 지배적이었다. 이 이론에 따르면, P 저자가 레위기를 작성할 때 많은 자료를 사용했을지라도, 레위기 대부분은 P 자료에 속한다. 예를 들면, 많은 이가 17-26장(보통 성결법전에 대해 H라고 언급된다)을 P가 물려받았으나 원래 개별 자료 묶음이라고 볼 것이다. P의 전통적 연대는 주전 6세기 중반인 포로기였다.

그러나 최근 이 의견에 대해 두 가지 도전이 있었다.

첫째, P가 포로기 이전으로 연대가 추정되지 않아야 하는지의 여부에 대해 문제가 제기되었다.

둘째, 전통적 자료들이 정말로 존재하는가 하는 문제였다.

근본주의자들이 끊임없이 교리적 이유에서 문서설을 거부했지만, 최근 도전이 이 동일한 범주에 속한다고 간주되어서는 안 된다. 논증의 일부는 오랫동안 주장되어 온 것이지만, 이제 옛 의견에 대해 반대하는 많은 이가 성경 본문을 '옹호'하려는 바람과 관계없는 비평적 이유 때문에 반대한다.

1) P의 연대

전통적인 학문적 의견의 일치는 주로 벨하우젠에게서 시작했는데, 그는 부분적으로 이스라엘 종교의 발전이라고 여겨지는 전제에 근거하여 P의 연대를 추정했다. 벨하우젠은 다른 범주도 인정하지만, 이스라엘 종교를 예배의 원래 자연스럽게 생긴 형태가 형식화된 것이라고 보았다. 벨하우젠 시대 이후로, 포로기이든 포로기 이후의 초기이든 6세기의 연대 추정은 꽤 오랫동안 비평가들 사이에서 유지되었다.

예외가 있다면 빙크(Vink)가 4세기로 추정하지만 학자들은 거의 그를 따르지 않았다. 저자/편집자가 다양한 P 전통에 의존하고 P 전통 가운데 일부는 상당히 오래된 전통이지만, 일반적으로 6세기가 저작의 최종 형태의 연대라고 동의한다.

이 의견의 일치에서 상당히 벗어난 의견을 Y. 카우프만(Kaufmann)이 제안했다. 카우프만은 P를 신명기적 층(D)보다 훨씬 이른 시기인 포로기 이전 시기로 연대를 추정했다. 한동안 그의 논제는 독보적이었지만, 새로운 학문적 경향이 그의 영향으로 발전했는데, 이는 여러 관점에서 이 일치한 의견에 대해 문제를 제기한다.

이 문제 제기는 주로 두 가지 이유에 근거한다.

첫째, 역사적·문학적 이유로 M. 하란(Haran)이 제안했는데, 그는 카우프만이 가정한 것과 비슷한 상황을 주장했다.

하란은 자신의 연구『고대 이스라엘의 성전들과 성전 봉사』(*Temples and Temple Service in Ancient Israel*)에서, 이스라엘이 약속의 땅에 들어가기 전 방랑한, 추정상 40년 동안의 광야 성막에 대한 전통을 조사했다. 하란은 이 전통들 가운데 많은 부분들이 실제로 군주제 시기와 관련되고 때로 군주제 초기나 훨씬 이전 시기와 관련된다는 사실을 보여 주려 했다.

그러므로 하란의 의견에 P는 제사장들의 고대 산물이지만, 제사장들이 주로 자신들을 위해 사용하려고 만들고 보존했으므로, 주전 620년 요시야 개혁 이후까지는 명백하게 입증되지는 않는다. 요시야의 개혁은 전통적으로 신명기와 오경의 'D'층과 연결된다. 그러나 P는 훨씬 오래되었고, 심지어 요시야보다 1세기 이전인 주전 700년 히스기야의 성공적이지 못했던 제사 개혁의 토대를 형성했다.

M. 와인펠드(Weinfeld)는 신명기의 관점에서 이 문제를 접근했는데, 먼저 자신의『신명기와 신명기적 학파』(*Deuteronomy and the Deuteronomic School*)에서, 더욱 최근에는 신명기 주석서에서 다뤘다. 와인펠드는 P와 D가 다른 사회적 배경과 사상들을 지닌 다른 두 집단이나 '학파들'에 속한다고 주장했다.

P는 제사장 집단에서 대두했으며, 신학적 초점을 두고 있으며 성소 중심적이다. 거룩함의 제도, 이 제도의 신성한 법령, 정결과 부정결의 체계 모두는 사사기 시대나 군주제 초기에 속하고, 초기 구약 문학에서 입증된다.

반면에 D는 서기관 집단에서 대두했고, 세속 법정의 실재를 더욱 면밀히 반영한다. D는 P와 직접적으로 연결되지는 않지만, 그럼에도 어떤 점에서는 P의 관점과 어법에 의존했다(예를 들어, 신 34장은 P 자료에서 개정되었다).

둘째, P를 이른 시기로 추정하는 데 사용된 또 다른 주장은 언어학적 주장이다. 이것은 카우프만과 하란의 주장과 결합하여 사용될 수 있지만, 독립적일 수 있다.

A. 허비츠(Hurvitz)는 여러 아티클과 논문에서, 언어학적 범주에 집중했다. 허비츠는 P에 사용된 어떤 어휘는 포로기 이후 즈음에는 폐기되었다고 주장했다. 또한, 에스겔의 언어(전통적으로 포로기의 연대로 추정되는)를 P의 언어와 비교하면, P 자료의 언어는 명백히 더 이전 것이다.

에스겔 및 포로기와 포로기 이후의 다른 문헌들은 후기 성경 히브리어로 알려진 언어에 속하는 후대층의 특징을 보인다. 더욱 중요한 사실은 P에 많은 고대 형태가 있다고 해도 허비츠의 견해에는 절대적으로 오래된 형태는 없다는 것이다.

모두가 허비츠의 주장에 확신을 가진 것은 아니다. 한 주장(예를 들어, 크로스[Cross]의 주장)에 의하면 P의 언어는 고문체였다. 다시 말해서 저자는 의식적으로 언어의 옛 형태를 모방하려고 시도했다는 것이다. 그러나 이런 경우 거의 항상 저자 시대를 반영하는 후대의 어떤 형태가 있다.

허비츠는 P와 에스겔의 언어를 비교하는 연구에서 이 문제를 다루려고 시도했다. 또 다른 문제는 P를 언어적 통일성을 지닌다고 여길 수 있는가의 문제다.

예를 들어, 렌토르프(Rendtorff)는 다른 근거에서 P 자료의 존재에 대해 의문을 제기했는데, 레위기의 언어가 특별한 제사장 용어로 되어 있어 한 구체적인 시기의 연대로 추정될 수 없다고 생각한다(우리는 현대의 법적 문서 언어와 비교할 수 있다).

폴진(Polzin)의 저작도 이 주제에 대한 주요 연구로 간주되는데, 폴진조차도 P가 후기 성경 히브리어의 언어학적 특징 일부를 지닌다고 생각한다. 언어학적 논쟁은 계속될 것이며, 어떤 방향으로 갈 것인지 말하는 것은 너무 이른 판단이다. 그러나 흥미롭게도 P의 언어가 후대의 것이라는 일치된 옛 의견은, 중대한 변론 없이는 더 이상 유지될 수 없다.

아마도 이 주제에 대한 가장 포괄적으로 주장된 논제는 제이콥 밀그롬(Jacob Milgrom) 자신의 최근 기념비적인 레위기 주석에서 다룬 논제일 것인데, 이 주석서에서 밀그롬은 많은 옛 개념에 대해 문제를 제기한다.

구체적으로 P에 대해서, 그는 P 자료라는 개념을 받아들이지만, P의 핵심은 군주제 확립 직전인 이스라엘 역사의 초기에 대두했다고 주장한다. P는 주로 실로에서의 성전 제사와 연계되어 성장했는데, 이는 다윗 왕권과 예루살렘의 성전 건립을 앞섰다.

여기서 밀그롬은 하란이 이미 제안한 논제를 발전시키고 있지만, 세부 내용에서 자신이 기여했다고 주장한다. 밀그롬은 레위기의 어떤 부분들은 후대에 편집된 것이며, 이는 제사 역사에서의 발전을 반영한다고 생각한다. 그럼에도 레위기에 묘사된 제사는 예루살렘에 성전이 건립되기 전 실로에서 대부분 수행된 것이었다.

밀그롬의 의견에서 이에 대한 증거는 여러 고려사항에서 온다. 먼저 언어학적 고려다. 밀그롬은 허비츠에게서 인용하지만 P의 어휘가 이른 시기의 것이라는 사실을 보여 주는 추가 사례들을 덧붙이는데, 여기에는 포로기 오래 전에 사용하지 않았던 용어들을 포함한다.

반면에 밀그롬은 핵심 용어들 가운데 어떤 것도 명백하게 포로기 이후의 것이 아니라고 주장한다. 그러므로 P는 고문체를 모방한 것이 아니라 실제로 오래되었다(일부 포로기 이후의 추가된 사항은 예외지만). 밀그롬은 D가 P와 H에 의존하고 그 반대가 아니라고 주장하는데, 물론 명백히 이는 P의 언어가 아니라 내용에서만 입증된다.

특히, 음식법은 D가 P에 의존한다는 증거를 제공한다고 밀그롬은 주장한다. 많은 사례 가운데 가장 놀랄 만한 사례 하나는 신명기 12:15, 21은 희생제사의 도살이 아닌 경우를 허용하는 반면에 레위기 17:3-7(H)은 가축 도살을 제사에 제한한다는 것이다. 이 경우 D가 P를 앞서는 것 같지는 않다.

밀그롬의 대표작은 상당한 학계의 주장을 뒤집었다. P는 늦은 시기가 아니라 이른 시기의 것이었다. P는 제2성전과 관련된 것이 아니라, 심지어 첫 성전보다 앞섰다. D는 신명기에 기초한 것이 아니라, P에서 상당히 빌려왔다. 마지막으로 P가 상정한 작은 성전 '체제'는 예후드의 페르시아 지방이 아니라, 이스라엘이 군주제가 되기 전 실로와 연계된 지파의 독립체였다. 이 논쟁은 수년 간 지속되었으며, 우리는 여기서 이 논쟁을 소개할 수 있을 뿐이다.

밀그롬은 몇 가지 진술로 간단히 처리할 수 없는 세부적인 본문상의 논증으로 자신의 논제를 뒷받침한다. 밀그롬의 논제가 반박된다면, 신중하게 세부 내용과 긴 논증에 주목함으로 가능할 것이다. 하지만 밀그롬은 일반적으로 P와 특히 레위기에 대한 학계의 형세를 바꿀 수도 있다.

2) P 문서가 있었는가?

P가 오경의 문서 자료로 존재했느냐에 대한 의구심은 P의 편집만큼이나 근본적인 문제다. 그라프-벨하우젠 가설에 따르면, P는 J와 E층과 비슷한 독립된 내러티브 문서였다. 벨하우젠 자신은 이 문서의 내러티브 성격을 강조했고, 레위기의 제사 자료 상당 부분은 원래 P 자료에 속하지 않았다고 생각했다.

노트(Noth)의 견해도 비슷하지만 그는 P가 민수기 마지막 전에 끝났고, 따라서 가나안 땅에서의 정착 버전을 가지고 있지 않다고 주장함으로써 이를 수정했다. 엘리거(Elliger)도 레위기의 제사 자료 상당 부분이 후대에 추가된 것으로 구성되었다고 생각했다. 노트의 주장에 따르면, P는 JE층이 편집되어 추가된 오경의 기반이었으며, 이는 오경의 최종 형태에 대해 P의 확실한 성격과 관점이라는 결과를 낳게 된다.

또 다른 견해는 코흐(Koch)가 제시한 것으로, 그는 제사 자료가 P의 원내러티브의 일부라고 간주했다. 그리고 다른 이들은 법 섹션과 내러티브 섹션을 구분하지 않았다(예를 들어, 허비츠와 밀그롬).

독립적 P 문서라는 개념에 대해 최근 두 가지로 문제가 제기된다.

하나는 문서설의 전체 토대에 대해 의문을 제기한다. 이 비평은 신학적인 전제 때문에 오경의 모세 저작권을 고집스럽게 주장하는 이들과는 공통점이 없다. 실제로 최근 문제를 제기하는 일부 학자들은 오경의 자료 상당 부분의 연대를 벨하우젠이 제안하는 것보다 더 늦은 시기로 추정할 것이다.

문서설에 대한 중요한 비평은 U. 카수토(Cassuto)가 제안했지만, 그의 제안은 거의 지지를 받지 못했다. 렌토르프는 주도적인 전승사 비평가로서, 현재의 토론을 처음 주창한 자들에 속했다. 렌토르프는 원래 JEP 각각의 자료 사이에서 분할되었다고 간주되었던 자료의 어떤 묶음들이 자체의 전승 역사와 통일성을 지닌다는 사실에 주목했다.

R. N. 와이브레이(Whybray)는 『오경의 형성』(*The Making of the Pentateuch*)에서 오경과 관련된 문학적 제안과 전승사적 제안들이 모두 부적절하다고 결론 내리기 전에 이 제안들을 조사한다. 와이브레이는 최근 많은 연구, 특히 J. 판 세터즈(Van Seters)의 연구의 통찰력에 의존하여, 오경과 상당히 비슷한 사례는 헤로도토스의 대략 동시대 『역사들』(*Histories*)이 될 것이라고 주장한다. 이 그리스 역사가는 많은 자료를 사용했는데, 일부는 기록된 자료이고 일부는 구전 자료다.

하지만 헤로도토스는 조각보처럼 자료들을 함께 묶은 것만은 아니다. 오히려 그는 자료들을 소화하고 자신의 특별한 양식으로 자기 저작의 일부로 삼았다. 불가능하지는 않지만 헤로도토스의 자료들을 구별하는 것은 어려울 것이며, 분명히 문서설이 제안한 방식은 아닐 것이다.

와이브레이와 그 밖의 다른 이들의 주장은 다시 그라프-벨하우젠 가설이 가정한 단정한 방식으로 자료들이 구별되도록 수정되고 변경되었다는 것이다. 그러므로 와이브레이는 많은 다른 자료가 있을 수 있지만 재구성될 수 있는 J와 E의 긴 내러티브라는 개념은 이제 포기되어야만 한다고 주장한다.

다른 하나는 P에 대한 오래된 일치된 의견에 대해 문제를 제기하는데, P를 문서 자료들 가운데 하나가 아니라, 특별한 성격을 지닌 편집층으로 본다는 것이다. 렌토르프는 전체 문서설에 대해 의문을 제기하면서, P는 개별 문서가 아니라 단순히 전통에서의 한 편집층이었다고 주장한다.

그러나 P에 대해 다른 견해를 취하는 모두가 전체 문서설에 대해 의문을 제기하는 것은 아니다. 예를 들어, 크로스(Cross)는 P가 개별 문서라기보다는 JE에 대한 편집과 보충이었다고 이미 주장했다. 이것은 P가 새로운 자료를 거의 포함하지 않는다는 것을 의미하지는 않는다. 렌토르프는 상당한 새로운 자료가 새로운 맥락과 통일성을 구축하는 편집의 이 단계에서 추가되었다고 믿는다.

이 책 전반에서 나는 P 문서의 일부로 보통 확인되는 자료를 인용할 때 P라고 부를 것이다. 그러나 각 경우 독자는 '그것이 존재한다면' 또는 '보통 확인되는 대로'라는 수식어구가 있다고 이해해야 한다. 나는 P가 존재하는지의 여부 또는 존재한다면 P가 무엇을 포함하는지의 문제를 회피할 의도는 없다.

2. 레위기의 발전

이전 섹션은 레위기를 처음으로 접하는 독자들에게 혼란스러워 보일 수도 있지만, 이 모두는 유익하다. 학생과 비전문가들은 학계의 주장이 이미 확정된 것은 아니라는 사실을 인식하는 게 중요하다. 한 특정 시대에서 일치된 의견이 존재한다고 해서 이 문제를 해결하는 것도 아니다. 심도 깊은 연구로 말미암아 옛 일치된 의견이 거부될 수도 있다.

누가 옳고 그른가를 말하는 것이 아니라, 논쟁을 소개하고, 학계의 현재 상태에 대해 지침을 제공하고, 무엇보다 독자들에게 스스로 본문을 파고들도록 도전하는 게 내 의도다.

그러나 확신 있게 말할 수 있는 것은, 레위기가 많은 추가 내용 및 편집과 더불어 오랜 기간 발전을 겪었다는 것이다. 학자들은 이 점에 대해 동의한다. 레위기 안에 있는 많은 자료가 제사장 집단에서 유래한다는 사실은 명백하다. 즉, 레위기는 문서설이 구상하는 대로 P 자료가 있든지 없든지 현재 있는 그대로 '제사장의' 문서다. 레위기는 복잡한 전승 역사를 지녔다는 데 의견이 일치한다.

이런 발전의 정확한 단계는 논란의 여지가 있다. 최근 많은 다양한 논문과 주석서가 어려운 층을 알아내려고 시도했다(다음을 보라, Rendtorff, Kilian, Koch, Milgrom). 다양한 제안을 상세하게 보는 것은 내 목적을 넘어서지만, 더 큰 이슈 몇 가지는 언급되어야 한다.

레위기 17-26장은 보통 소위 성결법전(H)으로서 나머지와는 구분된다. 모두가 이 묘사에 동의하는 것은 아니지만, 대부분은 17-26장 내에 통합된 다른 문서가 있지만 반드시 1-16장과 온전히 통합된다는 사실에 동의할 것이다. 즉, 1-16장과 17-26장은 발전 나름의 단계를 거친 모음집으로, 각각은 다른 것들과 구분되는 그 자체로 상대적 통일성을 지닌다. 어떤 이슈에 대해서는 관점의 일부 주요 차이점이 있으며, 두 부분 사이에는 긴장이 있다.

두 모음집의 비교상 연대를 결정하기는 어렵다. 과거에 H는 1-16장의 대부분의 자료보다 이전 것이라고 여겨졌다.

A. 콜르스키(Cholewski)는 이 일치된 의견과는 달리하면서, H는 실제로 1-16장보다 후대의 것이라고 결론 내렸다.

I. 놀(Knohl)은 민수기 28-29장에 토대를 두고 구성되었다는 레위기 23장에 근거하여 주장하면서, 비슷한 결론에 도달했다.

H가 밀그롬의 의견에 레위기 자체의 편집가들 가운데 하나였지만 (편집가들 P², P³, P⁴에 의해 그 밖의 내용들이 추가되었다), 밀그롬은 H의 대부분이 1-16장 대부분보다 후대의 것이라고 주장한다. 놀의 논제의 확장된 논의를 제외하고, 밀그롬이 제시한 거의 유일한 사례는 19:7-8(H)이며, 이는 밀그롬이 생각하기에 7:18(P)에 의존한다. 이것은 밀그롬의 앞으로의 출판물에서 확장될 것이다.

3. 새로운 접근과 방법

우리는 레위기가 오랜 기간에 걸쳐 발전했다는 일반적으로 일치된 의견을 지적하면서, '레위기의 어떤 수준이 해석되어야 하는가'라고 물을 수 있다. 최근 많은 해석가가 레위기의 발전 단계나 레위기의 연대가 어떻든지 간에 주요 연구대상으로서의 성경 본문의 최종 형태를 주장했다. 이는 '자세히 읽기', 구조주의, 해체주의, 수사비평을 포함해서 '문학적 접근'이라는 일반적인 제목 아래 새로운 많은 분야를 사용하기에 이르렀다.

거의 지금까지 레위기는 구체적으로 적용되지 않았다(하지만 예를 들어, Damrosch and Schwartz를 보라). 다른 관점에서 신학적 목적을 위해 '정경적' 형태에 관심을 가지는 자들도 주로 본문의 최종 형태에 관심을 가진다(특히 Childs를 보라).

이것은 본문의 최종 형태가 일부 전승 분야에서도 무시되었다는 것을 의미하지는 않는다. 수십 년 동안 많은 양식비평가가 발전이나 장르 등에 대한 질문을 던지기 전에 현재 있는 그대로 본문의 구조 분석을 했었다. 이 접근의 결과는 R. P. 크니림(Knierim)과 G. 터커(Tucker)가 편집한 『구약 문학 양식』(Forms of Old Testament Literature) 시리즈에서 볼 수 있다.

크니림의 주해에 관한 최근 책은 전통적인 양식비평과 신학적·사회학적 비평을 포함한 더 넓은 관심들과 결합시킨다. 어떤 주해가는 전통적 자료비평을 포기하지 않으면서도 그것을 자신들의 관심에서 격하시켰다. 예를 들어, 렌토르프는 전승의 이전 단계의 '재구성'을 거부하지 않지만, 이것은 주로 현재의 본문을 이해하기 위한 도움으로 사용되어야 한다고 생각한다.

이것은 자료비평 등과 같은 옛 방법들이 잊힐 수 있다는 것을 시사하지 않는다. 반대로 이 방법들은 종종 새로운 방법의 아래에 있다. 전승사 분석은 해석의 두 가지 더 깊은 적절한 단계를 위해 매우 중요하다.

해석의 두 번째 수준은 레위기를 P 문서의 일부분으로 보는 것이다 (아래를 보라).

그리고 해석의 셋째 목표는 양식비평과 편집비평이 결정한 대로 레위기의 발전에서의 다양한 수준이 될 것이다. 이것은 가장 가설적인 방법이며, 오늘날은 이런 이유에서 그리 선호되지 않는다(참고, Rendtorff). 그러나 대부분의 주석가들은 레위기의 내적인 발전에 일부 주목하고, 많은 이가 이것을 주요 관심으로 본다.

4. 구조와 내용

레위기의 구조와 내용은 R. P. 크니림(Knierim)이 『구약 문학 양식』 (*Forms of Old Testament Literature*)(Grand Rapids, MI: Eerdmans)에 기고한 글에서 다뤄질 것이다.

현재의 목적을 위해 구조와 내용은 아래와 같이 개관될 수 있다.

희생제사 제도	1-7장	
서론	1:1-2	
번제	1:3-17	
소제	2장	
화목제	3장	
속죄제	4-5장	
일반적 속죄제	4장	
확대된 속죄제	5:1-13	
속건제	5:14-26 (개역개정 5:14-6:7)	
제물의 규례들(*tôrôt*)	6-7장	
번제 규례	6:1-6 (6:8-13)	
소제 규례	6:7-11 (6:14-18)	
아론의 기름 부음에서의 제물	6:12-16 (6:19-23)	
속죄제 규례	6:17-23 (6:24-30)	
속건제 규례	7:1-10	
화목제 규례	7:11-18	
기타 지침들	7:19-38	

아론과 아들들의 제사장직 위임　　8-9장
　　　　제사장들의 성별　　　　8장
　　　　제사장들의 첫 의무　　　9장
　　　　나답과 아비후의 죽음　　10:1-11
　　　　제물을 먹는 문제　　　　10:12-20
정결과 부정결　　　　　11-15장
　　　　정결한 짐승과 부정결한 짐승 11장
　　　　출산　　　　　12장
　　　　피부병('나병')　　13-14장
　　　　생식기 유출병　　15장
성소와 백성을 위한 속죄(희생양 의식)　　16장
성결법전　　　　　　17-26장
　　　　음식 문제　　　17장
　　　　금지된 성관계　　18장
　　　　거룩함에 대한 기타 규례들　　19-20장
　　　　제사장들을 위한 규례들 21장
　　　　거룩한 것들과 희생제물에 대한 규례들　　22장
　　　　　　누가 거룩한 것을 먹을 수 있는가　　22:1-16
　　　　　　흠 없는 짐승들 22:17-25
　　　　　　기타 규례들　　22:26-30
　　　　　　결론적인 조언 22:31-33
　　　　절기들　　　　　23장
　　　　등잔불과 진설병　　24:1-9
　　　　신성모독 문제　　24:10-23

안식년과 희년 25장
축복과 저주 26장
부록: 맹세와 가축의 십일조 27장

5. 레위기와 실제 성전 제사의 관계

레위기(아마도 P의 나머지와 함께)는 성전에서의 의식을 묘사하는가, 아니면 단순히 신학적 문서이거나 프로그램이거나 심지어 공상적 이야기인가?

어느 정도 확신 있게 레위기는 광야 40년 동안 모세가 인도한 이스라엘 사람들이 지은 성막에서의 제사를 묘사하지 않는다고 말할 수도 있다. 전체 이야기는 성경 본문(출애굽기에서 신명기 마지막까지)이 묘사하는 대로, 이제 일반적으로 성경학자들에게서 비역사적인 것으로 거부된다. 한 세대 전에는 많은 이가 이 이야기나 최소한 이야기의 어떤 부분들에 더 신빙성을 부여했을 것이다.

새로운 고고학적 정보와 더 깊은 연구로 말미암아 대부분의 학자는 이스라엘에 이집트에서 도피한 후 광야에서 온 통일된 집단이 들어간 것은 아닐 것이라고 확신하게 되었다. 오히려 어떤 사람들이 이집트에 있었다고 해도, 그들은 숫자 면에서 적었을 것이다. 지역 외부에서 유입된 사람들이 있었다고 해도, 이스라엘을 구성하게 된 어떤 자들 대부분은 아마도 토착민들이었을 것이다.

병합되어 이스라엘을 낳게 된 자들은 항구적이든 이동이 가능하든 분명히 자신들의 성소를 가지고 있었지만, 출애굽기에서의 성막 건설에 대한 묘사는 현재 상태 그대로는 허구다. 그럼에도 우리는 그 배후에 놓였을 수 있는 일부 실재를 찾을 수 있다.

P에서의 묘사는 순수하게 가설적이거나 유토피아적일 수도 있다. 이상화된 제사에 대한 비전을 가진 제사장들은, 마치 그것이 실제로 모세의 지도 아래 발생했던 것인 것처럼 기록하고 제시했을 수 있다. 성막과 성막의 제사 설립에 대한 묘사에서 일정 정도의 이상화가 있다는 사실은 분명하다. 그러나 대부분의 학자들은 본문과 실제 성전이나 성소에서의 활동 사이에 어떤 관계가 있다는 것을 볼 것이다.

P를 포로기 이후의 연대로 추정하는 자들은 P 자료가 폭넓게 페르시아 초기에 건설된 제2성전에서의 상황을 반영한다고 간주한다. P가 포로기 시대의 연대로 추정된다면, 우리는 P가 새로운 제사의 구조에 영향을 미치려는 희망에서 예루살렘에서의 재개된 제사를 위한 프로그램(긴급히 기대되었던)을 제시할 것이라고 기대할 것이다.

한편 크로스는 다윗의 장막이 성막 전통의 토대였다는 논제를 발전시켰는데, 이 다윗의 장막은 성전이 지어지기 전에, 언약궤를 예루살렘으로 이전시키기 전과 후에 그 언약궤를 수용했었다.

하란과 밀그롬의 혁신적인 제안은 레위기의 핵심을 군주제 초기에 실로에서의 성전에 연결시킨다. 밀그롬은 작은 영토에 있고 한 제사장 가족이 관장했던 성소를 가리키는 세 가지 주장을 지적한다.

첫째, 유출병(자브[zav])이 있는 사람을 위한 정화 의식은 하루에 마칠 수 있는 여정을 필요로 했다.

둘째, 감사제는 원래 성소 마당에서 바치는 자들이 먹었다.

셋째, 제사장의 몫은 원래 주관했던 제사장에게 간 반면에 어떤 보충 진술은 이것을 전체 제사장들에게 간 것으로 변경한다.

밀그롬의 주장은 자료를 개정하려 했던 후대의 편집과 관련되며, 이 편집들 가운데 일부는 포로기 이후 시기가 된다. 그러므로 이전 기원이 가능하겠지만, 레위기의 현재 본문에 있는 제사와 규례들은 대부분의 경우 솔로몬에 속하는 첫 성전에서의 관습과 관련된다. 이 주장은 또한 P의 최종 형태가 포로기 이후의 연대로 추정된다고 보는 자들을 뒷받침한다.

대부분은 어느 정도 긴장과 모순이 있다고 해도 레위기가 상당히 실제 제사 관습을 대변한다는 사실을 받아들인다. 아마도 실제 관습에서의 변경과 발전 때문에 편집이 있었을 것이다. 하지만 또한 제사 과정의 상당 부분은 오랜 기간에 걸쳐 본질적으로 변하지 않고 남아 있던 것 같다.

레위기와 구약의 다른 본문 사이에서의 세부적인 많은 차이점은 제사의 전반적 형태에서의 중대한 차이점을 시사하지 않는다. 묘사의 상당 부분이 첫 성전으로 거슬러 올라간다 하더라도 성전이 재건되었을 때 동일한 의식이 유지되었으므로, 레위기를 주로 제2성전 시기의 제사 준수에 대한 묘사로 간주하는 자들이 아마도 옳을 것이다.

6. 이스라엘과 고대 근동에서의 율법

레위기의 어떤 섹션에 대해 적절하게 이해하려면, 고대 근동에서의 율법의 주제에 대해 어느 정도 아는 게 중요하다. 메소포타미아의 많은 법전이 지난 세기 동안 발견되었는데, 많은 법적 문서 이외에도 이 법전들은 실제 사건에 대해 내렸던 법적 결정을 묘사한다. 지금까지 알려졌고 부분적으로 알려졌던 가장 초기의 법전은 대략 주전 2100년의 수메르어로 된 우르-남무(Ur-Nammu)다.

다른 법전들로 리피트-이쉬타르(Lipit-Ishtar, 대략 주전 1875년), 에쉬눈나(Eshnunna, 대략 주전 1750년), 함무라비(Hammurabi, 대략 주전 1700년), 중 앗슈르(앗수르) 법전(12세기)과 히타이트 법전(대략 13세기)을 포함한다. 아마도 다른 행정 구조 때문에 거의 이집트에서는 나오지 않았던 것 같다.

바로는 법과 질서의 창시자로 간주되었고, 이로 말미암아 공식적 법전의 발전이 장려되지 않았다. 이 법전들 가운데 가장 광범위하게 발전 되었을 뿐만 아니라 유명한 법전은 함무라비 법전이다.

법전과 실제 법적 문서 사이의 관계는 구약의 율법과 이스라엘에서 율법을 실행하는 것과의 관계를 밝혀 줄 수 있는 흥미로운 관계다. 법전이 우리가 기대하는 대로, 정보와 지침을 위해 재판관들이 참고하는 법규와 비슷하지 않으므로, 이 관계는 결코 간단하지는 않다.

반대로 실제 법적 결정은 결코 법전을 판례나 권위 있는 법률로 언급하지 않는다(다른 의견에 대해 Westbrook을 보라). 재판관은 보통 법의 전통이나 다른 지침 또는 심지어 자신들의 상식에 의존할 수도 있지만, 어떤 경우는 법전들이 설형문자를 읽을 수 있는 자들을 위해 중심적인 공공장소에 세워졌다고 해도 그들의 결정은 법전에 대한 명백한 지식을 보여 주지는 않는다.

다른 한편, 법전은 실제 사법적 관행과 완전히 분리된 것은 아니었다. 일부 명백하게 비슷한 점이 있고, 일상을 토대로 수행되면서 법전과 법 사이에 심지어 수렴되는 점도 있다. 어떤 관계는 명백하게 두 영역 사이에 존재하지만, 법전의 어떤 설명도 설형문자의 법률 전문가들 사이에서도 의견의 일치에 다다르지 못했다.

그러나 몇 가지 제안은 명확히 하는 데 도움이 되는 것 같다. 일부 법전의 주요 수신인은 신들이다. 왕이 자신의 충성과 경건과 현명한 통치를 주장했던 비문(때로 공공건물이나 사원의 정초에 두는)을 두는 것은 흔한 일이었다. 이 문서들은 주로 신들의 눈을 위해 의도되었지만, 또한 공적 사본을 통해 배포되었을 것이다.

함무라비 법전은 긴 서언을 갖추고 있으며, 서언의 어법은 정초매장물(foundation deposit)로 알려진 왕의 비문과 비슷하다. 함무라비는 자신이 신들을 존중하고 약자를 보호하며, 다른 면에서는 자신의 통치에서 정의를 장려했다고 주장한다. 법 자체는 완전히 새로운 것이 아니라 아마도 개정된 편찬물이었으며, 왕의 주장에 대한 공식적 증거였을 것이다.

법전의 기원에 대한 또 다른 제안은 (필연적으로 이전 제안과 충돌하지는 않는) 법전이 서기관의 관례에서 대두했다는 것이다. 조직하고 체계화하며 분류하는 것은 서기관들이 즐기는 것이었다.

메소포타미아와 이집트에서 알려진 많은 문서가 지식을 체계화하는 목록, 일기장, 연대기와 다른 시도들(때로 Listenwissenschaft 즉 '목록 학문'으로 불리는)로 구성된다. 어떤 경우 실제 필요에 의해, 이런 자료들은 참고를 위해 정리된 목록에서 얻을 수 있어야 했지만, 다른 문헌들은 규칙에 대한 서기관들의 견해에서 대두했던 것 같다.

어떤 점에서는 서기관들이 법 집행에 대한 공식적 편찬을 하려고 결정해야 한다는 사실이 기대되었음이 틀림없다. 첫 법전은 아마도 즉각적인 적용이 없었던 서기관이 조합한 것이었을 것이다.

하지만 왕이 자신의 현명하고 자비로운 통치에 대한 증거를 내고자 결정했을 때, 서기관이 이전에 존재한 조합 자료를 명령에 맞게 수정하는 것은 단순한 문제였을 것인데, 이것을 왕 자신이 새롭게 주도하며 공표했을 수 있다.

요약하면, 법전은 법률이 아니라, 아마도 다른 이유에서 대두한 조합된 자료였다. 법전이 결코 완비한 것이 아니라는 사실은 법전이 법령책이 아니었다는 표시가 된다. 삶의 많은 영역이 생략되었고, 어떤 재판관도 이것들을 법적 입문서로 사용할 수 없었다. 하지만 법전은 주로 당시 사회에서 기능했던 대로 기본적인 법적 과정에 주로 토대를 두었다. 법전에 대해 어떤 유토피아적인 특성이 있지만, 법전은 단순히 이론 이상이다.

이스라엘의 상황이 비슷한 것 같다. 어떤 학자들은 이스라엘의 법전이 현대 국가에서의 법령책과 상당히 비슷하게 기능을 했다고 여겼다. 예를 들어, 십계명은 십계명을 어기게 되면 사형에 처할 범죄로 보면서 이스라엘 형사법의 토대였다고 A. 필립스(Phillips)는 제안한다.

하지만 이 견해는 우리에게 있는 문헌의 특성을 간과하는 것 같다. 즉, 구약의 어떤 섹션이 특성상 법적이라고 해도, 그 섹션들은 종교적 문서의 일부다. 구약 전통 자체 내에는 사회가 성경 본문에서 제시된 원리에 따라 운용되지 않았다는 징후가 있다. 이에 대한 주요 사례가 간음이다.

레위기 20:10에 따르면, 간음은 죽음으로 처벌받아야만 한다. 그러나 다른 곳에서 간음의 위험(잡힐 경우)은 공적 투석형이 아니라 남편이 간음자에게 어떤 불쾌한 것들을 행한 후에야 진정될 흥분한 남편의 분노라고 한다(잠 6:24-35). 우리는 간음이 율법이 묘사하는 대로 공적 재판과 처형을 당할 사건이었다는 어떤 징후도 알지 못한다.

B. 잭슨(Jackson)과 H. 맥키팅(McKeating)이 지적했듯이, 문학의 특성과 구약 다른 곳에 있는 진술을 포함해서 많은 요인이 고려되어야 한다. 고대 근동의 법전과 마찬가지로, 오경의 율법은 아마도 사회 내의 실제 관습과 어느 정도 연관될 것이다. 율법은 어떻게 사회가 실제로 운용했는지와 완전히 구분되지는 않았으며, 현대적 의미에서 법전이 아니었다.

결론을 내리면, 이스라엘에서 메소포타미아까지 고대 근동의 많은 지역에서 법과 관련하여 폭넓은 유사성이 발견된다. 각 백성은 자신의 방식으로 전통을 선택하고 수정하며, 개선하고 발전시켰지만, 중대하게 부분적으로 일치하는 점이 현존 문헌에서 쉽게 볼 수 있다.

이스라엘은 명백히 당시 세계의 공통적인 법적·윤리적 전통에 의존하여, 차이점들은 개념화에 대한 것이라기보다는 일반적으로 세부 내용과 강조점들에 대한 것이다.

그러나 고대 근동의 다른 곳에서 알려진 '법전'과는 한 가지 주요 차이점이 있다. 즉, 구약은 시민법과 종교법과 제사법과 의식법을 동일한 본문에서 혼합한다. 레위기의 많은 부분이 제사 자료이므로, 이것은 메소포타미아와 다른 곳의 법적 문서에서 일반적으로 비슷하다(의식 본문에서도 비슷하겠지만).

대부분의 법적 비교를 할 수 있는 곳은 레위기 19-20장이다.

§ 더 읽어 볼 자료

P의 연대에 대해, 다음 자료가 중요하다.

J. Blenkinsopp, 'The Structure of P', *CBQ* 38 (1976), 275-92.

[1]M. Haran, *Temples and Temple-Service in Ancient Israel* (Oxford: Clarendon Press, 1978).

A. Hurvitz, *A Linguistic Study of the Relationship between the Priestly Source and the Book of Ezekiel: A New Approach to an Old Problem* (Cahiers de la Revue Biblique 20; Paris: Gabalda, 1982).

____'Dating the Priestly Source in Light of the Historical Study of Biblical Hebrew: A Century after Wellhausen', *ZAW 100* Supplement (1988), 88-100.

[2]Y. Kaufmann, *The Religion of Israel from its Beginnings to the Babylonian Exile* (trans. and abridged by M. Greenberg; London: George Allen & Unwin, 1961).

R. Polzin, Late Biblical Hebrew: *Toward an Historical Typology of Biblical Hebrew Prose* (HSM 12; Missoula, MT: Scholars Press, 1976).

[3]J.G. Vink, 'The Date and Origin of the Priestly Code in the Old Testament', OTS 15 (1969), 1-144.

[4]M. Weinfeld, *Deuteronomy and the Deuteronomic School* (Oxford: Clarendon Press, 1972).

---

1   CBQ Catholic Biblical Quarterly
2   ZAW Zeitschrift für die alttestamentliche Wissenschaft
3   HSM Harvard Semitic Monographs
4   OTS Oudtestamentische Studien

___ *Deuteronomy 1-11* (AB; Garden City, NY: Doubleday, 1992).

[5]J. Wellhausen, *Prolegomena to the History of Israel* (Edinburgh: A. & C. Black, 1885).

Z. Zevit, 'Converging Lines of Evidence Bearing on the Date of P', *ZAW* 94 (1982), 481-511.

[6]개별 문서나 일반적 문서설로서 P의 존재에 대해 문제를 제기한 이들은 다음을 포함한다.

U. Cassuto, *The Documentary Hypothesis and the Composition of the Pentateuch* (Jerusalem: Magnes Press, 1961).

F. Cross, *Canaanite Myth and Hebrew Epic* (Cambridge, MA: Harvard University Press, 1973), 293-95, 301-25.

R. Rendtorff, *The Problem of the Process of Transmission in the Pentateuch* (JSOTSup 89; Sheffield: JSOT Press, 1990).

[7]R.N. Whybray, *The Making of the Pentateuch: A Methodological Study* (JSOTSup 53; Sheffield: JSOT Press, 1987).

[8]한 민족으로서의 이스라엘 발전과 기원에 대해, 특히 다음에서 학문적 요약을 보라.

G.W. Ramsey, *The Quest for the Historical Israel* (Atlanta: John Knox, 1981).

---

5 AB Anchor Bible
6 ZAW Zeitschrift für die alttestamentliche Wissenschaft
7 JSOT Journal for the Study of the Old Testament
8 JSOT Journal for the Study of the Old Testament

다음과 같이 최근 이스라엘의 역사들을 또한 보라.

J.M. Miller and J.H. Hayes, *A History of Ancient Israel and Judah* (London: SCM Press, 1986).

레위기(와 일반적인 P) 배후에 있을 수도 있는 제사나 성전에 대해, 다음을 보라.

F.M. Cross, 'The Priestly Tabernacle', *BA* 10 (1947), 45-68 (= *Biblical Archaeologist Reader*, I, 201-28).

[9]M. Haran, 'Shilo and Jerusalem: The Origin of the Priestly Tradition in the Pentateuch', *JBL* 81 (1962), 14-24.

[10]___ Temples and Temple-Service in Ancient Israel (Oxford: Clarendon Press, 1978).

새로운 방법과 접근에 대해 다음이 도움이 된다.

B.S. Childs, *Introduction to the Old Testament as Scripture* (Philadelphia: Fortress Press, 1979).

D. Damrosch, 'Leviticus', in *The Literary Guide to the Bible* (ed. R. Alter and F. Kermode; London: Collins, 1987), 66-77.

R.P. Knierim, *Text and Concept in Leviticus 1:1-9: A Case in Exegetical Method* (Forschungen zum Alten Testament 2; Tübingen: Mohr [Paul Siebeck], 1992).

B.J. Schwartz, 'The Prohibitions concerning the "Eating" of Blood in Leviticus 17', in *Priesthood and Cult in Ancient Israel* (ed. G.A. Anderson and S.M. Olyan; JSOTSup 125; Sheffield: JSOT Press, 1991), 34-66.

---

9 BA Biblical Archaeologist

10 JBL Journal of Biblical Literature.

[11] 고대 근동 법과 구약 율법에 대해 다음을 보라.

H.J. Boecker, *Law and the Administration of Justice in the Old Testament and Ancient East* (Minneapolis: Augsburg, 1980).

S. Greengus, 'Law in the OT', *IDBSup* (1976), 532-37.

[12] B.S. Jackson, *Essays in Jewish and Comparative Legal History* (SJLA 10; Leiden: Brill, 1975), esp. 25-63.

[13] H. McKeating, 'Sanctions against Adultery in Ancient Israelite Society, with Some Reflections on Methodology in the Study of Old Testament Ethics', *JSOT* 11 (1979), 57-72.

[14] S. Paul, *Studies in the Book of the Covenant in the Light of Cuneiform and Biblical Law* (VTSup 18; Leiden: Brill, 1970).

[15] D. Patrick, *Old Testament Law* (Atlanta: John Knox, 1985).

A. Phillips, *Ancient Israel's Criminal Law: A New Approach to the Decalogue* (Oxford: Blackwell, 1970).

R. Westbrook, 'Biblical and Cuneiform Law Codes', *RB* 92 (1985), 247-64.

---

11 *JSOT Journal for the Study of the Old Testament*
12 *IDBSup Interpreter's Dictionary of the Bible, Supplementary Volume*
13 SJLA Studies in Judaism in Late Antiquity
14 *JSOT Journal for the Study of the Old Testament*
15 *VTSup Vetus Testamentum, Supplements*

[16] 고대 근동의 많은 '법전'은 다음에서 번역된 것을 찾을 수 있다.

J.B. Pritchard (ed.). *Ancient Near Eastern Texts Relating to the Old Testament* (3rd edn with Supplement; Princeton: Princeton University Press, 1969).

정초매장물에 대해, 다음을 보라.

R.S. Ellis, *Foundation Deposits in Ancient Mesopotamia* (New Haven: Yale University Press, 1968).

제2장

희생제사 제도

희생제사의 유형과 방법에 대한 규례에 대해 할애한 주요 섹션은 레위기 1-7장이며, 물론 다른 본문도 희생제사 제도에 관심을 가진다. 아래에서 더 자세하게 다루겠지만, 때때로의 모순과 특히 중대한 정보의 생략과 모호함에서 명백하듯이, 통합된 체계가 없다.

주어진 자료와 군주제 동안 성전에서의 실제 제사 사이에 어떤 관계가 존재한다는 것은 의심의 여지가 없어 보이지만, 그 특성을 정확히 하기는 어렵다.

1. 레위기에서 희생제사의 주요 유형

레위기 1-5장은 희생제사의 유형에 대한 기본 규례를 제시한다. 많은 정보가 희생제물을 가져온 보통 이스라엘 사람들을 염두에 두고 제시된 것 같다. 레위기 6-7장은 더욱 직접적으로 제사장 자신들에게 관심을 가진다. 1-5장에서 주요 제물을 열거한 후에, 편찬자는 6-7장에서 이 제물들의 '율법'(토라[*tôrāh*])을 논한다.

모든 제물이나 구체적으로 어떤 제물에 관련된 일반 규례의 목록이 있다. 이 규례들은 더 구체적으로 제사장들에게 속하며, 내부에 통용되는 제사장적 전승의 일부일 수 있다. 그러므로 6-7장은 1-5장과 동일한 분야를 검토하는 것 같지만 실제 반복되는 양은 극도로 적다.

많은 제물은 이셰(*iššeh*)라고 하는데, 이는 종종 '화제'라고 번역된다. 이것은 에쉬(*'ēš*) 곧 '불'에서 이 단어의 추정상 기원에 의존하는데, 이는 나중 번역에도 반영된다. 이 번역은 두 가지 어려움을 야기한다. 어떤 제물은 심지어 태워지지 않는데도 이셰(*iššeh*)라고 간주되는 반면, 제단에서 태워진 어떤 제물(예를 들어, 속죄제)은 이셰라고 불리지 않는다.

밀그롬은 이 단어를 우가릿어 이트(*itt*) 곧 '예물' 및 아마도 아타투(*'atâtu*) 곧 '모든 종류의 소유물'과 연결시킨다. 밀그롬은 레헴 이셰(*leḥem 'iššeh*) 곧 '음식 예물'(레 3:11, 16)에서 온 축약된 용어인 '음식 예물'이라는 번역을 제안한다. 그의 의견에 이 단어는 후대 구약 모음집에는 없으므로 포로기 시대 즈음 사용되지 않았을 수 있다.

제물을 가리키는 주요 용어는 코르반(*qorbān*)이다. 이것은 다양한 유형들을 가리키는 총칭적 용어다. 어떻게 희생제사를 준비할 것인지에 대한 규례는 종종 정형화되어, 유사한 특징을 지니는 유형의 경우에는 비슷한 어법이 사용된다.

그러나 심지어 동일한 규례가 고려된 듯한 때도 어법의 작은 차이점들이 종종 발견된다는 사실을 주목하는 것은 흥미롭다.

짐승 희생제사를 위한 개요는 일반적으로 다음과 같다.

첫째, 희생제물을 바치는 자는 짐승의 머리에 손을 얹었다.

둘째, 이 짐승은 제단의 북쪽인 성막의 입구에서 죽였고, 조각을 냈다. 종종 이것은 제사장이 하기보다는 제물을 바치는 자가 했던 것으로 여겨진다. 그렇다면 이것은 레위인들이 행했던 에스겔 44:11 및 제사장들이 행했던 역대하 29:22-24과도 모순된다.

셋째, 피는 제단의 곁과(이나) 밑에 보통 뿌리거나 던지거나 부었다.

넷째, 소의 경우 태워지는 기관들은 기름, 콩팥이 있는 내장들, 간 꺼풀이 포함되었다. 기름진 꼬리가 추가되는 것을 제외하고 동일한 사항이 양과 염소에도 적용되었다.

다섯째, 번제를 제외하고, 짐승의 가슴은 전체 제사장들에게 주어진 반면에 오른쪽 뒷다리는 구체적으로 주관하는 제사장에게 주어졌다.

새의 경우 목은 비틀어졌지만, 몸은 쪼개지 않고 날개에서 찢어 열었다.

소제에 대해서는 방식이 다음과 같다.

첫째, 고운 가루를 사용해야 하며, 요리 전에 기름을 섞든지 나중에 추가되었다. 요리되는 어떤 것도 항상 누룩이 없어야 하고, 유향이 제물에 동반되었다.

둘째, 유향과 떡이나 가루의 기념물은 제단에 태웠다.

셋째, 제물의 나머지는 제사장에게 갔다.

1) 번제(올라[ʿōlāh])

레위기 1:2-17; 6:1-6.

이 번제는 때로 '전번제'(holocaust)라고 불리는 온전한 희생제사였는데, 제물의 어떤 것(가죽을 제외하고)도 제사를 주관하는 제사장이나 제물을 바치는 자에게 가지 않았기 때문이다. 전체 짐승은 히브리어 표현을 사용하자면(히크티르[hiqṭîr]) '연기로 변했다.' 제물은 양 떼이든 소 떼이든 수컷이어야 하며 새(집비둘기나 산비둘기)도 가능하다. 짐승은 자르지만, 모든 조각(기름, 콩팥 등만이 아니라)은 제단에 놓였다. 다리와 내장은 씻어서 제단에 놓였다.

번제는 1:4; 9:7; 14:20; 16:24(참고, 겔 45:15, 17)에서도 가리키듯이, 속죄의 기능을 지녔다. 하지만 번제는 탄원(삼상 13:12)과 하나님의 진노를 달래는 것(삼상 7:9; 삼하 24:21-25)을 포함해 최소한 일부 본문에 따르면 다양한 범위의 다른 목적으로도 사용되었던 것 같다.

또한, 번제는 축하를 위한 경우에도 사용되었을 수 있다(레 22:17-19; 민 15:3). 속죄제와 속건제는 성전이 건립되고서 나중에 추가되었고, 초기 본문 도처에 있으므로 번제와 화목제(아래를 보라)가 가장 이른 시기에는 유일한 희생제사였다는 사실이 제안되었다.

2) 소제(민하[minḥāh])

레위기 2:1-16; 6:7-11.

소제는 위에서 개관한 방식을 따랐다. 가공되지 않은 가루가 사용될 수 있거나(기름과 섞여) 가루는 화덕에 굽거나 철판에서 요리하거나 냄

비에 튀길 수 있다. 어떤 누룩도 제단에서 태워져서는 안 되므로 소제는 항상 누룩이 없었으며(2:11), 언약의 징표로 소금을 쳐야 했다(2:13).

다른 채소 제물도 바칠 수 있는데, 세부 내용이 제시되지는 않지만 보통 기름과 유향과 더불어 구운 곡식으로 구성되는 첫 이삭(레쉬트[rē'šît])이나 첫 열매(비쿠림[bikkûrîm])의 소제도 가능하다.

민하(minḥāh)라는 단어는 '예물'을 의미하며, 예를 들어, 어떤 본문(창 4:3-4과 삼하 2:17의 짐승을 가리킬 때)에서는 일반적 의미로 사용된다. 이 단어는 심지어 '공물'을 의미할 수 있다(삿 3:15; 삼하 8:2). 레위기와 일반적으로 제사장적 전승에서, 이 단어는 소제만을 가리킨다.

소제는 유일하게 피가 없는 희생제사였다.

소제는 두 가지 기능이 있다.

첫째, 소제는 종종 다른 제물, 특히 번제와 감사제에 동반되는 제물이었다.

둘째, 소제는 본질적으로 독립적 희생제사로 바쳐질 수 있다.

매일 드리는 제물(타미드[tāmîd])은 아침의 번제뿐만 아니라 소제도 포함했던 것 같다(아래를 보라). 최소한 한 희생제사(속건제)는 바치는 자의 경제적 상황에서 짐승이 허락되지 않는다면 소제로 구성될 수 있다. 제사장적 전승에서 소제의 유일한 기념물은 각 경우 제단에서 태워졌으며, 나머지는 제사장에게 주어졌다.

다른 본문들은 그러나 명백히 한 번에 제단에서 완전히 태워졌으므로 이것은 혁신이었다는 사실을 가리킨다(왕상 8:64; 왕하 16:13, 15). 심지어 레위기 6:10의 어법조차도 이전 의식에서의 변화를 시사한다.

3) 화목제(Sacrifice of Well-being, 셰라밈[šĕlāmîm])

레위기 3:1-16; 7:11-18; 7:28-34.

이 제물을 가리키는 히브리어 셰라밈(šĕlāmîm)의 정확한 의미는 명확하지 않으며, 단어의 추정상 어원에 따라, 다른 영어 번역도 발견된다. 이 단어는 오랫동안 샬롬(šālôm) 곧 '평화'와 연결되었으며, '화목제'(peace offering)라고 불렸는데, 이는 RSV에서 여전히 발견되는 번역이다. 최근 번역본들은 종종 샬렘(šālēm) 곧 '행복'에서 명칭을 도출하는데, 이는 NJPSV(New Jewish Publication Society)에서 사용된 번역이다.

또 다른 개념은 레바인(Levine)이 지적한 대로, '언약' 제물이다(아마도 아카드어 살리무[salīmu] 곧 '언약'과 연관되어). 그러나 이 제물 및 하나님과의 언약 사이의 어떤 연관성이 있다거나 언약이 정기적으로 희생제사와 더불어 기념되었다는 증거는 없다.

레바인 자신은 '인사의 예물'을 의미하는 아카드어 슐마누(šulmānu)에 근거하여 '예물'이라는 의미를 제안한다. '교제의 제물'(communion offering)이라는 번역도 이것이 희생제사의 원래 기능이었다는 로버트슨 스미스(Robertson Smith)의 이론에 근거하여 사용되었다(아래를 보라). 밀그롬이 지적하는 대로, 이 모두는 추측일 뿐이며, 정확하게 용어가 어떻게 번역되는가는 어느 정도는 임의적이다.

세 종류의 희생제사가 '화목' 제물에 포함될 수 있다.

첫째, 자원하는 제물(낙헌제, 네다바[nĕdāvāh]): 바치는 자가 어떤 특별한 동기가 없이 자발적으로 바치는 예물이다.

둘째, 서원의 제물(네데르[nēder]): 서원할 때마다, 서원은 제물로 완성되었다.

셋째, 감사 제물(토다[tôdāh]): 곤경당할 때 구원받은 것에 대한 감사의 표현으로 바친다. 이 제물을 이해하는 데 몇 가지 문제가 있다.

이 제물은 자원하는 예물과 동일한 것인가?

어떤 학자들은 그렇게 생각하는 반면에 다른 학자들(예를 들어, 밀그롬)은 두 제물이 구약에서 항상 명백하게 구분되며 분리되어야 한다고 생각한다. 한때 분리된 것으로 간주되었다고 암시하는 다른 화목제와 비교할 때, 토다 제물에 대해 어떤 변칙들이 있다. 비슷한 제물들과 구분되는 주요한 점은 이 제물은 소제가 동반되고, 바치는 그날에 먹어야만 한다는 점이다.

자원하는 제물과 서원의 제물은 동반되는 소제가 없고, 바치는 날이나 그 다음날 먹을 수 있다. 실제로 다른 본문에서 감사 제물은 소제와 더불어 독립적 제물인 것 같으며(레 22:21, 29; 렘 17:26; 대하 29:31-33; 33:16), 추정상 P 자료에서만 이 제물은 화목제의 하위 분류에 속한다.

화목제에 사용된 실제 용어는 제바흐 셰라밈(zevaḥ šĕlāmîm) 곧 '행복의 희생제사'다. 제바흐라는 용어는 종종 일반 용어 '희생제사'로 번역된다. 그러나 이것은 바치는 자가 먹었던 희생제사에 한정된 것 같으며, 전체가 태워지거나 제사장들만이 먹었으므로 번제나 속죄제에 적용되지 않을 것이다.

문제는 왜 이중 용어가 사용되는가 하는 것이다.

렌토르프는 원래 두 개별 제물이 합쳐졌다고 제안했다. 이중 용어는 제사 본문에서는 비슷한 사례가 없다. 또한, 제바흐 셰라밈은 레위기와 민수기에만 국한된다. 제바흐는 종종 홀로 다른 곳에서 나오지만, 셰라밈은 결코 홀로 나오지 않고 종종 번제의 맥락에 사용된다. 반면에 밀그롬은 제바흐 셰라밈은 셰라밈의 동의어일 뿐이라고 주장한다.

4) 속죄제(하타트[ḥaṭṭā't])

레위기 4:1-35; 6:17-23.

하타트(ḥaṭṭā't)라는 용어가 전통적으로 '속죄제'(sin offering)라고 번역되는 이유는 이 단어 역시 '죄'를 의미하기 때문이다. 이 번역에서의 어려움은 희생제사가 어떤 죄도 연루되지 않은 경우에 요구된다는 것이다(예를 들어, 레 12:6). 그러므로 밀그롬은 '정화제'(purificatory offering)라는 번역을 주장한다. 밀그롬의 요점은 근거가 확실하다.

그러나 이것은 부담이 되는 명칭이며, '속죄제'에 더 익숙한 자들에게는 즉각적으로 명백하지 않을 수 있는 명칭이다. 이런 이유에서 '속죄제'는 이런 의구심이 드는 가운데도 여기서 여전히 사용된다.

속죄제는 죄를 부지불식간에 범했을 때 바쳐야 한다. 규정은 속죄제를 바치는 사람의 지위에 따라 다르며, 방식은 이미 묘사한 것과 세부 내용에서 다르다. 기름 부음을 받은 제사장(명백히 대제사장)이 개인적 죄에 대해 속죄한다면, 수송아지를 바쳐야 한다. 피는 지성소를 덮는 휘장 앞에서 회막 안에 뿌리고, 피 일부는 향단 뿔들에 바른다.

통상적 부분들은 제단 위에서 태우지만, 짐승의 나머지는 진영 바깥에 가져가 제단의 재를 버리는 곳에서 태운다. 공동체 전체가 죄를 지었다면 의식은 장로들이 바치는 자의 역할을 한다는 사실을 제외하고 동일하다.

족장(나시[*nāśî*])이 죄를 지었다면 숫염소를 바치고 피는 번제단의 뿔에 바른다. 이 경우 통상적 부분들은 태우는 반면에 나머지는 제사장에게 먹을 수 있도록 주어진다. 보통 사람(암 하아레츠[*am hā'āreṣ*])이 죄를 지었다면, 암염소나 양을 바친다. 다른 세부 내용은 족장의 경우와 동일하다.

두 종류의 속죄제가 여기서 묘사되는 게 명백하다. 하나는 제사장들의 죄 때문에 바치고 완전히 태우고, 다른 하나는 보통 이스라엘 사람들을 위해 바치고, 통상적인 부분들은 제단에 태운 후 제사장들이 먹었다.

5) 속건제(아샴[*'āšām*])

레위기 5:1-26; 7:1-10.

아샴(*'āšām*)의 정확한 의미는 명확하지 않다. 동사는 '위법을 행하다'와 '(위법을 행하여) 죄책감을 느끼다'를 의미한다. 그러므로 번역은 전통적 '속건제'(guilt offering)가 된다.

밀그롬은 이 번역이 제사적 용법만을 가리킬 때 이 용어는 다음과 같이 네 가지 의미를 지닌다고 주장하면서, 이 번역을 반대한다.

첫째, 배상
둘째, 배상 제물
셋째, 누군가에 책임 지우기
넷째, 죄책감

밀그롬은 이 마지막 사례를 특히 강조했다. 많은 번역본에서 발견되는 대로, '죄책을 깨닫다' 또는 '죄책을 의식하게 되다'라는 번역은 밀그롬이 생각하기에는 잘못되었다. 오히려 희생제사에 대한 실마리는 그 사람이 양심에 가책을 받게 되고, 위범을 행했다고 두려워하게 되었다는 사실에 있다. 제물 자체에 대해서는 밀그롬은 '배상제'('reparation offering)라는 번역을 사용한다.

이것을 바치게 되는 위반 행위는 명백한 패턴을 형성하지 못하는데, 이는 위반 행위에는 증인으로 행하지 못하는 것, 성급한 맹세를 하는 것, 의식하지 못하고서 부정한 짐승의 사체나 다른 부정한 것을 만지는 것을 포함하기 때문이다.

이 사람은 먼저 죄를 고백하고 암염소나 양을 제물로 가져와야만 하는데, 이는 속죄제와 같이 다뤄졌던 것 같다. 죄인이 양이나 염소를 감당할 여유가 없다면, 두 마리의 집비둘기나 산비둘기를 가져올 수 있다.

한 마리는 번제를 위한 것이고 또 한 마리는 속죄제를 위한 것이다. 속죄제를 위한 가금류에 대해 규례가 없으므로, 세부 내용이 여기서 제시된다. 목은 비틀지만 머리는 몸에서 분리하지 않고, 피 부분은 제단의 곁에 뿌리고 나머지는 제단 밑에 쏟는다.

그 다음 일은 진술하지 않는다. 기름과 기타 부분은 제단에 태운 후에 속건제의 살은 보통 제사장에게 주어지지만 새들에 대한 정확한 규례는 없다. 다른 새는 번제물로 취급된다. 바치는 사람이 새를 바칠 만큼 재력이 되지 않았다면, 고운 가루 한 에바의 십 분의 일(기름이나 유향 없이)을 바쳤다. 통상적으로 소제에서와 마찬가지로, 기념물은 태우고 나머지는 제사장에게 갔다.

또 다른 종류의 범죄는 하나님의 '성물'(코드셰 야웨[qodše yhwh])을 부지중에 범하는 것과 관련된다. 범죄의 유형은 묘사되지 않지만 나중의 의식은 범한 사람이 자신의 목적을 위해 하나님에게 속한 것을 사용했다는 것을 암시한다. 왜냐하면, 20퍼센트(오 분의 일)를 추가해 보상해야 했기 때문이다(레 5:16).

금전적으로 동등한 것도 허용되지만, 숫양을 가져왔다(레 5:15; 참고, 레 5:25[개역개정 6:6]). 아마도 숫양은 제단에 바쳤을 것이다(참고, 레 5:16; 5:6). 이 규례에는 처음에 범한 사람이 인식하지 못한 여호와의 계명 중에 어떤 것도 범한 데 대해 숫양을 가져와야 한다는 일반적 진술이 따른다(5:17-19).

개념은 이웃을 속이는 행위, 강도 또는 잃은 물건을 돌려주지 않는 행위를 포함할 정도로 더 확장된다(5:20-26[개역개정 6:1-7]). 다시 20퍼센트를 추가하여 보상해야만 하며, 숫양(또는 동등한 가치)을 속건제로 바친다.

속건제는 항상 악명 높은 문제였는데, 이는 주로 속건제와 속죄제의 정확한 구분이 명확하지 않기 때문이다. 초기 유대 주석가들은 이것을 해석하는 데 어려움을 겪었다(참고, Philo, Spec. Leg. 1.226-38; Josephus, Ant. 3.9.3 §230-32).

이 문제는 현대 주석가들도 괴롭혔는데, 다양한 문제가 제안되었다. 예를 들어, 켈러만(Kellermann)은 속건제가 모든 중대한 과실의 경우에 대한 속죄의 희생제사로서, 속죄제와 번제 사이의 희생제사의 한 형태를 제공하며 속죄제에서 발전했다고 제안했다.

그러나 레위기 5:15에서 속건제는 아마도 속죄제와 동등한 것 같다. 레바인은 속건제가 원래 제단의 희생제사가 아니라 어떤 위반에 대한 보상으로 은이나 가치 있는 물건의 형태로 신에게 바쳐진 제사적 제물이었다고 믿는다.

필수적 전제조건은 죄를 무심코 저질렀어야 한다는 것이다. 거짓 맹세는 무심코 할 수 있는 게 아니므로, 레위기 5:20-26(개역개정 6:1-7)은 이것과 모순되어 보일 수도 있는데, 레바인은 이것을 구별된 범죄의 범주로 설명한다.

밀그롬은 속건제가 피의 희생제사여야만 한다는 견해를 취하면서 레바인에게 반대한다. 은을 언급하는 것은 희생제사로 바칠 짐승을 사는 것을 가리킨다. 이미 지적한 대로, 밀그롬은 해결책을 이름의 의미에서 찾을 수 있다고 믿는데, 그는 이것이 동사의 목적어가 없을 때는 '죄책을 느끼다'를 의미한다고 여긴다. 속건 희생제사를 요구하는 모든 범죄에 공통 개념은, 범죄가 성물을 위반한 것이든 하나님의 이름을 침해한 것이든, 모두 하나님에 대한 신성모독 사건들이라는 것이다.

6) 매일 드리는 제물(타미드[tāmîd])

한 제물은 구체적으로 제사장들을 위한 것이다. 이것은 레위기 6:12-16에서 묘사된 매일 드리는 소제로, 아론과 그의 아들들을 위해 바쳤다. 이 제물은 고운 가루 한 에바의 십분의 일(약 2리터)로 구성되며, 기름과 섞고 철판에 구웠다. 반은 아침에 바치고 반은 저녁에 바쳤다. 이것은 제사장들이 먹는 부분 없이 제단에 완전히 태워졌다.

매일 드리는 제물은 성전이 기능을 하고 있으며, 하나님께 사람들이 접근할 수 있다는 징표이기 때문에 고대에 매우 중요했다. 매일 드리는 희생제사가 멈출 때, 이것은 성전이 느부갓네살이나 로마인들에 의해 파괴되었을 때나 마카비 시대에 강제로 희생제사가 멈췄을 때처럼 비참한 결말의 시대를 가리켰다.

아마도 놀랍게도 매일 바치는 제물을 구성하는 것은 명백하지 않다. 레위기는 아침과 저녁에 바치는 대제사장의 소제만을 언급한다.

다른 제사장적 본문은 아침에 하나와 저녁에 하나를 바치는 두 마리 어린양의 매일 드리는 번제를 언급한다(출 29:38-42; 민 28:3-8).

이것은 소제와 구별되었는가, 아니면 소제는 동반되는 제물로만 간주되었는가?(출애굽기와 민수기의 소제는 한 에바의 10분의 2이지만 레위기 6:13에서는 10분의 1일 뿐이라는 사실을 주목하라.)

소제가 동반되는 것이라면 이것은 왜 레위기에서는 언급되지 않고 왜 요구되는 전제도 무시되는가?

다른 본문들도 다르다.

마카비 시대에 하루에 두 번 타미드(*tāmîd*)를 바치는 관습은 다니엘 8:11-14에서 입증된 반면에 9:21은 저녁의 소제를 언급한다. 열왕기하 16:15은 아침 번제와 저녁 소제를 언급한다(참고, 또한, 삼상 18:29, 36). 에스겔 46:13-15은 가루 한 에바의 6분의 1(10분의 1이 아니라)이 동반되는, 한 마리의 어린양(두 마리가 아니라)의 매일 드리는 희생제사를 묘사할 때, 출애굽기, 레위기, 민수기와 다르다.

이것은 다른 어떤 현존하는 문헌도 없이 성경 본문만으로 실제 의식을 확인하는 데 어려움이 있다는 것을 보여 준다.

7) 제사장의 몫

레위기 6-7장의 특별한 관심 가운데 하나는 제사장에게 가는 희생제사의 몫에 관한 것이다. 어떤 제물(번제와 같은)은 완전히 태워지지만, 대부분은 짐승의 일부분만이 제단에 오르고 나머지는 바치는 자와 제사를 주관하는 제사장 사이에 나뉘거나 모두 제사장에게 간다. 일반적인 제사장의 몫에 대해서는 4장을 보라.

2. 이스라엘의 희생제사 제도 해석하기

완벽한 희생제사 제도는 레위기에서 설명되지 않는다. 이것은 다른 참고사항들에서 명백하고, 구약 내에서와 다른 제사 제도와의 비교에서 암시된다. 예를 들어, 전제가 피의 희생제사 일부에게 필수적으로 동반되는 것으로 여러 번 언급되지만 엄밀한 의미에서 전제를 다루지 않는다. 제도상으로 소제의 정확한 기능은 문제가 있다. 소금은 구체적으로 소제와 언급될 뿐이지만 명백히 모든 제물과 더불어 사용되는 데 필요했다(레 2:13).

일반적으로 정보가 완벽하지 않다는 사실은 다양한 본문 사이의 명백한 모순에서도 암시된다. 요약하면, 이것은 초보자가 암기해야 하며, 실행하는 제사장들이 참고해야 할 제사장의 입문서가 아니다.

그럼에도 완벽한 희생제사 제도가 이 본문에 근거해 온전히 이해될 수 없지만, 몇 가지 중요한 이슈는 다룰 필요가 있다.

1) 희생제사의 순서

　레위기와 다른 곳 몇 지점에서는 한 제물 이상을 가져오라는 명령이 있다. 그러나 레위기 8-9장의 희생제사들은 민수기 7장과 28-29장과는 다른 순서로 열거된다. 또한, 나실인은 번제, 속죄제, 화목제, 소제, 전제의 순서로 희생제사를 가져오지만, 실제 희생제사의 순서는 다른데, 번제와 속죄제가 순서를 바꾼다.

　레이니(Rainey)는 레바인을 계속 따르면서, 한 본문은 과정을 묘사하는 반면에 순서는 서기관의 묘사라고 주장했다. 레이니의 의견에 속죄제(또는 속건제)가 먼저 오는데, 죄는 다른 어떤 것보다 우선 다뤄져야만 하기 때문이다. 다음으로 밀접하게 연관된 번제가 오고, 그 다음으로 동반되는 소제와 전제가 온다.

　레바인은 번제가 먼저 오는 이유는 번제가 하나님을 부르는 역할을 하기 때문이며, 그 다음으로 속죄제가 유효할 것이라고 주장하면서, 다른 입장을 취한다. 밀그롬은 성소에서 어떤 더러움도 정화하기 위해 속죄제가 순서상으로 먼저 와야만 하며, 번제는 하나님께 바치는 일종의 예물이라는 근거로 레이니에게 동의한다.

　이 논의들의 문제는 그들이 너무 자주 추정되는 논리에 근거하여 본문을 해석한다는 점이다. 그러나 우리에게 논리적으로 보이는 것은 제사가 실제 운용될 때 반드시 상황이 어떻게 인식되는가가 아니다.

　속죄제가 먼저 와야만 한다는 사실은 현대 서구인들에게 논리적으로 보일 수 있다.

　고대 이스라엘 제사장들도 동일한 방식으로 생각했는가?

아니면 문제는 전통에 있어서, 전통은 오직 부분적으로 실제 제사 관습과 상응했고, 어쨌든 불완전한가?

2) 죄의 용서

물론 모든 제물이 죄를 위한 것은 아니지만, 의식의 부정결, 출생, 감사, 서원과 같은 문제들은 죄와 연결되지는 않지만 제도의 중요한 부분이다. 그러나 죄가 어떤 희생제사(예를 들어, 속죄제)에는 중심이 된다는 것은 사실이며, 몇몇 본문은 제물을 바치는 자들이 자신들의 죄를 용서받아야 할 것이라고 진술한다(레 4:20, 26, 31, 35; 5:10, 13, 16, 18).

죄 용서가 어떻게 작용하는가, 제물이 무엇을 정화하는가라는 문제는 남아 있다.

예상되는 대답은 '죄를 범한 사람'이다.

하지만 피는 왜 제단에 뿌려지며 사람에게는 뿌려지지 않는가?

밀그롬은 피가 제사적 위반을 범한 자를 정화하거나(씻는 것과 해가 내려가는 것이 정화하기 때문에) 죄를 지은 자를 정화하는(이런 것은 요구되지 않으므로) 데 기여하지 않았다고 주장한다. 대신에 밀그롬은 죄와 부정은 "성스러움의 영역에 대해 끄는 매력을 소유한 공기의 기운"이라고 주장한다. 다시 말해서 죄는 성소에 영향을 미치므로, 성소는 속죄제로 정화되어야만 한다.

세 종류의 부정이 있다.

첫째, 성전 뜰을 부정하게 한 보통 이스라엘 사람의 육체적 부정결이나 부주의한 경범죄다.

둘째, 성막 자체를 부정하게 한 제사장이나 공동체 전체에 대한 동일한 것이 있다.

셋째, 심지어 지성소를 부정하게 한 방탕한 회개하지 않은 죄가 있다.

죄가 제단과 성소에 영향을 미쳤고, 속죄되어야만 한다는 것은 의문의 여지가 없다(출 30:10; 레 16:16-19; 겔 43:19-26). 그리 명확하지 않은 것은 제물이 바치는 자의 죄의 용서와 관계가 없다는 것이다. 이런 개념은 맥락 및 상식과 맞지 않는 것 같다. 바치는 자가 희생제사 후에 용서받았다면, 분명히 희생제사는 어떤 면에서 관련됨이 틀림없다.

문제는 개념화일 수 있다.

밀그롬의 주장을 사용하면, 피는 죄를 깨끗이 하기 위해 바치는 자에게 뿌려져야만 할 것인가?

제사적 논리는 반드시 사람이 기대하는 대로 작용하는 것은 아니다. 희생물이 어쨌든 바치는 자와 동일시된다면 일종의 대체자로서의 행하는 것과 짐승의 피를 흘리고 그 생명을 잃는 것은 죄를 제거하는 의식의 본질적인 측면일 수 있다.

누에르족(the Nuer)이 자신들의 희생제사 가운데 하나에 대해 말하듯이(Evans-Pritchard), 이것은 "그들이(이 경우 이스라엘 사람들) 하고 있는 것은 자신들의 마음에 있는 모든 악을 짐승의 등에 두어, 그것이 다음으로 피와 함께 땅에 흘러 들어가도록 하는 것"일 수 있다.

여기서 우리는 키페르(*kipper*)라는 중요한 용어의 문제로 넘어가게 된다.

3) 키페르(kipper)의 의미

키페르(kipper)라는 단어는 죄의 제거나 의식의 부정결을 묘사하는 많은 맥락에서 사용된다. 종종 '속죄하다' 또는 '덮다'로 번역되지만, 이 단어의 정확한 의미는 논란의 여지가 많다.

레바인은 이 단어가 부정결을 '덮다'가 아니라 '제거하다, 닦아 내다'를 의미한다고 주장했다. 명사에서 유래한 이 동사는 '몸값, 속죄 예물로 기여하다'를 의미한다. 제사에서 이 단어는 주로 기능적 용어로 '깨끗이 하다'보다는 '속죄 의식을 수행하다'를 의미한다. 밀그롬은 이 단어에서 '정화하다'라는 기본 의미에서의 발전을 본다.

이 단어는 또한 '문지르다, 닦아 내다'라는 개념을 전달하여, '덮다'(즉, '…을 닦다')와 '닦아 내다'라는 의미는 모순되기보다는 보충한다. 제사 본문에서 피는 일종의 제사적 세척제 역할을 하면서 부정결을 닦아 내는 것으로 간주된다는 점에서, '닦아 내다'라는 개념이 지배적이다. 어떤 제사에서는 속죄일이나 붉은 암송아지(민 19:1-10), '몸값'이나 '대체물'이라는 개념과 관련된 것들이 주된 함축적 의미다.

마지막으로 이것은 특히 피를 제단 뿔에 바르지 않는 모든 희생제사와 관련하여 어떤 본문에서는 '속죄하다, 보상하다'라는 의미로 이어진다. 그러나 피의 기능에 대해서는 밀그롬과 레바인이 크게 의견이 일치하지 않는다.

레바인은 피가 두 가지 기능을 지닌다고 주장한다.

첫째, 피는 신들을 위해 액막이 기능을 한다. 즉, 피는 외적 힘으로 간주된 부정결의 유해함에서 하나님을 보호하고자 제단에 바른다.

둘째, 피는 정화하거나 속죄하는 역할을 하는데, 이 역할에서 피는 바치는 자가 소유한 생명을 대체하는 몸값으로 기여한다.

밀그롬에 따르면, 신들을 해할 수도 있는 악마적이거나 악의적인 세력이라는 개념은 P 전승의 생각에는 없다. 부정결은 성소와 제단의 거룩함을 정말로 위태롭게 하므로, 제물의 목적은 이것들을 제거하는 것이다. 위에서 지적한 대로, 밀그롬의 의견은 피가 성물에 붙은 부정결을 씻어 내면서 제사적 세척제의 역할을 한다는 것이다. 악마적 세력의 문제는 실제로 개별적 이슈이며, 여기서는 다루지 않을 것이다.

더 중요한 것은 짐승을 제단에서 죽일 때 무슨 일이 일어났다고 여겨지는가 하는 문제다. 밀그롬은 희생제물의 희생물이 죄인을 위한 대체물이라는 개념을 거부한다.

그렇지만 그는 '키푸림(kippurîm)의 날'(욤 키푸림[yôm hakkippurîm] 또는 속죄일)에 죄들이 비유적으로 아사셀을 위한 염소의 머리에 놓였다는 사실을 분명히 인정한다. 이 경우, '닦아 내다'라는 의미가 없고, 오히려 죄가 사람들에게서 짐승에게 옮겨 간다는 의미가 있다.

이 의식이 실제로 죄인을 위한 일종의 대체물이나 대용물을 대변한다는 사실은 키우치(Kiuchi)가 잘 지적한 점인데, 그는 구체적으로 이 점에서 밀그롬과 서로 영향을 주고받으며 그를 비판한다. 키우치는 속죄제가 죄인에 대한 대용물로 그려지며, 성소의 부정이 아니라 개인의 죄를 정화한다고 주장한다. 속죄일 의식에서 죄가 옮겨 가는 것은 이것과는 다른데, 희생물이 멀리 보내어지고 죽지 않기 때문이다. 그럼에도 키우치는 희생양 의식이 속죄제의 한 형태라고 주장한다.

이렇게 죄가 옮겨 간다는 것은 바치는 자가 자기 손을 짐승의 머리에 얹을 때를 가리킬 것이다. 키우치는 이 행위에 대해 몇 가지 해석이 있다고 지적한다. 키우치는 이 행위가 대체를 대변한다는 해석을 선호하지만, 증거는 희박하다고 인정한다.

크니림(Knierim)은 대체라는 개념을 반대하고, 이 동작(그는 '손을 확고히 누름'이라고 번역한다)이 소유권, 즉 바치는 자에게서 하나님에게로 옮겨 가는 것을 의미하는 수단이라고 간주한다. 그렇다면 논의의 이 측면은 죄의 제거라는 주요 문제를 해결하지 못한다.

아마도 문제의 일부는 해석에서 너무 문자적인 결과다. 희생제사 제도는 상징적 제도이며, 은유, 풍유, 비유로 가득하다. 오직 한 상징이나 은유가 죄를 제거하는 데 사용되었다고 여기는 것은 잘못일 것이다(예를 들어, 제사 세척제).

마찬가지로, 제사 용어는 더 일반적인 의미를 지닐 수 있으며, 사용된 구체적 은유라는 면에서 단순히 정의되어서는 안 된다. 정확한 상징적 개념화가 무엇을 사용하든지 간에 개인의 죄는 제거되었다.

4) 회개

희생제사 제도는 생명을 바침으로써 죄가 '지불된다'는 신학적 회계 제도(accounting system)로 널리 받아들여져 왔다. 물론 이런 기계적인 관점은 상당한 기독교 논쟁의 목표였다.

이 모두에서 심장의 자리는 어디에 있는가?

선지자들이 처음 회개와 내적 변화라는 개념을 도입했으며 따라서 제사를 거부한 자들이라고 간주되었다. 최근 학계는 이것이 너무 단순화한 것이라고 여긴다. 선지자들이 제사를 어떻게 비판하든지 간에 일반적으로 모든 희생제사의 종결을 의도하지는 않았다. 오히려 그들은 불법적 제사 관습, 비여호와적 예배를 포함하고, 형식이 본질을 상징하도록 하는 다양한 문제에 맞서 논쟁했다.

하지만 선지자의 비판은 짐승의 목을 자르는 것보다 죄를 제거하는 것에 더 많은 것이 있다고 처음으로 인정한 것이 아니다. 밀그롬은 회개와 마음의 변화라는 개념은 이미 레위기의 제사 규정에 명백하다고 지적했다. 예를 들어, 희생제사를 필요로 하는 의도적인 죄에 대한 다섯 가지 사례가 있으며, 다섯 사례 모두는 또한 고백을 요구한다.

밀그롬의 의견에 따르면, 제사장적 혁신은 고백이 죄를 제거하지 않고 의도적 범죄를 부지중에 한 범죄로 축소했다는 것이다. 이 개념은 회개가 죄의 완전한 용서를 가져올 수 있다는 선지자들의 가르침의 정점에 도달하지 않았지만, 그 결과로 향하는 도상에 있었다.

더 중요한 것은 제사장들이 올바른 제사 과정에 대해 특히 관심을 가져야만 한다는 또 다른 문제다. 어떻게 희생제사를 옳은 방식으로 수행할 것인지에 대한 기술적인 세부 내용을 열거하는 게 필요하며, 아마도 이는 레위기를 부분적으로 설명한다.

그러나 이것은 동일한 제사장들이 이런 엄밀함으로 수행하고 있는 제사에 부여한 의미에 대해 어떤 것도 드러내지 못한다는 것이다. 모든 제사와 의식은 표면적으로는 반복적이고 메커니즘적으로 보일지라도 의미를 지닌다. 최소한 어느 정도 명백한 것은 희생제사의 메커니즘이다. 즉 부족한 것은 이 메커니즘에 동반되는 신학이다. 이 사실은 종종 간과되었고, 이로 말미암아 학자들은 P 자료를 살아 있는 영보다는 죽은 의식으로 무시하게 되었다.

3. 희생제사의 일반 이론을 향해

희생제사라는 개념은 전 세계 인간 사회에 널리 있는 것 같다. 특히, 더 발전된 나라에서는, 현대적 예배 양식에서 희생제사를 포기한 자들조차도 희생제사를 자신들의 과거의 한 부분으로 지니고 있다.

개념은 인류 역사에서 너무 멀리 거슬러 올라가서 그 기원을 더 이상 추적할 수 없기 때문에, 우리에게는 희생제사가 어떻게 대부분의 민족의 종교적 문화의 한 부분이 되었는지에 대해 가설과 추측만이 있을 뿐이다.

R. G. 해머튼-켈리(Hamerton-Kelly)가 편집한 최근 출판물에서, 다른 이들이 참석하는 가운데 R. 제라드(Gerard), W. 버커트(Burkert), J. Z. 스미스(Smith) 사이에 영향력 있는 개념들이 논의되었다. 제라드와 버커트는 희생제사의 기원에 대한 이론을 제안한다.

제라드는 상당히 프로이트(Freud)의 영향을 받아, 폭력은 인간 본성에 고유하다고 주장했다. 희생제사는 원시 집단 살해에서 기원했다. 살인은 살인을 낳으므로, 이 행위는 대용물 곧 죄 없는 희생물을 사용하여 신화화되고 합리화된다.

임의적 행위에는 의미가 부여되고, 공동체 내의 경쟁자들은 이런 행위에 대한 허구적 해석으로 가려진다. 버커트는 희생제사라는 개념이 초기 구석기 시대의 사냥꾼에게 거슬러 올라가며, 희생제사는 사냥과 죽임의 의식화된 양식이라고 제안했다.

이 두 이론의 통찰력은 인정되었지만 또한 문제를 일으킨다.

첫째, 희생제사는 분명히 압도적인 사례에서 야생 짐승이 아니라 가축으로 구성된다. 스미스가 지적하듯이, 희생제사의 첫 핵심은 짐승의 '원시성'이 아니라 짐승의 길들여짐이다.

둘째, 인류학자들은 일반적으로 실제 현상 조사에 근거하지 않은 심리학적 이론을 꺼리고(프로이트와 마찬가지로, 제라드는 주로 문헌에 의존한다), 제라드의 설명에 만족하지 않았다(다음을 보라, de Heusch; 또한, Resaldo[in Hamerton-Kelly]).

셋째, 대부분의 증거가 최근 것이며, 확신 있게 초기 구석기 시대로 거슬러 올라갈 수 없다는 점이다.

희생제사의 정확한 기원은 아마도 희생제사의 기능이나 개념화에 대한 질문보다 레위기에서 제도를 이해하는 데 그리 중요하지 않을 것이다. 많은 이론이 과거에 제기되었으며, 어떤 이론은 이제 오래 전에 인류학자들이 포기했다. 가장 유용한 이론 몇 가지는 다음을 포함한다.

1) 예물

선구자적 인류학자 E. B. 타일러(Tylor)가 제안한 이론으로, 인류는 초자연적 존재와 연합을 확립하려는 자연스러운 충동이 있다는 것이다. 예물은 신의 분노를 달래거나 바치는 자에게 호의를 일으키도록 하거나 두 가지 모두를 하는 데 기여할 수 있다는 것이다. 신에게 바치는 예물이라는 개념은 필연적으로 사심이 없는 예물은 아니더라도, 많은 희생제사 배후에서 발견된다.

에반스-프리처드(Evans-Pritchard)는 이 사실을 많은 누에르족 희생제사에서 확인했다. 이것은 최소한 부분적으로 이스라엘 희생제사의 일부에 들어맞지만, 이것이 설명하지 못하는 희생제사에 대한 많은 것이 있으므로 포괄적 설명은 되지 못한다.

2) 하나님과의 교통

윌리엄 로버트슨 스미스(William Robertson Smith)는 새로운 인류학을 구약에 적용한 학자로서, 희생제사에서 공동체는 자신들의 신들과 식사를 한다고 주장했다. 스미스의 이론은 당시 지배적이던 토템 신앙이라는 개념과 밀접하게 연결된다. 그는 신적 존재를 대변하는 토템 동물이라는 개념이 모든 초기 인류 집단에게 기본적이었다고 생각했다.

그들이 토템 동물을 죽일 때, 어떤 의미에서 자신들의 신을 먹는 것이며, 따라서 신과의 교통을 확립하는 것이다. J. G. 프레이저(Frazer)와 그 밖의 사람들은 여기에 이론을 세우려고 했다.

그러나 더욱 최근 학계는 토템 신앙이 몇 부족에게 국한되며, 많은 희생제사는 하나님과의 식사로 간주되지 않는다는 사실을 보였다. 예를 들어, 번제는 제단에서 완전히 태워지므로 교통의 식사일 수 없다. 누에르족은 희생제물의 고기는 먹지만 희생제사를 마친 후 세속적 배경에서만 먹는다. 그럼에도 로버트슨 스미스의 교통의 식사라는 기본적 개념은 이스라엘의 화목제와 같은 어떤 유형의 희생제사라고 설명한다.

3) 대체물

여기서의 개념은 희생물이 바치는 자를 대신하거나 어떤 면에서 대변한다는 것이다. 희생제사에 대한 이런 설명이 널리 알려졌다. 에반스-프리처드가 지적했듯이, 누에르족 희생제사를 한마디로 요약해야 한다면, 그것은 생명에 대해 생명으로 '대체'하는 것이 될 것이다. 그가 계속 언급하는 대로, 이런 요약이 복잡한 상황을 온전히 공정하게 다루지는 못해도 이 개념이 중심이 된다.

에반스-프리처드가 누에르족에 대해 옳든 그렇지 않든(Heusch의 비평을 보라), 대체물이라는 개념은 일부 희생제사에는 존재하는 것 같다. 이전 섹션에서 지적한 대로, 이 개념은 이스라엘의 희생제사에서 논란의 대상이지만, 속죄제와 같은 제물 배후에 있는 개념에 대해 좋은 논거가 될 수 있다.

4) 통과 의례

반 제넵(van Gennep)이 거의 1세기 전에 인정한 대로, 삶의 주기(사춘기, 결혼, 장례)에서의 중심이 되는 시점에서, 한 상태에서 다음 상태로 사회적으로도 심리적으로도 옮겨 가도록 돕는 의례가 있었을 것이다. 전형적으로 여기에는 세 가지 의례가 있다.

첫째, 구분의 의례
둘째, 과도기의 의례
셋째, 통합의 의례

구분의 의례는 그 사람을 옛 상태에서 제거하고, 어떤 구속하는 속박도 끊어 버린다. 필연적인 과도의 단계 곧 한계의 상태가 있는데, 이는 심지어 위험할 수도 있다. 의례의 마지막 부분은 그 사람을 새로운 상태나 영역으로 환영하고 적응하게 하는 것이다. 세 가지 모든 단계가 모든 사례에 있는 것은 아니며, 한 단계나 두 단계가 다른 단계에 비해 강조될 수 있다.

구분의 의례는 희생제사의 목적이 바치는 자를 이질적인 것으로 간주되는 것에서 구분하는 어떤 희생제사에서는 특히 중요하다(de Heusch). 예를 들어, 초자연적인 것과 결코 동일시하기를 원치 않으면서, 어떤 경우 구분되고, 문제를 일으키는 세속적 영역에서 초자연적인 것을 제거하려 한다. 성스러운 것은 특히 원치 않은 곳에서 작용하고 부주의한 사람이 부지중에 그것을 침해하면 위험할 수 있다.

어떤 희생제사는 통과 의례로 특징지을 수 있다고 제안하기도 한다. 명백히 위임식은 전형적으로 통과 의례다(예를 들어, 아론과 그의 아들들을 제사장직으로 설명하는 의식). A. 마르크스(Marx)는 속죄제도 구분의 의례 기능을 하는 반면에 번제는 바치는 사람을 제사적 공동체로 다시 복귀시키는 역할을 한다고 주장했다.

밀그롬은 이에 대해 반대하는데, 부분적으로는 희생제사의 추정상의 순서에 근거하고, 부분적으로 속죄제는 죄인이 아니라 제단을 정화한다는 자신의 견해 때문이다. 그럼에도 이 개념은 더 탐구해야 한다.

그러나 무엇보다 보상, 정화, 우주적 조화나 최소한 소우주적 조화의 재설립이라는 개념이 희생제사에 중심이 된다. 악이 제거될 수 없고 죄가 닦여지지 않으며, 부정이 정화되지 않고 조화가 회복될 수 없다면, 희생제사에서 의미가 거의 없을 것이다.

그러므로 희생제사를 이해하는 정확한 용어들(대용물, 제사 세척제, 희생양)에 관계없이, 바라던 결과는 명백하다. 의식의 희생양 형태에서, 죄 등은 희생물의 머리에 쌓이고, 이 희생물은 그 다음에 공동체와 분리되었다.

다른 경우 희생물은 정확한 동일시가 요구되지는 않더라도 바치는 자와 동일시되었다. 이스라엘의 희생제사에서 바치는 자가 희생물에 손을 얹는 행위는 이런 맥락과 비슷한 기능을 했을 것이다. 의례와 상관없이, 희망은 죄, 부정, 질병, 곤경이 사라지도록 하는 것이다.

§ 더 읽어 볼 자료

제1장에 열거된 주석 이외에, 고대 이스라엘의 희생제사 제도를 일반적으로 다룬 몇 가지 자료와 일부 세부 내용을 연구한 자료가 다음과 같이 있다.

G.A. Anderson, *Sacrifices and Offerings in Ancient Israel: Studies in their Social and Political Importance* (HSM 41; Atlanta: Scholars Press, 1987).

[1]N. Kiuchi, *The Purification Offering in the Priestly Literature: Its Meaning and Function* (JSOTSup 56; Sheffield: JSOT Press, 1987).

[2]B.A. Levine, *In the Presence of the Lord: A Study of Cult and Some Cultic Terms in Ancient Israel* (SJLA 5; Leiden: Brill, 1974).

[3]이외에도 개인 희생제사에 대한 목록은 아샴(asham)에 대한 D. 켈러만(Kellerman)의 자료를 포함한 『구약 신학 사전』(*Theological Dictionary of the Old*

---

1   HSM Harvard Semitic Monographs
2   *JSOT Journal for the Study of the Old Testament*
3   SBL Society of Biblical Literature

Testament, *Theologisches Wörterbuch des Alten Testaments*)과 『구약 신학 사전』 (*Theologisches Handwörterbuch des Alten Testaments*)에서 찾을 수 있다.

[4]J. Milgrom, *Cult and Conscience*: The *ASHAM and the Priestly Doctrine of Repentance* (Leiden: Brill, 1976).

A.F. Rainey, 'The Order of Sacrifices in Old Testament Ritual Texts', *Bib* 1 (1970), 485-98.

R. Rendtorff, *Studien zur Geschichte des Opfers im alten Israel* (WMANT 24; Neukirchen-Vluyn: Neukirehener Verlag, 1967).

[5]R.J. Thompson, *Penitence and Sacrifice in Early Israel outside the Levitical Law: An Examination of the Fellowship Theory of Early Israelite Sacrifice* (Leiden: Brill, 1963).

R. de Vaux, *Ancient Israel* (2 vols.; London: Darton, Longman & Todd, 1961).

_____,*Studies in Old Testament Sacrifice* (Cardiff: University of Wales Press, 1964).

D.P. Wright, *The Disposal of Impurity: Elimination Rites in the Bible and in Hittite and Mesopotamian Literature* (SBL Dissertation Series 101; Atlanta: Scholars Press, 1987).

[6] 이외에도 개인 희생제사에 대한 목록은 아샴(*asham*)에 대한 D. 켈러만(Kellerman)의 자료를 포함한 『구약 신학 사전』(*Theological Dictionary of the Old Testament, Theologisches Wörterbuch des Alten Testaments*)과 『구약 신학 사전』 (*Theologisches Handwörterbuch des Alten Testaments*)에서 찾을 수 있다.

---

4 SJLA Studies in Judaism in Late Antiquity
5 WMANT Wissenschaftliche Monographien zum Alten und Neuen Testament
6 SBL Society of Biblical Literature

희생제사의 기원과 일반 이론에 대한 인류학적 질문에 대해, 다음을 보라.

M.F.C. Bourdillon and M. Fortes (eds.), *Sacrifice* London: Academic Press, 1980). 특히, 편집자들의 서론 아티클과 J. H. M. 비틀(Beattie)과 J. W. 로저슨(Rogerson)의 아티클을 보라. M.F.C. Bourdillon and M. Fortes (eds.), Sacrifice London: Academic Press, 1980). 특히 편집자들의 서론 아티클과 J. H. M. 비틀(Beattie)과 J. W. 로저슨(Rogerson)의 아티클을 보라.

E. Evans-Pritchard, *Nuer Religion* (Oxford: Oxford University Press, 1956).

A. van Gennep, *The Rites of Passage* (London: Routledge & Kegan Paul, 1960).

L. de Heusch, *Sacrifice in Africa: A Structuralist Approach* (Manchester: Manchester University Press, 1985). Note his criticisms of Evans-Pritchard, 6-14, and Gerard, 16-17.

R.G. Hamerton-Kelly (ed.), *Violent Origins: Ritual Killing and Cultural Formation* (Stanford, CA: Stanford University Press, 1987).

A. Marx, 'Sacrifice pour les péchés ou rites de passage? Quelques réflexions sur la fonction du ḥaṭṭāʾt', *RB* 96 (1989), 27-48.

[7]W. Robertson Smith, *Lectures on the Religion of the Semites: The Foundational Institutions* (ed. S. Cook; London: A. & C. Black, 3rd edn, 1927).

E.B. Tylor, *Primitive Culture: Researches into the Development of Mythology, Philosophy, Religion, Language, Art, and Custom* (2 vols.; New York: John Murray, 5th edn, 1913).

---

7 *RB Revue biblique*

제3장

정결한과 부정결한, 정함과 부정함

 이스라엘은 종교와 제사와 관련되므로, 이스라엘의 기본 개념 가운데 하나는 제사적 정함과 부정함이라는 개념이다. '정결한'(타호르[tāhôr])과 '부정결한'(타메[tāmē'])은 중요한 이미지다.
 가장 기본적인 수준에서, 정결함으로 말미암아 제사에 참석할 수 있는 반면에 부정결한 자들은 배제된다. 하지만 가까운 미래에 제사에 접근하지 않을 것 같은 때조차도 부정결함은 제거될 필요가 있다는 인상을 받는다. 부정결하게 되는 것은 죄가 전혀 아니지만 부정한 상태로 머물러서는 안 된다.
 흔한 오해는 이런 문제가 위생과 관련된다는 것이다. 즉, 부정결하다는 것은 '더러움'을 의미했다는 것이나 사실은 그렇지 않다. 그렇더라도 부정결하다는 많은 것이 오늘날의 관점에서는 더러울 수 있지만, 필연적으로 모두가 그런 것은 아니다.
 어떤 사건에서 어떤 사람은 단순히 비누와 물로 정결하게 되지 않았다. 씻는 것은 종종 요구되지만 자체로 충분하지 않다. 제사적 정결함이 회복되기 전에, 해가 지거나 더 긴 시간의 경과가 필요할 수도 있다.

레위기에서 정함을 다루는 주요 섹션은 11-15장이지만, 이 개념을 가정하거나 논하는 많은 다른 본문이 레위기 전반에 있는 것을 발견할 수 있다.

1. 레위기 기사

1) 레위기 11장: 짐승 식량

먹는 것은 정결의 핵심 측면이다. 어떤 것들은 먹지 않아야 한다. 이스라엘 사람들은 먹기에 적절하다고 간주되는 짐승의 유형과 어떻게 준비되어야 하는가의 문제에 대해 관심을 가져야 한다.

레위기 11장(신 14장의 병행 본문)은 먹을 수 있는 다양한 짐승과 피해야 할 짐승을 열거한다. 여기에는 약간의 어려움이 있는데, 어떤 짐승이 언급되고 있는지가 항상 명확한 것은 아니기 때문이다. 특히, 13-19절의 다양한 새가 문제 된다.

포유류와 바다 생물은 꽤 쉽게 구별할 수 있다. 포유류에 대해서는(2-8절), 두 가지 질문을 던진다.

짐승이 새김질을 하는가?
굽이 갈라졌는가?

이 두 질문에 대한 대답이 '그렇다'라면, 이 짐승은 먹을 수 있다. 두 질문 가운데 하나도 모두에 대해 '그렇지 않다'라고 한다면, 이 짐승은 금지된다. 경계에 있는 사례는 문제를 명확히 하려고 언급된다.

돼지는 굽이 갈라졌지만 새김질을 하지 않는다. 낙타는 새김질을 하지만 굽이 갈라지지 않았다. 토끼는 턱의 움직임 때문에 새김질을 한다고 여겨지지만, 갈라진 굽이 없다. 과학적 용어로, 포유류 식량은 우제류(Artiodactyla) 종의 되새김질하는 굽이 있는 무리에 국한된다.

바다 생물을 먹는 것은 지느러미와 비늘이 있는 생물에 제한된다(9-12절). 어떤 생물도 이름이 거론되지 않지만 일부 생선(비늘이 없는 생선)과 모든 갑각류와 대부분의 다른 민물 생물과 바다 생물이 금지된다.

새들 사이의 구분이 확인하기가 어려운 이유는, 모두가 절대적으로 확인될 수는 없기 때문이다(13-19절). 그럼에도 인식될 수 있는 대다수는 육식 짐승이나 썩은 고기를 먹는 짐승들이다. 다른 나는 것들도 박쥐(부정한 것)와 일부 곤충들을 포함하여 여기서 논의된다. 몇 가지 곤충들을 먹을 수 있는데, 주로 메뚜기, 귀뚜라미 종류가 이에 해당한다(20-23절).

이것 후에, 기사는 네발짐승을 다시 반복하는 것 같으며(24-28절), "땅에 기는 것들"에 대한 긴 섹션이 이어진다(29-45절). 그러나 면밀히 조사하면 어떤 구조가 정말로 드러나는데, 왜냐하면, 24-40절은 주로 짐승들 자체가 아니라 부정한 짐승의 사체에 관심을 가지기 때문이다. 그 다음으로 41-45절은 1-23절에서는 충분히 논의되지 않았던 땅에 기는 것들을 다룬다. 다소 일관된 구조에도 불구하고, 대부분의 비평가는 여기서 발전과 보충에 대한 증거를 본다.

이에 대한 더 심도 깊은 증거는 43-45절에서 발견되는데, 거기서는 "내가 거룩하니 너희도 거룩하라"라는 H를 떠올리게 하는 용어를 사용한다.

2) 레위기 12장: 출산 후 여성

레위기에 열거된 여성들에 대한 부정결의 첫 형태는 출산이다. 여자가 남자 아이를 낳으면, 그 여자는 여덟째 날의 남자 아이의 할례까지 7일 동안 부정했다. 다시 33일 동안 그 여자는 엄격하게 부정하지는 않았지만(다시 말해서 그녀와 접촉했던 다른 이들에게 부정함을 전달한다), 성소에 들어갈 수 없거나 어떤 성물도 만질 수 없다.

이 기간은 여자 아이를 낳을 경우 14일과 66일로 두 배가 된다. 할당된 기간이 끝나면 정결은 번제를 위한 어린양 한 마리와 속죄제를 위한 비둘기로 회복된다. 가난한 사람은 두 마리의 비둘기, 곧 하나는 번제를 위한 것과 다른 하나는 속죄제를 위한 것으로 대체할 수 있다.

3) 레위기 13-14장: "나병"

13-14장은 전통으로 "나병"이라고 번역된 질병을 다루지만, 현대 학자들은 이것이 적절한 용어라는 점을 거부하는 데 거의 일치한다. 히브리어 단어 차라아트(ṣāraʿat)는 명백히 집이나 옷에 있는 곰팡이 종류뿐만 아니라 다양한 비늘처럼 벗겨지는 피부병을 포함한다.

나병으로 알려진 현대의 조건은 한센병으로 국한된다. 대조적으로 현대의 나병이 고대 질병으로 포괄되는지는 분명하지 않다. 즉, 한센병이 헬레니즘 시대 이전 지중해 세계에 알려졌는지에 대해서는 의문의 여지가 있다.

이와 관련하여 제사장의 중요한 역할은 병이나 염증을 점검하고 실제 병처럼 보인다면 그 사람을 격리하며, 7일 후에 다시 조사하고 마지막으로 병든 사람이 온전한지 나병에 걸렸는지를 선언한다. 규정은 길지만, 상당히 반복되는데 벗겨진 부분, 덴 곳, 종기 등에 대해 기준이 약간 다르다.

대부분의 주석가가 본문이 의학적 치료나 위생에 관심을 가지지 않고, 오히려 제사에 관심을 가진다는 것을 인정한다. 차라아트라는 제목에 분류되는 다양한 질병을 어떻게 치료할 것인지를 논하지 않고, 질병들을 어떻게 알아보고 제사적 정함의 관점에서 질병을 볼 것인지를 논한다. 의학적 질문은 분명히 이스라엘에서 중요하지만 여기서는 논의의 범위에 있지 않다.

제사장의 일은 제사적 정함과 부정함에 대해 선언하는 것이며, 본문은 그 사람이 정결한지 그렇지 않은지를 어떻게 결정할 것인가에 대한 지침을 제공한다. 엄밀한 의미에서 질병은 다뤄지고 있지 않다. 심지어 격리도 질병의 확산을 방지하기 위한 목적에서 차단하는 게 아니라, 권위 있는 결정을 할 수 있도록 질병이 발전하거나 줄어드는 시간을 주는 방식일 뿐이다.

총칭적 용어인 차라아트에 속하는 질병을 확인하는 일은, 옷과 피부(레 13:47-59)와 집(레 14:33-53)의 조건도 포함된다는 사실로 더욱 복잡해진다. 이 섹션은 곰팡이나 균류의 감염을 다루는 것 같다. 의학적 관점에서 이것과 앞에서 말한 피부병과는 연관성이 없다. 이 사실은 저자가 병리학적 조건 이외의 것을 염두에 둔다는 견해를 강화한다.

상당한 분량이 질병이 나은 후 제사적 공동체에 다시 들어오는 문제에 할애된다(레 14:1-32). 주요 특징은 두 새를 취하는 의식으로, 하나는 죽이고 다른 새는 들에 놓아준다. 이 의식은 명백히 희생양 의식(레 16장)과 공통적인 특징, 특히 두 생물을 사용하여 하나는 죽이고 다른 하나는 놓아준다는 특징을 지닌다.

치유된 사람은 그 다음에 몸과 옷을 씻어야 하며, 모든 털은 깎고 장막 밖에(진영 안 이기는 하지만) 7일을 더 머무른다. 치유된 사람은 그 다음에 세 마리의 어린양(하나는 속건제를 위해, 하나는 속죄제를 위해, 그리고 하나는 번제를 위해)과 소제와 기름을 바친다.

속건제의 피 일부와 기름 일부는 이전 고통당한 자의 몸의 다른 부분에 바른다. 가난한 사람은 한 마리 양(속건제를 위해)과 두 마리의 집비둘기나 산비둘기(속죄제와 번제를 위해)와 소제와 기름을 가져올 수 있다.

집도 차라아트에 걸릴 수 있다고 묘사된다(레 14:33-53). 이런 집은 사람과 마찬가지로 7일 동안 격리될 것이다. '감염' 지역이 커지면 영향을 받은 지역의 돌은 대체하고, 벽은 벗겨 내고 다시 바른다. 발병이 확산되면 집은 부술 것이다. 퍼지지 않으면 깨끗하다고 선언할 것이다. 정화는 사람의 경우와 마찬가지로, 두 마리의 새의 의식으로 마무리될 것이다.

마찬가지로 의복이나 가죽도 감염될 수 있다(13:47-59). 이것은 7일 동안 격리될 것이다. 이 기간 동안 감염이 퍼졌다면 부정하다고 선언되고 태워진다. 퍼지지 않았다면 씻어야 하며 그 다음에 또 다시 7일 동안 격리된다.

오염이 완전히 사라졌다면 두 번째로 씻고 정결하다고 선언될 것이다. 오염이 줄었지만 사라지지 않았다면 영향을 받은 부분은 잘라 내고 다시 일어날 경우에만 의복이 부정결하다고 선언될 것이다. 씻는 것으로 감염을 제거하거나 줄어들게 하지 못한다면 부정결하다고 선언되고 태워질 것이다.

4) 레위기 15장: 유출

15장은 다양한 남자와 여자 모두에게 정상이든 비정상이든 유출을 다룬다. 먼저 남자를 다룬다(2-18절). 비정상적 정액이나 다른 생식기의 유출이 있다면, 그 남자(자브[zāv])는 부정결하게 된다.

부정은 그를 만지는 누구나 또는 그가 앉은 어떤 것에도 전달된다. 또한, 그가 누군가에게 침을 뱉거나 손을 먼저 씻지 않고 만져도 역시 전달된다. 오염된 사람은 샘물에 몸을 씻고 옷도 세탁해야 하는데, 그 후에 해가 지면 정결하게 될 것이다.

부부간의 성관계에서의 보통의 정액 유출(레 15:16-18)도 비정상적 유출보다는 덜 감염시키지만 부정하게 한다. 남자와 여자 모두 몸을 씻고 저녁까지 부정결하게 된다. 정액이 떨어진 어떤 옷이나 가죽 제품도 씻어야 하며 저녁까지 부정하게 된다.

여자에 대해 출산으로 야기되어 피가 흐르는 것은 레위기 12:1-8에서 다뤄진다. 가장 기본적인 정기적 유출은 월경이다(레 15:19-24). 부정결의 기간은 실제 피가 흐르는 것이 더 빨리 마쳤다고 해도 7일 동안 지속된다.

이 기간에 여자는 직접 접촉으로 부정함을 전달하거나 간접적으로 그녀가 앉거나 눕는 어떤 것을 통해서도 부정함을 전달한다. 그녀에게 닿거나 그녀가 앉거나 눕는 모두는 옷과 몸을 씻을 필요가 있으며, 저녁까지 부정결할 것이다. 그녀와 성관계를 한 남자는 7일 동안 부정결하게 될 것이다.

이 모든 유출은 다소 '정상적인' 것으로 간주되는데, 이 유출로 부정하게 된 사람은 씻고 시간이 경과하면 정결해질 것이기 때문이다. 희생제사를 바칠 필요는 없다.

여자의 경우 다른 오래 지속되는 유출도 월경과 마찬가지의 순서로 부정결을 야기한다(레 15:25-30). 흐르는 것이 멈추면 여자는 7일 후에 정결하게 될 것이다. 하지만 이 경우 중요한 차이점이 있는데, 왜냐하면, 여자는 희생제사를 바쳐야 하기 때문이다. 여덟째 날에 그녀는 하나는 번제를 위한 것과 하나는 속죄제를 위한, 두 마리의 산비둘기나 집비둘기를 가져와야 한다.

2. 정결법에 대한 근거

유대교에서의 정함과 부정함의 규칙은 종종 수 세기에 걸쳐 논의되었다. 많은 이가 이 규칙을 원시적 미신이거나 낡은 법적 정신 구조의 증거라고 무시했다. 유대인 자신들도 규칙들이 본질적이라고 간주하면서도 다른 이들과 마찬가지로 당혹스러워 했다.

『아리스테아스의 편지』(Letter of Aristeas, 주전 3-2세기)는 도덕적 자질을 가르치기 위해 어떤 짐승은 식량으로 금지되는지 설명하려고 시도했다(Letter of Aristeas 142-51). 고대에서조차도 규칙들은 하나님이 단순히 유대인들에게 훈육하고 그들을 구별되도록 하려고 순수하게 임의적이라고 주장되었다(참고, Sifra, Qedoshim 11.22).

이런 견해 역시 일부 현대 학자들 사이에서 선호된다. 더욱 최근에 이 규칙들을 위생이라는 관점에서 명확히 하려는 시도가 일반적이었다. 조개류는 뜨거운 기후에 빨리 상하므로 먹지 않아야 한다. 돼지에게서 선모충병에 걸릴 수 있다. 씻는 행위 등은 몸의 정결을 위할 뿐이다. 잠재적 나병 환자를 분리하는 것은 격리의 형태다.

우리가 살펴보겠지만, 이 제안들 가운데 몇 가지는 다른 제안들보다 더 장점을 지닌다.

레위기 12-15장에서 다룬 다양한 종류의 부정함에 대해(피 흘림, 다른 몸의 유출과 피부가 벗겨지는 질병), 밀그롬은 생명 대 죽음을 공통된 요소로 보는 설득력 있는 주장을 제안했다. 레위기 17:11, 14에 따르면 피는 자체 안에 생명을 포함한다. 그러므로 피를 상실하는 것은 생명을 위협하는 것으로 간주될 수 있다. 마찬가지로 정액은 생명과 연결되며, 정액의 유출은 생명의 본질이 상실됨을 시사한다.

다양한 피부병은 고통당하는 사람에게 죽음의 모습을 부여하며, 의복이나 건물에 영향을 미칠 수 있는 곰팡이/균류의 감염 역시 마찬가지다. 그러므로 생명이 주요 요인이며, 죽음을 암시하는 생명의 이런 측면은 부정결의 원인이다. 이것은 또한 똥이 이스라엘의 체계에서 부정하다고 간주되지 않는지를 설명한다. 왜냐하면, 똥은 생명 과정의 정상적인 산물이고, 죽음과 특별한 관계가 없기 때문이다.

더 문제가 되는 것은 어떤 짐승을 먹을 수 있는지에 대한 레위기 11장에 나오는 규례의 근거에 관한 밀그롬의 입장이다. 밀그롬은 규례의 주요 기능이 짐승의 생명의 중요성과 이에 대한 존중을 가르치는 것이라고 주장한다. 이 주제에 대한 레위기 11장과 다른 본문의 규례는 짐승 고기의 사용이 매우 제한되었다는 것을 의미한다.

또한, 모든 도축이 제단에서 이뤄져야만 한다는 요구는 더 심도 깊은 제한을 덧붙였다. 그러므로 밀그롬에 따르면, 고기가 허락되더라도 소비할 기회와 양은 필연적으로 줄어든다. 이스라엘 사람이 '만족'할 수 있는 유일한 영역은 여기서도 다시 먹을 수 있는 종이 제한되기는 하지만, 사냥감을 사냥하는 것이다.

이 설명이 얼마나 설득력이 있든지 간에, 이스라엘에서 정결 제도에 대한 어떤 이론도 이 문제에 대한 최근 인류학적 연구를 고려해야만 한다.

3. 인류학에서의 통찰

과거 50년간 인류학의 중요한 발견 가운데 하나는 정함과 부정함의 체계가 비밀스럽거나 원시적인 미신이 아니라는 것이다. 제사의 정확한 형식은 최소한 어느 정도 임의적일 수 있지만, 최근 연구에 따르면 더 폭넓은 관심이 정함 체계의 중심에 있다는 것을 보여 준다. 정함과 부정함은 사회 자체의 중요한 거울, 특히 사회관계와 태도를 형성한다.

이것은 이 견해를 가진 사람들의 사상적 우주를 잘 보여 준다. 다양한 규정은 사회 내에 있는 사람들에게 성별 사이의 관계, 결혼, 친족 관계, 외부인들과의 교류에 대한 '올바른' 태도를 전달하면서, 용어의 넓은 의미에서 하나의 언어로 간주될 수도 있다.

제사적 정함은 사람들에게 주변 세계에 거주하는 인류와 짐승이라는 존재를 어떻게 분류해야 하는지를 보여 주고, 논의되는 사회에는 그 세계에 들어가는 새로운 형태들이 어떻게 적합하게 되어야 하는지를 전달한다. 짐승의 세계와 짐승이 다뤄지는 방식 역시 인간 사회를 잘 보여 주며, 인간 공동체는 개인의 몸으로 대변된다.

1) 정결한 짐승과 부정결한 짐승

자세하게 성경의 체계의 의미를 해결하려는 주요 시도 가운데 하나는 매리 더글라스(Mary Douglas)의 독창적인 책 『정함과 위험』(*Purity and Danger*)인데, 이 책에는 '레위기의 가증한 것들'에 대한 장을 포함한다. '질서'가 핵심 열쇠다. 더글라스는 음식의 금기는 어수선한 삶의 방식에 질서를 부여하려는 한 방식이라고 주장했다.

어떤 짐승들이 음식에 대해 금지되는 이유는 이 짐승들은 짐승의 한 부류 이상을 가로지르면서, 짐승을 위한 이스라엘의 분류 체계의 주요 범주에 맞지 않으며, 따라서 이스라엘 사람들의 질서 있는 체계에 따르면 변칙적이기 때문이다.

이런 체계에 대해, 더글라스는 주로 레위기 11장(그리고 신 14장)뿐만 아니라 창세기 1장에 의존했다. 짐승이 거주하는 세 영역은 바다와 공중과 육지인데, 따라서 3중적 분류 체계를 제시한다. 각 종류에 대해, 움직임의 적절한 체계가 있다(바다에서는 비늘과 지느러미로 헤엄치기 또는 공중을 나는 생물의 경우 두 날개와 두 다리를 사용하기).

그러나 어떤 생물은 이런 범주에 들어맞지 않거나(예를 들어, '무리를 이루는 것들'), 그들의 부류에 적합한 움직임의 형태를 갖추지 못한다. 예를 들어, 앞발 대신에 '손들'을 가진 어떤 짐승들이 있다.

이 설명은 많은 관점에서 상당히 일리가 있지만, 더글라스의 책을 비판하는 인류학자들에게 만큼이나 대부분의 구약 학자들에게 명백한 어려움이 남아 있다. 한 약점은 책의 영어 번역본에 근거하여 판단했다는 것이다.

히브리어 본문을 다루지 못함으로 말미암아 더글라스는 몇 가지 잘못된 방향에 빠졌다. 이에 대한 좋은 사례로는 어떤 생물이 금지되는 이유는 그들이 '손들'이 있기 때문이라는 주장이다. 사실 히브리어 단어 카프(*kaf*)는 손의 '바닥'이나 발의 '바닥'을 가리키며, 인간의 손과 같은 형태가 되는 것과는 관계없다. 더글라스는 또한 그녀의 주장의 토대와는 대조되게, '바닥'을 가진 이 생물들이 "기어 다니는 것들"이라는 범주에 들지 않다는 것을 지적하지 못했다.

더글라스는 다시 『함축적 의미』(*Implicit Meanings*)의 특히 마지막 장에서 몇 가지 논점과 관련하여 다양한 요점을 명확히 하고 이슈를 더욱 개진하려고 다시 이 문제를 제기했다.

금지된 짐승은 분류의 관점에서 변칙적이라는 더글라스의 계속된 주장은 여전히 만족스럽게 해결되지 않았다. 이것은 이상한데, 단지 몇 짐승이 아니라 대부분의 짐승이 금지되기 때문이다. 예를 들어, 돼지, 낙타 또는 다른 많은 금지된 짐승의 움직임에 대해 변칙적인 것이 전혀 없다.

몇 짐승만 분류 체계에 속하고 나머지 모두는 변칙적이라는 것은 그럴듯하지 않다. 소수의 육지 짐승만 식량으로 허용되며, 되새김질하며 굽이 있는 말굽 동물에 국한된다. 대부분의 짐승은 이 부류에 속하지 않으며, 따라서 먹을 수 없다.

되새김질하고 굽이 갈라진다는 것은 '정상적' 짐승의 표시이며, 나머지 모두는 변칙적이라고 주장하는 것은 더글라스의 주장에 적합하지 않다. 왜냐하면, 이것은 창세기 1장에서 뒷받침되지 않기 때문이다.

어떤 짐승들만이 구체적으로 거론되는 것은 사실이지만(사반, 돼지, 낙타, 토끼), 이 짐승들이 거론되지 않은 다른 짐승들보다 더 가중한 것이라고 간주된다는 암시도 거의 없다. 더글라스 역시 최근 유대의 음식 제한에서 돼지의 중요성으로 말미암아 오도된 것 같다.

돼지는 유대인들이 사는 많은 사회에서 음식의 주요 산물이기 때문에, 종종 논의를 위해 지목되었다. 그럼에도 구약 자체는 돼지를 다른 어떤 짐승보다 더 부정하다고 강조하지 않는다. 돼지는 여러 짐승 가운데 하나의 구체적 사례일 뿐이다.

M. P. 캐롤(Carroll)은 자신의 이론을 더 잘 적용할 수 있다고 제안하면서 더글라스보다 더 나아간다. 문자 사용 이전의 사회에서 종종 지적되는 한 특징은, 자연(사막, 정글)과 문화(인류의 영역, 곧 경작된 지역, 거주지) 사이의 특징이다.

고기를 먹는 것은 인류에게 제한된 홍수 이후의 현상이므로(창 9:3), 고기를 먹는 짐승은 '문화'의 영역을 침범하고 있다. 금지된 짐승의 대부분은 돼지와 같이 육식성인 반면에 모든 허용된 짐승은 초식성이다. 심지어 '나병'도 이 이론으로 설명될 수 있는데, 의복과 건물의 '나병'은 인류의 영역을 침범하는 식물이기 때문이다.

더글라스와 마찬가지로, 캐롤은 흥미로운 많은 주장을 제기한다. (모리스[Morris]도 맹금류가 인간의 영역을 침범하기 때문에 변칙적일 수 있다고 지적했다[208].) 그러나 캐롤이 더글라스의 잘못을 모면했다고 해도, 그의 주장에는 문제들이 있다. 캐롤은 광범위한 초식성 짐승을 왜 식량으로 금지했는지에 대해 설명하지 못한다. 또한, 그는 고대 이스라엘 사람들이 곰팡이와 균류를 식물로 분류했을 것이라고 주장하는데, 이는 이스라엘에 바람직하지 않는 과학적 지식을 부여하는 것 같다.

S. 메이그스(Meigs)가 최근 자신의 현장 조사의 결과로 부정함의 문제를 다시 보았는데, 이 조사로 말미암아 메이그스는 널리 받아들여졌

던 더글라스의 구도를 대폭 수정하기에 이르렀다. 메이그스는 부정하게 한다고 분류되는 것들이 모호한 지위 때문에 특히 문제가 되는 것으로 간주된다는 개념을 찾는다.

 예를 들어, 그녀는 모든 몸에서의 유출이 부정하게 하는 것으로 간주되는 것은 아니거나 최소한 항상 부정하게 하는 것은 아니라고 지적한다.

 보통 부정하게 하는 어떤 것은 역시 어떤 배경에서는 막대한 힘을 지닐 수 있다. 본질이 부패하게 하는 것으로(또는 부패의 상징으로) 인식되는지, 사람 자신의 몸에 들어갈 것인지, 이런 몸에의 접근이 바람직하지 않은지가 주요 고려사항이다. 이런 개념들은 부정에 대한 많은 금기에 존재하는 것 같다.

 메이그스의 주장은 레위기의 일부 규정, 특히 유출과 관련된 규정에 대해 잠재적 가치를 지닌다. 한편, 메이그스의 분석은 주요 문제들 가운데 하나인 정결한 짐승과 부정결한 짐승의 문제와는 관계가 거의 없는 것 같다. 메이그스의 수정이 설득력이 있는지는 사회인류학자들이 논의해야만 하지만, 부정함의 규례가 사회적 의미를 지니며, 이 규례들을 이해하려는 계속되는 탐구가 중요하다는 확신을 잘 보여 준다.

 이런 비판에도 불구하고, 이스라엘 사회에서의 체계의 의미, 특히 허용된 짐승과 금지된 짐승의 체계가 이스라엘의 관점에 따르면 세상의 소우주라는 개념에 대한 더글라스의 요점 일부는 유효하다. 많은 금지된 짐승은 주변 민족들을 대변하고, 소수의 정결한 짐승은 이스라엘 사람을 대변하고, 희생제사에 사용되는 짐승은 제사장을 대변한다.

 이스라엘 사람들은 어떤 짐승은 먹지 못하듯이, 다른 민족과 섞여서는 안 된다. 음식의 규정은 실제 기능과 상징적 기능을 한다. 즉, 상징적으로 음식 규정은 이스라엘이 비이스라엘 사람들과의 교통이 없도록 해야 한다는 사실을 나타낸다. 실제적으로 어떤 짐승을 먹는 것에 대한 금지는 유대인들이 이 짐승들을 먹는 자들과 교제할 수 없다는 것을 의미한다.

정함과 부정함의 규칙은 제단과 성소 주변의 엄격한 경계를 그린다. 어떤 부정이나 부정한 사람도 성스러운 지역에 침범하도록 허용되어서는 안 된다. 이렇게 명확하고 엄격한 경계를 그린다는 것은 사회적 경계뿐만 아니라 정치적 경계에 대한 관심을 암시한다.

이스라엘 사람들이 주변 민족들과 섞이는 문제에 대해 관심을 가지듯이, 그들의 정치적 경계는 자신들의 것으로 영토를 주장하는 다른 이들에게서 위협을 받을 수도 있다.

그렇다면 표면상으로 비밀스러워 보이는 규칙들의 메시지는 풍부한 상징적 체계를 표현하며, 고대 이스라엘의 관심을 이해하는 데 중요한 것으로 판명된다. 이것은 핵심 본문인 레위기 20:22-26에서 확증된다.

> 너희는 나의 모든 규례와 법도를 지켜 행하라 그리하여야 내가 너희를 인도하여 거주하게 하는 땅이 너희를 토하지 아니하리라 너희는 내가 너희 앞에서 쫓아내는 족속의 풍속을 따르지 말라 그들이 이 모든 일을 행하므로 내가 그들을 가증히 여기노라 내가 전에 너희에게 이르기를 너희가 그들의 땅을 기업으로 받을 것이라 내가 그 땅 곧 젖과 꿀이 흐르는 땅을 너희에게 주어 유업을 삼게 하리라 했노라 나는 너희를 만민 중에서 구별한 너희의 하나님 여호와이니라 너희는 짐승이 정하고 부정함과 새가 정하고 부정함을 구별하고 내가 너희를 위하여 부정한 것으로 구별한 짐승이나 새나 땅에 기는 것들로 너희의 몸을 더럽히지 말라 너희는 나에게 거룩할지어다 이는 나 여호와가 거룩하고 내가 또 너희를 나의 소유로 삼으려고 너희를 만민 중에서 구별했음이니라(레 20:22-26).

2) 월경

이것은 특히 페미니스트 이슈를 다루는 저서들에서 최근 논의되었다. 레위기 12-15장에 나오는 몸에서의 유출에 대한 규정은 월경에 대한 특별한 주장을 하지 않고, 부정하게 하는 많은 피나 액체의 유출 가운데 하나로만 다룬다.

그럼에도 대부분의 다른 유출은 특이한 사건들인 반면, 월경에 대한 규례는 사춘기와 폐경기 사이에 있는 모든 여자와 간접적으로는 그들 가족들에게 영향을 미칠 것이다. 이 정결의 규례는 두 성별의 모든 이스라엘 사람에게 매우 중요했다는 것은 명백하다.

인류학 연구에서, 월경에 대한 규정은 종종 성별 사이의 관계와 사회 내에서의 각 성의 자리를 반영한다는 사실을 보여 준다.

여자들이 선택의 자유와 남자들에게서 독립을 상당히 누리는 사회는, 월경을 포함해서 제사적 정함에 대한 다양한 풍습에서 이것을 보통 반영할 것이다. 여자들이 특정 자리와 역할에 제한되고 남자의 영역에 들어가지 못하도록 하는 사회는, 보통 월경에 대해 제한적 규정을 둘 것이다.

매리 더글라스가 지적한 대로, 이런 규정은 다음과 같이 다양한 목적을 가질 수 있다(*Implicit Meanings*, 60-72).

첫째, 남성의 우월성을 주장한다.
둘째, 개별적 남성과 여성의 영역을 주장한다.
셋째, (특히, 일부다처 사회에서) 경쟁자를 공격한다.
넷째, (특히, 여자가 더 독립적인 사회에서) 특별한 관계를 주장한다.

레위기의 규정들은 두 번째 사항에 중점을 두는 것 같다. 어떤 이는 첫 번째 사항이 포함된다고 주장하겠지만, 만약 그렇다면 본문의 증거는 여성들이 열등한 것으로 간주된다는 주장에 대한 것인지를 물어야만 할 것이다(많은 후대 본문이 이 점을 주장하는 것으로 드러날 수 있지만).

이스라엘 사회에서 여자들이 제한된 특별한 영역과 지위를 가진다는 것은 분명해 보인다. 여자들은 일반적으로 남성 이스라엘 사람들과 관련된 활동에 참여하는 데 허용되지 않았다.

이런 관습은 반드시 절대적인 것은 아닌데, 왜냐하면, 구약 전통이 전통적 경계를 깨뜨리는 예외적인 여자들의 이야기를 포함하기 때문이다. 하지만 월경의 부정함에 대한 규칙을 준수하는 어떤 여자들도 자신들의 활동이 어떤 영역에서는 매우 제한된다는 것을 알게 될 것이다.

비슷한 목적이 출산을 중심으로 한 규칙들(위에 묘사된)과 연결되는 것 같다. 딸을 낳은 후의 더 긴 정화의 시간은 여자들이 남자들과는 다르게 사회에서의 적절한 지위를 갖는다는 사실을 가리키는 상징이 될 것이다.

4. 요약

사회인류학이 성경 본문에 대해 대체하지는 못하지만, 새로운 질문을 제기하고 새로운 유형의 질의를 제안하며 새로운 가설을 만들고 시험하는 데 유용할 수 있다. 본문을 이론에 억지로 맞추고자 성경 자료에 이론을 인위적으로 부여하려고 할 위험이 항상 있다. 어떤 이론도 성경 자료에 대해 끊임없이 시험되어야만 한다. 사회인류학은 주로 조심스럽게 다룬다면 유용하고 관심을 높이는 장치다.

인류학적 연구의 혜택 가운데 하나는 인류학적 연구가 레위기의 규례들에 대한 선호되는 개념들 일부가 아마도 잘못되었으며, 그 체계가 고대 이스라엘 사회에서 상당히 일리가 있다는 사실을 보여 준다는 것이다. 정함과 부정함에 대한 규정은 수 세기에 걸쳐 대두하고, 다른 시기에 사회 내에서 다른 기능을 했을 수도 있다.

이 관점에서 많은 규정이 오랜 세월이 흘러 진부할 수 있으며, 시간의 안개 속에서 규정들의 기원이 상실되었을 것이다. 그럼에도 규정들은 레위기에서 일관된 공시적 체계를 형성하고, 많은 다른 성경 본문을 포괄할 수 있다.

P와 같은 통일체가 있다면, 이것이 묘사하는 사회에서 중요한 목적을 지닌 일관된 부정함의 체계를 보여 준다. 부정함 체계를 조롱하는, 친숙한 현대(보통 기독교) 논쟁은 편견과 무지를 나타낼 뿐이다.

§ 더 읽어 볼 자료

이 섹션의 모든 주요 본문들은 밀그롬이 『레위기 1-16장』(*Leviticus 1-16*)에서 다룬 것이다. 그는 다뤄진 요점들 대부분에 대한 논의와 광범위한 참고 문헌을 제공한다. 다른 주석서들도 보라, 최근 논의에 대해 다음을 보라.

P.P. Jenson, Graded Holiness: *A Key to the Priestly Conception of the World* (JSOTSup 106; Sheffield: JSOT Press, 1992).

¹ 외에도 특히 후대 유대교에서의 개념들에 대해 다음을 보라.

J. Neusner, *The Idea of Purity in Ancient Judaism: The Haskell Lectures, 1972-1973*, with a critique and commentary by M. Douglas (SJLA 1; Leiden: Brill, 1973).

² 결과 부정결의 인류학적인 측면에 대해, 다음을 보라.

M. Douglas, *Purity and Danger: An Analysis of the Concepts of Pollution and Taboo* (London: Routledge & Kegan Paul, 1966).

J.J. Preston, 'Purification', in *The Encyclopedia of Religion* (London: Macmillan, 1987), XII, 91-100.

그러나 더글라스의 사고 가운데 몇 가지 요소는 광범위하게 비판을 받았다. 더글라스는 후대 저서, 특히 다음의 저서에서 자신의 입장을 재고했다.

M. Douglas, *Implicit Meanings: Essays in Anthropology* (London: Routledge & Kegan Paul, 1975). The two main essays on the question are 'Deciphering a Meal' (pp. 249-75) and 'Self-evidence' (pp. 276-318).

사회관계에 대한 격자 모델의 문제는 다음에서 다룬다.

M. Douglas, *Natural Symbols: Explorations in Cosmology* (London: Barrie & Jenkins, 1973).

---

1 *JSOT Journal for the Study of the Old Testament*
2 SJLA Studies in Judaism in Late Antiquity

더글라스의 비판에 대해, 특히 다음의 저서뿐만 아니라 그녀가 이전 저서에서 인용하는 아티클을 보라.

B. Morris, *Anthropological Studies of Religion* (Cambridge: Cambridge University Press, 1987), especially 203-18, 226-34.

더글라스에 토대를 두지만 그녀의 문제점을 피하려고 시도하면서 레위기 11장을 최근 다룬 자료는 다음과 같다.

M.P. Carroll, 'One More Time: Leviticus Revisited', *Archives européennes de sociologie* 19 (1978), 339-46.

부정결을 이해하는 데 새로운 토대를 놓을 필요가 있다는 주장에 대해, 다음을 보라.

A.S. Meigs, 'A Papuan Perspective on Pollution', *Man* 13 (1978), 304-18.

내 원고는 출판사에 있고 나는 참고하지 않았지만, 다음과 같이 레위기 11장의 정결한 짐승과 부정결한 짐승에 대한 새로운 연구는 나왔다.

W. Houston, *Purity and Monotheism: Clean and Unclean Animals in Biblical Law* (JSOTSup, 140; Sheffield: JSOT Press, 1993).

제4장[1]

제사장들과 레위인들

현재 논의 중인 성경책에 대한 보통 명칭은 레위기이며, 이는 라틴 벌게이트역을 거친 70인역에서 취한 명칭이다. '레위기'는 '레위인들의 책'을 의미한다.

다른 어떤 책도 완벽하게 제사장직과 제사장의 활동에 할애하지 않으며 레위기가 훌륭한 '제사장적 책'일지라도, 레위기는 제사장들을 위한 규정들에 대해서나 제사장직이 어떻게 기능을 하는지에 대한 완벽한 안내는 아니다. 그러므로 레위기는 제사장의 안내서로 분류될 수 없다.

그러나 레위기 전반과 특히 1-10장에는 이스라엘의 제사장직에 대한 중요한 정보가 있다.

이미 논의한 대로(제1장을 보라), 제시된 구조는 이상화된 것으로, 아마도 제사장적(P) 저자들이 움직이는 성막을 가지고 광야에서 방랑한 무리를 위해 적절하다고 생각하는 것에 대한 고안에 근거했을 것이다. 그럼에도 자료의 상당 부분은 전통적이며, 군주제 아래에서의 실제 제사장직과의 어떤 연관성을 제시한다.

---

1 *JSOT Journal for the Study of the Old Testament*

1. 성소

레위기는 성소를 묘사하는 것이 아니라 성소를 당연한 것으로 여긴다. 출애굽기의 마지막 장들은 광야 성막의 건설을 자세히 설명하고, 전통적으로 P 자료라고 여겨지면서, 보통 레위기의 성소에 대한 배경으로 간주된다. P 자료의 이론을 받아들일 필요가 있지만, 이것은 그럴 듯한 제안이다. 최소한 레위기의 어떤 내용도 출애굽기에 묘사된 것과 같은 성소와 모순되지 않는다고 말할 수 있다.

즉, 레위기에서 성소에 대한 모든 언급은 출애굽기 25-30장에 묘사된 성막과 일치한다. 이 점은 놀랍지 않은데, 에스겔 40-48장의 성전에 대한 일반적 배치조차도 중요한 차이점이 있지만 출애굽기의 성전과 동일하기 때문이다.

2. 거룩함의 개념

성소의 존재는 성스러운 장소와 성스러운 시간의 존재를 전제한다. '성스러운'이나 '거룩한'이라는 개념은 대부분의 종교 체계에 필수적이다. 이 개념은 잘 알려진 R. 오토(Otto)의 책 『거룩함의 의미』(*The Idea of the Holy*)에서 현대적 관점으로 묘사되었다. 그러나 이것은 우리가 고대 이스라엘의 관점에서 개념을 이해하는 데 도움이 되지 못할 것이다.

이스라엘과 다른 많은 제도에서 성스러운 공간과 시간의 중요성은 '집속 렌즈'로서의 기능인데, 이는 그 시간과 장소의 활동에 주목을 집중시키며, 신적인 것과의 관계에서 특별한 의미를 부여한다(참고, J. Z. Smith). 이스라엘의 문헌에서 성소는 어떤 내적 특질 때문에 거룩하다는 암시는 없다. 즉, 하나님 자신이 그렇게 지정했기 때문에 거룩할 뿐이다. 실제로 성막이 이론상 움직이는 성소라면, 지리적 위치는 거룩한 공간을 만들 수 없다.

성소와 성소에서 봉사하는 자들은 거룩하도록 특별한 방법으로 구분된다. 희생제사, 또는 최소한 희생제사의 어떤 부분 역시 거룩하게 된다. 그리고 제단에서 봉사하는 자들은 대부분의 이스라엘 사람들에게는 달리 금지되었던 성물을 먹도록 허용되면서, 이 거룩함에 참여한다. 제사장들은 그 밖의 다른 사람들만큼이나 부정결(impurity)과 죄에 민감하며, 그들의 성별 때문에, 특별히 주의해야만 한다.

특히, 대제사장은 자신들을 부정하게 만들 수도 있는 어떤 행위들도 (예를 들어, 애도) 피해야만 한다. 레위기 8-9장에 묘사된 기름 부음의 의식은 아론과 그의 아들들을 거룩하도록 구분하는 것이다.

3. 제사장의 의무

제사장들의 주요 기능은 제단에서 주관하는 것이다. 실제적인 면에서 제사장들은 도살업자들이다. 그들은 자신의 날들을 짐승을 도살하고 피를 제단에 뿌리고 그 후에는 짐승의 일부나 전체를 태우는 데 시간을 보냈다.

이것은 간단하고 세속적으로 보이지만, 그것과는 거리가 멀다. 이 일상적 활동은 복합적 상징을 띠게 하며, 깊은 의미로 가득하다. 자르고 썰며, 뿌리고 태우는 행동은 본질적인 가치를 지니지 않지만, 하나님은 그런 행위들에 종교적 의미를 띠게 하셨다.

제사장들은 거룩하고, 그들이 한 일들은 거룩한 일이다. 사실 그들의 힘든 일정은 그들을 지치게 할지라도 안식일과 성일에도 지속된다. 그들은 안식일에 일하지만 비난하지 못한다. 그들은 피와 내장을 파헤치지만 거룩하다. 그들의 보통 일상의 활동, 곧 도살하고 구우며, 일하고 먹으며 다른 이스라엘 사람들의 일과 비슷한 모든 활동은 거룩하다고 선언된다.

레위기 자체가 가리키는 대로, 논리적으로 제사장들은 제단에서의 기능뿐만 아니라 다른 기능도 수행했다. 예를 들어, 제사장은 '나병'으로 감염된 사람이나 사물이 정결한지 그렇지 않은지 선언해야 한다(레 13-14장). 우리는 이 사실에서 제사장의 책임 가운데 하나는 제사적 문제와 정결의 문제를 다스려야 한다는 사실을 도출할 수 있으며, 이는 학개 2:11-13에서도 지적하는 듯하다.

구약의 다른 본문은 다른 책임도 있다는 것을 시사한다. 신명기(신명기에서 그들은 '레위인 제사장들'이라고 불리는데)에 따르면, 그들은 재판관으로 행해야 한다(신 17:8-12; 19:17; 21:5). 그들은 모세의 율법(신 31:9-13)을 일반적으로 교사들에게 공표하는 책임을 맡는다(신 24:8; 27:9-10). 다시 말해서 그들은 종교적 법과 심지어 신명기에 따르면 시민법이라고 분류되는 상당 부분을 책임진다.

레위기는 이런 많은 부분에 대해서는 침묵한다. 레위기는 이런 활동을 전제할 수도 있지만 확실하지는 않다. 제사장들이 단순히 제단을 섬기는 일 이상을 해야 했다는 것은 가능성이 높으며, 다른 종교 제도와 제사장들의 유사한 점이 이를 뒷받침한다. 하지만 어떤 이유에서든 레위기는 이 문제에 대해 명백하게 설명할 필요를 느끼지 못했다.

4. 제사장의 몫

1) 희생제사의 몫

이미 논한 대로(제2장을 보라), 레위기 6-7장의 특별한 관심 가운데 하나는 제사장에게 가는 희생제물의 몫에 대한 것이다. 어떤 제물(특히 번제)은 완전히 태우지만 대부분의 제물에 대해서는 짐승의 어떤 부분만이 제단에 올리고 나머지는 바치는 자와 주관하는 제사장 사이에서 나누거나 모두 제사장에게 간다.

양이나 소의 대부분의 제물 가운데 두 부분은 제사장들에게 속한다. 가슴은 여호와 앞에 테누파(těnûfāh)로서 바쳐지고, 그 다음에 모든 제사장들("아론과 그의 아들들")에게 간다. 오른쪽 뒷다리는 테루마(těrûmāh)로 바쳐지고, 주관하는 제사장에게 할당된다(레 7:29-36).

이 용어들은 무엇을 의미하는가?

용어들의 정확한 의미는 상당한 논란의 대상이다.

영어 번역본들에서는 테누파(těnûfāh)를 '요제'(wave offering)라고 통상적으로 번역하고, 테루마(těrûmāh)를 '거제'(heave offering)라고 번역했다. 이런 식으로 이 용어들은 랍비 문헌에 번역되었다(m. Men. 5.6). 제물에 대한 정확한 이해는 랍비들에게 보존되었을 수 있지만, 이것은 반드시 사실은 아니다.

가장 초기의 랍비의 논의는 성전이 존재하지 않게 된 오랜 후에 편찬된 책인 미쉬나에서 발견된다. 다른 랍비의 언급들은 훨씬 후대의 것이다. 초기의 헬라어 번역본들은 이런 제물의 이해를 도울 일관된 번역을 제공하지 않는다. 그러므로 이 용어들을 이해하려는 어떤 현대적 시도들이 전통적 시도들과는 다르다는 것은 놀랍지 않다.

테누파라는 용어는 특히 제사장에게 할당된 화목제의 뒷다리에 적용되지만, 또한 다른 본문에도 사용된다. 밀그롬은 이 제물을 이해하려고 노력하면서, 테누파라고 불린 다양한 대상에서 두 가지 공동 분모를 지적한다.

첫째, 희생제사 전에 여전히 그 소유자의 소유에 속한 어떤 제물도 봉헌이 필요하다.

둘째, 제물의 구성이나 양식이 기준 밖에 있는 대부분의 희생제물은 추가적 성화가 필요하다.

실마리는 단어의 추정상 어원에서 찾을 수 있지만, 단어의 기원에 대해 일치된 의견이 전혀 없다. 아카드어 눕타(*nūpta*)는 '추가적 지불'을 의미한다. 이것이 같은 어족이라면, 테누파는 일종의 움직임과는 관계가 없다. 아카드어 단어의 의미에 맞춘 것은 아랍어의 같은 어족어 나우프(*nawf*) 곧 '여분'이라고 제안된 단어다. 밀그롬은 테누파 제물이 아론과 그의 아들들의 손에 쌓여 있다고 지적한다(출 29:24).

밀그롬은 이 묘사와 언어학과 이집트 제물의 비슷한 점을 사용하여, 이 단어가 하나님께 바치는 제물로서 봉헌하려고 대상을 들어 올리는 제사를 가리킨다고 제안한다. 어쨌든 움직임은 '흔드는 것'이 아니다.

그러나 앤더슨(Anderson)은 밀그롬이 아람어와 시리아어에서 인용한 나파(*nāfāh*)의 같은 어족어 증거가 밀그롬의 '올리다'보다 '흔들다'라는 개념에 더 잘 들어맞는다고 지적하면서, 이 해석에 반대한다. 앤더슨은 움직임에 대한 어떤 언급도 거부하지만, 테누파는 이스라엘의 제사에 잘 들어맞는 추가적으로 행한 어떤 것이라고 생각한다.

테누파에 대해, 이 단어가 나오는 모든 곳은 이것이 하나님이나 제사장을 위한 예물이라는 사실을 암시한다. 테누파 제물과는 대조적으로, 성전에는 의식이 없다. 어떤 행위가 수행되든지 성소 밖에서 행해졌다. *rwm* 곧 '올리다, 높다'에서 유래한 '거제'라는 번역은 의심스럽다. 그러나 히필 형태로 된 히브리어 동사는 '봉헌하다' 또는 '구분하다'를 의미한다.

이 단어는 '예물을 주다'를 의미하는 아카드어 라무(*râmu*)와 연결된다고 간주되었지만, 아카드어 단어의 기원과 역사는 복잡하다(Anderson을 보라). 이로 말미암아 이 단어의 사용은 문제가 된다. 테누파와 마찬가지로, 손의 특별함 움직임을 전제할 이유는 없다. 명칭의 정확한 의미가 무엇이든지 간에 테누파는 제사장에게 주어지는 희생제물이 되는 짐승의 가슴에 주로 적용된다.

문제는 어떤 본문은 주관하는 제사장이 희생제물의 몫을 받는다는 것(레 7:32-33; 참고, 레 7:7, 9-10)을 전제하는 반면에 다른 본문은 희생제물의 몫이 전체 제사장에 나누도록 할당되었다(레 7:30-31)고 전제한다는 것이다. 이런 불일치는 제사의 발전으로 설명될 수 있다. 즉, 이 몫들은 원래 성소가 작은 일에 관여할 때에는 주관하는 제사장에게 갔지만, 후속으로 제사장과 예배자가 증가하면서 변화가 필요했을 것이다.

2) 서원

레위기 27장에는 제사장을 지지하는 것에 대한 중요한 논의가 있다. 27장의 많은 부분이 서원 및 하나님께 대상과 소유물을 성별하는 문제에 할애한다(레 27:1-29). 인간, 짐승, 집, 땅을 하나님께 봉헌할 수 있다. 봉헌된 대상이 인간이라면, 그 사람은 돈으로 속량되어야 한다. 속량 금액의 평가는 나이와 성별에 따른다.

제물에 적합한 짐승을 서원했다면, 그 짐승을 희생제물로 바쳐야 한다. 즉, 어떤 대체물도 허용되지 않는다(대체하려는 어떤 시도도 원서약과 대체물 모두 하나님께 봉헌되었다는 것을 의미한다). 그러나 부정결한 짐승이라면, 그 가치에 20퍼센트를 더하여 속량되어야만 한다. 집은 그 가치에 20퍼센트를 더하여 속량될 수 있다.

땅은 희년까지 남아 있는 추수의 횟수를 고려하고, 이 횟수에 따라 가치를 설정하면서, 희년과 관련하여 가치가 매겨진다. 상속받은 땅은 그 가치에 20퍼센트를 더하여 속량될 수 있다. 그러나 소유주가 땅을 속량하지 않고 땅이 팔렸다면, 더 이상 속량할 힘이 소유주에게는 없었다. 대신에 그 땅은 제사장의 소유물이 된다.

신명기 18:1-2에 따르면, 레위인들(제사장들을 포함해서)은 개인으로서 땅을 소유해서는 안 된다. 그렇지만 명백히 성전과 제사장은 공동으로 땅을 소유할 수 있다. (우리는 땅에 대한 제사장의 소유권이 제2성전 시기에 거행되었다는 사실을 안다.)

그러나 구매한(상속받은 것과는 구분되게) 땅은 항구적으로 구매자에게 속하지만, 희년에 원소유주에게 반환된다. 그러므로 이런 땅을 성별하면, 희년에는 소유주에게 돌아갈 것이므로, 그 가격은 추가 없이 제사장들에게 주어진다.

온전히 바친 것들(헤렘[ḥērem])은 하나님께만 속하고, 사람이 사용해서는 안 된다(레 27:28-29). 온전히 바친 것들은 팔거나 속량할 수 없다. 온전히 바친 인간조차도 사형에 처해져야 한다.

보통 하나님께 속한 인간이 속량되어야 하므로, 이 마지막 진술은 당혹스럽다. 예를 들어, 장자는 그들의 자리를 레위인들이 대신하므로 돈을 주고 속량해야만 한다(민 3:5-13; 18:15).

한 이스라엘 사람이 다른 이스라엘 사람이나 심지어 노예를 이런 식으로 하나님께 바치도록 허용된 것 같지는 않다. 그러므로 '바쳐진 사람'이 누구인지, 누가 사형에 처해질지는 명확하지 않다. 그러나 하나님의 명령에 죽임을 당한 죄수에 대한 몇 가지 사례가 있으며, 이것이 의도된 것일 수도 있다(참고, 수 6:17-25; 10:24-27; 삼상 15장).

3) 첫 수확과 첫 열매

레위기는 처음 난 것을 간략하게만 언급한다(27:26-27). 제사장적 규정에 대한 다른 본문은 이를 확장한다(출 13:11-15; 34:19-20; 민 18:15-18). 즉, 모든 정결한 짐승은 제단에 바쳐야 하는데, 적절한 부분은 태우지만 고기의 나머지는 제사장에게 간다. 부정한 짐승을 다루는 것은 더 복잡하다. 한 세트 이상의 규정이 있는 것 같다.

출애굽기 34:20은 이것이 어린양이라고 말하는 반면에 레위기 27:27은 속량이 그 짐승의 금전적 가치에 20퍼센트가 더해지는 것에 따른다고 진술하지만, 부정한 짐승은 보통 속량하여야 하는 게 명백하다.

마찬가지로 부정한 짐승이 속량하지 않으면, 레위기 27:27은 그 짐승이 평가된 가치로 팔려야 하며, 돈은 성전을 섬기는 자들에게 가야 한다고 규정한다. 반면에 출애굽기 34:20은 짐승의 목을 부러뜨려야 한다고 말한다.

첫 열매는 레위기(2:14-16)와 다른 곳(특히 민 18:12-14; 신 18:4; 26:1-11)에서 언급된다. 양은 정확하게 진술하지 않고 이것들을 다른 제사장의 예물뿐만 아니라 제사장 전체에 주어야 한다는 인상을 받는다.

4) 십일조

십일조는 구약 율법과 그 율법을 이스라엘 사회에 적용하는 것을 이해한다는 게 얼마나 어려운지를 보여 주는 유용한 사례가 된다. 다른 어떤 주제도 이보다 구약이나 초기 유대 문헌에서 정보가 적은 것도 없다.

레위기에서는 십일조에 대해 거의 말하지 않고, 간략하게 레위기 27:30-33에서 언급할 뿐이다. 그러나 제사장에 대한 주요 지원은 논리적으로 십일조에서 올 것이다. 희생제물과 서원 가운데 제사장의 몫은 보통 상황에서 제사장직을 수행하는 데 충분하지 않을 것이다.

십일조에 대한 두 자료가 지적된다.

첫째, 밭의 소산물, 즉 곡식과 열매 등이 있다.
둘째, 가축이 있다.

민수기 18:25-32에서 지적하는 만큼 기대할 수도 있지만, 채소는 여기서 잠깐 언급될 뿐이다.

짐승의 십일조는 오경의 다른 어떤 곳에서도 언급하지 않는다. 짐승의 십일조에 대해서는, 좋든 나쁘든 짐승들을 지나가도록 하고 열 마리째마다 끊어 십일조로 바쳐야 한다. 소유주가 짐승을 대체하려고 한다면, 원래 짐승의 십일조뿐만 아니라 대체물까지 여호와께 속한다고 간주되는데, 이는 대체를 권장하지 않는 것이다.

십일조를 어떻게 사용해야 하는가에 대해서는 전혀 언급하지 않는다. 다른 본문을 고려해 볼 때(예를 들어, 대하 31:6), 제사장들의 수입 일부로 제사장들에게 간다고 추정할 수 있다.

많은 의문이 대두한다.

짐승의 십일조는 역대하 31:6을 제외하고는 구약 다른 곳에서 왜 언급하지 않는가?

이 십일조는 어떻게 이행해야 하는가?

전체 양 떼나 소 떼를 매년 지나가도록 한다면, 종축(種畜)이 문자 그대로 열 마리에 한 마리 꼴로 죽을 수도 있다.

그것은 단지 매번 새로 태어나는 송아지, 새끼, 어린양인가?

이것은 일리는 있지만 어떤 규정도 제시되지 않는다.

왜인가?

이것은 결코 실행되지 않은 이론상의 율법일 뿐일 수도 있다.

각 육종 짐승의 처음 난 것을 주는 것이 대략 10퍼센트에 달할 것이므로, 십일조는 어떻게 처음 난 것에 대한 명령과 연결되었는가?

고대 이스라엘에서의 십일조에 대한 전체 문제는 문학적 전통을 실제 상황에 연결시키는 어려움과 관련 있다. 민수기 18:21-32은 모든 십일조는 레위인들에게 가야 한다고 진술한다. 다시 레위인들은 이 십일조에 대해 다시 십일조를 내야 하며, 그것을 제사장들에게 준다. 느헤미야 10:38-39(개역개정 10:37-38)은 비슷한 상황을 묘사하는 것 같다.

반면에 신명기 12:17-19과 14:22-29은 "네 하나님 여호와께서 택하실 곳에서" 십일조를 먹는 것에 대해 말한다. 거리가 너무 멀면 십일조는 돈으로 바꿀 수 있으며, 절기 음식을 위해 바꾸도록 성소에 가져올 수 있다. 가정의 모든 구성원이 절기에 참여해야 하며, 레위인이 포함되어야 한다(신 12:18). 그러나 셋째 해에 십일조는 촌락에 가져와서 레위인, 객, 고아, 과부에게 주어야 한다.

이 규정들은 서로 어떻게 관련되는가?

규정들이 서로 관련되는지는 명확하지 않다. 일부 차이점은 어떤 집단이 부여하기 원했지만 사실 결코 실행된 적이 없는 이상화된 의식에 속했을 수도 있다. 그러나 제2성전 시기에 행해졌던 것에 대한 몇 가지 정보가 있다. 전통은 두 가지 십일조를 묘사하는 것 같다.

첫 십일조는 제사장들에게 가고, 둘째 십일조는 매년 절기에 예루살렘에 이동하는 데 사용되었다(Tob. 1:6-8[Codex Sinaiticus]; *Jub.* 32.8-15; Mishnah, 소책자 *Ma'aserot*와 *Ma'aser Sheni*). 또한, 가난한 사람의 십일조가 있는데(신 14:28-29), 이는 7년 주기의 셋째 해와 여섯째 해의 둘째 십일조를 다르게 사용한 것으로 간주되었던 것 같다(참고, 또한, *m. Pe'ah* 8:2).

그러나 어떤 자료는 세 가지 온전한 십일조가 셋째 해와 여섯째 해에 바쳤다는 사실을 가리킨다(Tob. 1:6-8[Codex Vaticanus]; Josephus, *Ant.* 4.8.22 § 240). 소의 십일조에 대한 한 언급은 이것이 둘째 십일조로 사용되었다는 사실을 가리킨다(m. Bek. 9.1-8). 지시가 거의 없다는 사실에서 볼 때, 십일조는 제사장에게 십일조를 했던 레위인들에게보다는 직접 제사장에게 갔다(Tob. 1:6-8; Jdt. 11:13; Josephus, Ant. 20.9.2 §206).

요약하면, 구약과 후대 유대 출처의 많은 자료에도 불구하고, 십일조에 대한 정보는 여전히 매우 혼란스럽다. 제사장을 위한 곡식 십일조가 있었다는 것은 고대 근동에 이런 관습이 널리 퍼져 있으므로 가능성이 있다.

소제와 희생제물용 짐승의 다양한 부분은 제사장들, 특히 매년 많은 방문객과 순례자가 있는 국가의 성소에서 주관하는 제사장에게 충분한 후원이 되는 것 같지는 않다. 이런 확고한 추론을 넘어서는 문제는 추측일 뿐이다.

5. 레위인들

레위기는 레위인을 한 번만 언급하지만(레 25:32-34) 레위인의 존재는 당연한 것으로 여겨졌다. 학자들은 일반적으로 이 본문이 민수기 8:5-26, 18:6-7과 아마도 에스겔 44-45장과 같은 본문들에 들어맞는다고 받아들였다. 상황은 오경의 'P'층에서 일관된 것 같다.

즉, 아론의 아들들만 제단에서 주관해야 했으며, 그들만이 이 용어의 참된 의미에서 제사장이었다. 레위인들은 그들의 책임이 실제 성막을 돌보고 제사장과 제사 봉사를 섬기는 데 있던 아래 계급의 성직자였다.

이 사실은 모든 레위인('레위인 제사장'이라고 불리는)이 제사장들이고 제단에서 섬길 수 있도록 허용되었다고 여겼던 신명기의 견해와 대조된다. 역사적 현실은 일반적으로 요시야의 개혁에 바로 이어지는 시기와 관련된다고 간주된다.

지역 성소에서 봉사하는 레위인들을 예루살렘에 데려왔을 때, 제단에서 봉사하기에는 너무 많은 반면에 전통적인 예루살렘 제사장들은 이 특권을 어쨌든 공유할 생각이 없었다. 그러므로 레위인들은 일종의 2등급 성직자가 되어, 육체적 봉사의 임무를 맡았지만 제단에서의 봉사에서는 배제되었다.

6. 제사장들의 기름 부음과 성별

레위기 8-9장은 아론과 그의 아들들이 그들의 직위에 대해 기름 부음을 받고 성별되는 의식을 묘사한다. 이것은 P의 허구라는 데 의견이 일치한다. 즉, 8-9장은 시내광야의 아론과 모세에 연루된 실제 사건을 묘사하고 있지 않다.

반면에 이 장들은 제사장적 신념이나 관습에 대한 무언가를 설명할지도 모른다. 레위기는 출애굽기(29:9; 40:15)와 마찬가지로 아론과 그의 아들들의 기름 부음을 한 번의 사건으로 묘사하며, 항구적으로 그들의 자손을 제사장직을 위해 구별하는 것 같다. 그러나 모든 새로운 대제사장은 관례상 기름 부음으로 임명되었다(레 6:15[개역개정 6:22]).

레위기 8-9장에 묘사된 긴 의식은 '통과 의례'라고 알려진 의식의 많은 특징을 지닌다(van Gennep). 이것은 소년기나 소녀기에서 성년기로 통과하는 것과 같이 한 사람이 삶의 한 단계에서 다른 단계로 통과할 때 발생하는 의식을 가리키는 인류학적 용어다. 먼저 분리의 의식이 있고, 다음으로 그 사람이 '경계의' 상태(한 국면과 또 다른 국면 사이의 '경계에' 있는)에 있는 과도기의 의식이 있다.

이 경계의 상태에 있을 때 위험이 있을 수도 있으며, 의례는 이런 과도기를 겪고 있는 사람을 보호하도록 신중하게 거행되어야 한다. 아론과 그의 아들의 경우, 그들은 '보통'에서 '성스러움'으로의 통과를 겪고 있다. 다양한 정화와 번제와 씻음이 거행되고, 특별한 위임 제사가 수행되며, 기름 부음이 행해진다.

그 다음에 관여한 자들은 회막에서 격리되어 일주일을 머물러야 한다(과도기의 의식). 마지막 조치는 통합의 의식이며, 이 경우 여덟째 날에 희생제사와 의식으로 구성된다(레 9장). 그러므로 레위기 8-9장의 성별 의식은 문자 사용 이전의 현대 사회와 현대 서구 문화의 사례에서 알려진 통과 의례와 비슷하다.

7. 나답과 아비후의 죽음

기름 부음에 관한 장들에 바로 이어 10장에서는 제단에 '다른 불'(에쉬 자라[eš zārāh])을 바친 행위로 아론의 아들 나답과 아비후가 죽게 된 사건을 묘사한다.

이 사건은 두 아들의 '죄'가 결코 명백하게 지적되지 않으므로 당혹스러운데, 그 결과 이 본문은 후대 유대교에서 많은 설명을 야기했다(Hecht; Kirschner). 그러므로 금송아지 사건과 마찬가지로, 우리는 이야기의 배후에 무엇이 있는지 물어야만 한다.

레위기의 이 부분을 늦은 시기의 연대로 보는 자들은 포로기나 포로기 이후의 어떤 사건을 보통 찾는다. 예를 들어, 노트(Noth)는 배경에서 다른 제사장 집단들 사이의 내적 분쟁을 보았다고 생각한다.

그러나 다른 이들은 이 배경을 군주제 시기의 한 사건이나 또는 다른 사건으로 돌린다. 밀그롬은 이 장이 개인적 분향을 반대하는 논쟁이라고 제안한다. 이스라엘 사람들이 자신들의 집이나 예루살렘 성전 밖의 다른 곳에서 하나님에게 분향하는 일이 흔했다고 문헌적으로도 고고학적으로도 지적된다.

제사의 중앙화를 믿는 자들은 이런 관습을 인정하지 않을 것이다. 레위기 10장의 사건과 같은 생생한 이야기는 개인적 분향이 위험이 따랐다는 사실을 건전하게 상기시키는 역할을 할 것이다.

8. 제사장적(P) 신학

학자들이 특히 선지자들과 대조적으로 제사장의 위치를 흔히 경시해 왔다(명백하게든 암묵적으로든). 제사장들은 기계적 제사, 공허한 의식에 관심을 가졌다. 대조적으로 하나님의 행위들을 암송하는 시문과 선지자들의 선언 등에서도 알려진 대로, 종교의 핵심은 하나님의 살아 있는 말씀이며, 그 말씀의 윤리적 의미였다. 이것은 지나치게 단순화한 것이지만, 일반적 문제를 잘 보여 준다.

폰 라드(von Rad)와 같은 저명한 학자조차도 제사장적 저자들에게서 찬양을 거의 찾지 못한다.

고대 이스라엘의 제사에 대한 완벽한 묘사에 가까운 어떤 것도 존재하지 않는다. 어떤 경우 제사적 의식에 대한 묘사가 일부 있지만, 그 제사를 어떻게 매일 수행했는지는 알려지지 않았다.

기도는 일부 희생제사를 동반하는가 아니면 모든 희생제사를 동반하는가?

노래가 있는가?

많은 시편이 기도와 노래로 제사에서 기원했다고 간주되지만 이 사실은 추론될 뿐이다. 후대 유대 문헌은 성전과 성전의 제사가 참여자들에게 상당한 상징적 의미를 지녔다는 사실을 암시한다. 하지만 이것도 추측에 의한 것일 뿐인데, 후대 문헌들은 이전 견해에 대해 어떤 지적도 하지 않기 때문이다.

인정해야만 할 사실은 제사적 본문의 목적이 제사를 신중하게 묘사하는 것이라는 점이다. 레위기는 엄밀한 의미에서 제사적 본문이 아닐 수 있지만, 제사적 본문과 공통적 특징을 많이 지닌다. 그러나 제사적 본문은 제사의 신학적 의미나 종교적 의미를 설명하지 않는다. 이것은 다른 종류의 본문에서 발견될 수 있거나 구전으로 보존될 수도 있다. 제사 자체는 참석한 자들에게 상당한 의미를 전달할 것이다.

제사장의 주요 의무가 위에서 지적한 대로, 제단에서 봉사하는 것이지만, 제사장들은 한가로이 자신들의 지성을 지적 임무에 헌신하는 이스라엘 사람들 가운데 몇 안 되는 무리에 속했을 것이다. 많은 시편과 심지어 지혜 문학이 제사장들에게서 대두했다고 해도 거의 놀랍지 않을 것이다.

제사장들이 엄격한 의미로서의 제사를 넘어 흥미를 지녔다는 사실은, 가장 넓은 의미에서 사회와 삶의 안내에 대해 레위기 전반에서 발견되는 다양한 자료에서 지적된다.

간단히 말해서, 제사장들이 반복적으로나 기계적으로 공허한 의식을 행했을 뿐이라고 여기는 것은 잘못일 것이다. 반대로 의식은 제사장들과 보통 이스라엘 사람들에게 상당한 영적 의미를 지녔다고 믿을 이유가 있다. 우리는 이 의미에 대해 추측할 뿐이지만, 의미가 있었다는 사실은 분명하다. 제사장들은 아마도 고대 이스라엘에서 최초의 신학자였을 것이다.

§ 더 읽어 볼 자료

제사장들과 레위인들에 대한 일반적 연구는 다음에서 볼 수 있다.

A. Cody, *A History of Old Testament Priesthood* (AnBib 35; Rome: Pontifical Biblical Institute, 1969).

[2]A.H.J. Gunneweg, *Leviten und Priester: Hauptlinien der Traditionsbildung und Geschichte des israelitisch-jüdischen Kultpersonals* (FRLANT 89; Göttingen: Vandenhoeck & Ruprecht, 1965).

[3]A.H.J. Gunneweg, *Leviten und Priester: Hauptlinien der Traditionsbildung und Geschichte des israelitisch-jüdischen Kultpersonals* (FRLANT 89; Göttingen: Vandenhoeck & Ruprecht, 1965).

[4]P.P. Jenson, *Graded Holiness: A Key to the Priestly Conception of the World* (JSOTup 106; Sheffield: JSOT Press, 1992) chs. 2, 3, and 5.

2　AnBib Analecta biblica

3　AnBib Analecta biblica

4　FRLANT Forschungen zur Religion und Literatur des Altenund Neuen Testaments

[5]*구약신학 사전*(*Theological Dictionary of the Old Testament, Theologische Wörterbuch zum Alten Testament*)에서 '레위인들'과 '제사장들'에 대한 아티클을 또한 보라.

성스러움이라는 개념에 대해, 다음을 보라.

R. Otto, *The Idea of the Holy* (Oxford: Oxford University Press, 1923).

J.Z. Smith, 'The Bare Facts of Ritual', *History of Religions* 20 (1980), 112-27; reprinted in *Imagining Religion: From Babylon to Jonestown* (Chicago Studies in the History of Judaism; Chicago: University of Chicago Press, 1982), 53-65.

_____ *To Take Place: Toward Theory in Ritual* (Chicago Studies in the History of Judaism; Chicago: University of Chicago Press, 1987).

『종교 백과사전』(*Encyclopaedia of Religion*)에서 '성과 속', '성스러운 공간', '성스러운 시간'에 대한 아티클을 또한 보라.

구약의 십일조에 대한 주요 연구는 다음과 같다.

O. Eissfeldt, *Erstlinge und Zehnten im Alten Testament: Ein Beitrag zur Geschichte des israelitisch-jüdischen Kultus* (Beiträge zur Wissenschaft vom Alten Testament 22; Leipzig: J.C. Hinrichs, 1917).

통과 의례에 대해 다음을 보라.

A. van Gennep, *The Rites of Passage* (London: Routledge & Kegan Paul, 1960).

---

5 *JSOT Journal for the Study of the Old Testament*

나답과 아비후 사건에 대한 후대 해석에 관해 다음을 보라.

R. Hecht, 'Patterns of Exegesis in Philo's Interpretation of Leviticus', *Studia Philonica* 6 (1979-80), 77-155.

R. Kirschner, 'Rabbinic and Philonic Exegesis of the Nadab and Abihu Incident (Lev. 10:1-6)', *JQR* 73 (1982-83), 375-93.

[6] 신학 문제에 대해 다음을 보라.

Milgrom, *Leviticus* 1-16, 42-51.

G. von Rad, *Theology of the Old Testament*. I. *The Theology of Israel's Historical Traditions* (Edinburgh: Oliver & Boyd, 1962), 232-79.

제5장

"내가 거룩하니 너희도 거룩할지어다" 성결법

　레위기 17-26장은 보통 레위기 나머지와 구분되며, 성결법전이라고 불리고(제1장을 보라), 레위기 27장은 나중 추가된 부록으로 간주된다. 17-26장은 레위기 1-16장과는 다른 관점을 제시하는데, 주제 문제는 때로 비슷하지만 관점은 제사장보다는 일반 사람들의 관점이다.

　많은 섹션이 피의 흘림과 취급(17장), 금지된 성관계(18장), 제사장에 대한 규정(21-22장), 절기들(23장), 안식년과 희년(25장), 축복과 저주(26장)와 같은 명백한 주제들에 할애된다.

　다른 장들, 특히 19장과 20장은 현대적 개념 면에서 적절한 조직에 대한 잡다한 특성을 보인다. 하지만 단일 주제에 할애된 것 같은 이런 장들도 항상 일관된 내적 구조를 보이는 것은 아니며, 결합된 개별 전승들에서 유래했을 수도 있다.

1. 레위기 17:1-16: 피의 흘림과 그에 대한 취급

피가 제단에 뿌려지고 기름이 제단 위에서 태워지도록 모든 도살은 제단에서 행해져야 한다고 묘사된다(17:3-7). 그러므로 음식을 위한 짐승의 모든 도살은 희생제사의 맥락에서 발생할 것이며, 어떤 도살이나 고기 소비도 성소에서 떨어져 행해질 수 없다.

이 조항은 어떻게 실제적인 면에서 행해질 수 있는가?

이 어려움은 신명기 12:20-25에서도 부각되는데, 거기서 짐승에서 피를 빼기만 하면 세속적 도살이 허용된다고 진술할 때 이런 규정을 변경하는 것 같다. 이것은 레위기 17장이 현실과는 동떨어진 이상화된 제도를 묘사하거나, 제단으로 오고 가는 게 약 하루 정도 소요되는 숫자와 영토에서 충분히 작은 사회를 묘사했다는 것을 의미한다.

이에 대한 당연한 추론은 모든 희생제사는 중앙 성소에서 행해져야 한다는 것이다. 구체적 장소를 레위기에서 언급하지 않지만, 배경은 광야의 (허구적) 성막이 되면서, 오직 한 제단을 묘사했다는 것은 분명하다. 희생제사는 다른 곳에서 행해져서는 안 된다(17:7-9). 제단에서의 도살에 대한 이 규칙에 대한 예외는, 피를 땅으로 빼내는 한 성소에서 떨어져 사냥하고 죽여 먹는 정결한 야생 짐승이나 새의 경우였다(17:13-14).

피 자체는 이 장에서 중심이 되는 요소다. 인간과 짐승의 생명은 그들의 피에 있다. 이런 이유에서, 피는 먹지 않고 제단에 뿌리거나 땅에 쏟고 먼지로 덮어야 한다. 피는 희생제사에서 강력한 상징의 역할을 하며, 제사의 의미에 대한 신학적 논의에서 마땅히 고려되어야만 한다.

동일한 이유에서 피는 먹지 않아야 하며, 저절로 죽거나 짐승에 죽임을 당한 것도 먹지 않아야 한다. 즉, 피는 먹는 자를 부정하게 한다(17:15-16). 이런 섭취는 엄격하게 금지된 것인지 아니면 불쾌한 일인지는 논란의 여지가 있다.

2. 레위기 18:1-30: 금지된 성관계

18장의 상당 부분은 근친상간이라고 보통 불리는 것, 즉 연루된 사람들의 가까운 친족 관계 때문에 금지된 성관계를 다룬다. 그러나 다른 성행위도 언급된다. 다음은 이스라엘 남성에게 금지된다.

첫째, '자기의 살붙이'(가까운 혈연관계), 즉 어머니나 계모(레 18:6-8), 누이, 이복누이, 형수나 계수(레 18:9, 11, 16), 며느리(레 18:10, 15), 고모나 이모(레 18:12-14), 한 여자와 그녀의 딸이나 손녀(레 18:17)와의 성행위. 다른 규정들은 적절하다고 여겨지는 것에 더 관심을 보이는 것 같다.

즉, 아내의 여자 형제를 경쟁 아내로 맞이하지 않아야 하거나(레 18:18) 월경 때 성관계를 하지 않아야 하거나(레 18:19) 이웃의 아내(레 18:20)나 다른 남자(레 18:22)나 짐승(레 18:23)과 관계하지 않아야 한다. 자녀를 몰렉에게 바치는 것이 금지되었다(레 18:21).

금지된 관계는 이집트 사람들과 가나안 사람들이 '가증한 것'에 호소하여 정당화되었다(레 18:1-5, 24-30). 이 사람들이 이스라엘 사람들보다 도덕적이지 못하다거나 그들의 성적 관습이 반드시 매우 다르다는 증거는 없다(고대 이집트의 악명 높은 형제자매 간 결혼은 왕족에게만 국한되었던 것 같다).

예상할 수 있듯이, 이스라엘과 비교되는 이 사람들 사이에서 근친상간을 구성하는 것에 대한 정의에서 차이가 있을 수 있지만, 그들은 자신들의 엄격한 사회 규칙을 가졌다. '이집트 사람들과 가나안 사람들의 가증한 것'은 특히 가나안 종교와 관련하여 여전히 있는 허구다.

성관계는 어떤 공동체 내에서든 사회 관습의 중심에 있다. 각 사회는 어떤 종류의 성관계를 허용하고 허용하지 않는지에 대한 엄격한 견해를 가진다. 이 견해들은 시간이 지나면 변할 수도 있으며, 인간 본성과 열정이 그렇기 때문인데, 규칙은 종종 어겨지지만 겉으로 가장 문란해 보이는 사회에서도 여전히 존재한다. 실제로 한 사회의 어떤 지역에서의 문란함은 또 다른 지역에서의 매우 엄격함으로 조화를 이룰 수도 있다.

사회인류학자들은 금지된 성관계와 허용된 성관계에 대한 규정들이 친척들과 외부인들에 보이는 태도에 대한 중요한 단서가 된다는 사실을 발견했다. 많은 문자 사용 이전의 사회에서 정교한 규칙이 결혼을 통제한다. 종종 이런 규칙은 아내나 남편의 유일한 공급처가 원수 부족이라고 해도 족외혼을 규정한다.

여기서 이스라엘의 규칙은 친사촌 사이에서도 결혼을 허용하면서 관대하다('가나안 사람들'은 가까운 친족과의 성관계를 허용한다는 주장에도 불구하고). 그러므로 이스라엘은 동족 결혼의 사회였다. 이것은 비이스라엘 사람들에 대한 엄격한 경계를 강조하는 것과도 들어맞는다. 내부 집단들 사이의 쉬운 결혼은 물론 외부인들과의 결혼에 대한 필요성을 방지하는 데 도움이 된다.

3. 레위기 19:1-20:27: 잡다한 규례들

'잡다한'이라는 용어는 현대적 관점을 가리키는 데 사용된다. 분명히 고대 저자/편찬자는 자신들의 견해를 가졌으며, 자신들의 관점에서는 논리적 방식에 따라 자료를 배열했을 수도 있다. 이 섹션은 고대 근동의 다른 곳에서 알려진 법뿐만 아니라, 언약 법전(출 21:1-23:33) 및 신명기 12:26과도 비슷한 점이 많다.

레위기 20:10-21의 주제도 레위기 16장과 비슷하며, 물론 어떤 식으로든 직접적으로 빌리지는 않은 것 같다. 많은 주석가(예를 들어, Patrick)가 19:1-20:9의 규정들은 십계명과 비슷하다고 제안했다. 십계명 일부의 내용이 여기서 반영되는 것은 사실이지만(예를 들어, 레 19:11-12/출 20:7, 13), 이것은 우연인 듯하다.

레위기 19-20장과 십계명 사이의 구조와 어법 사이에 명백한 관계는 없다. 구약과 고대 근동의 다른 곳에 나오는 법적 자료를 비교하면, 상당한 전통적인 권고의 자료들이 그 지역에 널리 퍼져 있었다는 것을 보여 준다. 각 사람들은 자신의 방식으로 전통을 선택하고 수정하며, 개정하고 발전시켰지만, 중대한 중복을 현존하는 문헌에서도 쉽게 목격할 수 있다(제1장을 보라).

4. 레위기 21:1-24: 제사장직에 대한 규례들

모든 이스라엘은 거룩해야 한다는 것이 전제이지만, 제사장들은 훨씬 엄격해야만 한다. 제사장들은 가까운 친족, 즉 어머니, 아버지, 아들, 딸 결혼하지 않은 누이 이외에는 장례에 참여하여 시체와 접촉함으로써 스스로를 더럽히지 않아야 한다(레 21:1-4).

제사장들은 자신들의 머리, 수염, 살을 추하게 하여 애도 의식을 행해서는 안 된다(레 21:5-6). 그들은 창녀나 이혼한 사람과 결혼해서는 안 되며, 창녀가 된 제사장의 딸은 태워야만 한다(레 21:7-9).

우리는 대제사장이 제2성전 시기에 매우 중요해진 사실을 알지만, 전체 구약은 대제사장에 대해 많은 것을 말하지는 않는다. 그러나 레위기는 이 장이 보여 주는 대로, 대제사장을 묘사한다(레 21:10-15).

대제사장은 성스러운 기름으로 기름 부어져야 한다(이에 대한 더 자세한 언급을 위해 제4장을 보라). 그는 심지어 가까운 친척을 위한 장례식에도 참석하지 않아야 하며, 어떤 종류의 애도 의식에도 관여하지 않아야 한다. 대제사장은 자기 민족의 처녀와 결혼해야 한다.

제단을 주관할 수 있는 자들에 대한 규정도 엄격하다(레 21:16-23). 희생제물로 바칠 짐승들이 몸에 결함이 없어야 하듯이, 제사를 주관하는 제사장들도 몸에 흠이 없어야 한다. 제사장들이 대표자일 뿐이지만, 많은 이런 결함이 언급된다. 그럼에도 육체적 기형이나 질병으로 말미암아 제사장의 의무를 수행하지 못하는 제사장들도 제사장의 몫은 먹도록 허용된다.

5. 레위기 22:1-33: 성스러운 예물에 대한 규정

희생제사의 짐승과 다른 제물의 어떤 부분들은 제사장에게 가야 한다(제4장을 보라). 이 부분들은 성스러우며, 오직 자격을 갖춘 자와 특정 조건에서만 먹어야 한다. 정결한 상태에 있는 제사장들과 그들의 가족만이 이 부분들을 먹을 수 있다(레 22:3-16). 다양한 종류의 부정함이 명시되지만, 이것들은 이미 언급된 것과 다르지 않다(제3장을 보라).

일반 사람들은 이 성물을 먹지 않아야 한다. 고용된 종들도 먹지 않아야 하지만, 제사장들이 소유한 종들은 가족의 일원으로 간주되어 먹을 수 있다. 제사장의 몫은 일반 사람과 결혼한 제사장의 딸이 이혼하거나 과부가 되어 자기 아버지의 집에 돌아오지 않았다면, 그녀에게는 금지되었다. 일반 사람이 부지중에 성스러운 예물을 먹었다면, 그는 가치의 20퍼센트를 추가하여 배상해야만 한다(레 22:14).

모든 제물은 주요한 몸의 결함이 없는 온전하고 정상적인 짐승이어야 한다(레 22:17-25). 눈이 멀거나 부상을 당하거나 불구가 되거나 어떤 종류의 질병을 가진 것도 거부된다. 거세당한 짐승도 받아들여지지 않는다(함축적 의미는 보통 주변 나라들의 관습과는 반대로 이스라엘 사람들이 자신들의 짐승을 거세하지 않았다는 것이다).

지나치게 짧거나 긴 다리를 가진 짐승은 자원하는 예물로는 받아들여질 수 있지만, 서원을 위한 예물로는 받아들여질 수 없다. 이 규정이 실제로 어떻게 해석되었는지는 알려지지 않았지만, 이것은 흠에 대한 명백한 허용일 뿐이다.

갓 태어난 짐승은 어미와 7일을 함께할 때까지는 희생제물로 바쳐서는 안 되며(레 22:26), 어미와도 같은 날에 희생제물로 바쳐서는 안

된다(22:27). 어떤 감사 제물도 바친 날에 먹지 않아야 한다. 남겨진 어떤 것도 태워야 한다(22:29-30, 7:15과 일치하게).

6. 레위기 23:1-14: 절기

절기에 대한 문제는 아래 제6장에서 다룰 것이다.

7. 레위기 24:1-9: 등잔과 진설병

이 장의 첫 부분은 성소 내부이지만 지성소를 분리하는 휘장 앞의 영역과 관계된다(제4장의 도표를 보라). 매우 순수한 감람유가 등잔에서 계속 타도록 제공되어야 한다(레 24:2-4). 또한, 매 안식일에 열두 덩이의 떡(유향과 함께)을 놓아야 하는 상이 있어야 한다. 유향은 명백히 그 주간의 마지막에 태워야 하며, 제사장들은 떡을 먹을 수 있다. 이것은 진설병으로 알려졌다.

8. 레위기 24:10-23: 신성모독

때로 레위기 내에는 구체적 법보다는 내러티브가 나온다. 이런 경우 논의가 되는 사건은 직접적 지시보다는 사례로 행해야 할 것을 설명하도록 의도된 것 같다.

이 본문에서 아버지가 이집트 사람인 한 이스라엘 사람이 하나님의 이름을 신성모독적으로 사용했다. 그는 하나님께 묻기 전까지 구금된다. 하나님의 응답은 전체 공동체가 그 사람을 돌로 쳐야 한다는 것이었다. 미래에 하나님의 이름으로 신성모독하는 누구도 마찬가지로 돌로 처형되어야 한다.

이 섹션 안에서는 복수법으로 알려진 생명과 징벌의 복수에 대한 삽입된 단락이 있다.

1) 복수법

레위기 24:17-22은 생명, 특히 인간의 생명의 중요성을 강조한다. 다른 사람을 죽인 자는 처형되어야 한다. 짐승을 죽인 사람은 배상을 해야만 한다. 원리는 역시 부상이 가해자에게 상응하는 부상으로 벌충되어야 한다고 진술한다. 즉, 유명한 "눈에는 눈, 이에는 이"라는 원리다. 이 법은 종종 원시적이며 야만적인 관습으로 오해를 받았는데, 이 법을 후대의 당황한 입법자들이 완화시키려 노력했다.

사실 이전 원리는 다른 사람을 부상 입히는 사람은 배상해야만 한다는 것이었다. 확대가족이나 공동체의 경우에, 이것은 문제를 해결하는 가장 단순한 방법이었다. 부상당한 자의 가족은 동일한 혜택을 받았다.

복수법은 두 가지 이유로 법학 이론에서 중요하게 진전된 것이었다.

첫째, 복수법은 모든 사람을 법 앞에서 평등하게 만들었다. 부자는 단순히 금전적인 보상으로 다른 사람을 부상당하게 한 범죄를 피할 수 있었다. '눈에는 눈'이라는 원리는 상당히 공평하게 하는 원리다.

둘째, 복수법은 지파나 국가가 지역 공동체에서 정의의 기능을 넘겨받은 단계를 나타냈다.

9. 레위기 25:1-55: 안식년과 희년

안식년과 희년에 대한 문제는 아래 6장에서 다룰 것이다.

10. 레위기 26:1-46: 마무리하는 축복과 저주

레위기와 같은 책의 적절한 문학적 마무리는 레위기에 포함된 명령을 주의하느냐 무시하느냐의 결과를 보이는 섹션이다. 비슷한 결론은 신명기 28장에서 찾을 수 있다. 여기 레위기 26장에서는 평화와 풍요와 다산의 약속과 더불어 순종을 위한 축복이 먼저 나온다(26:3-13). 불순종에 대한 저주를 다루는 섹션은 더 길고, 더 명확한 구조를 이룬다(26:14-38).

다섯 섹션은 "너희가 내게 청종하지 아니하면, 내가 너희를 일곱 배나 더 징벌하리리라"라는 구절이나 비슷한 표현들로 구분된다(26:14-17, 18-20, 21-22, 23-26, 27-38). 목적은 이스라엘이 더 길게 순종하기를 거부할수록, 매번 일곱 배를 더하여 징벌이 더 강해지도록 하여, 점차 강조하는 효과를 일으키려는 듯하다.

땅에서의 추방에서 절정에 이르기는 하지만, 이것이 일관되게 완수되지는 않은 것 같다. 마지막으로 회개와 포로에서의 귀환에 대한 희망이 표현된다(레 26:39-45).

이런 축복과 저주는 다른 고대 근동 문헌에서 잘 알려졌다. 국제 조약은 보통 축복과 특히 불순종에 대한 저주의 목록으로 마무리했다. 소위 '법전'은 종종 비슷한 섹션을 포함한다. 예를 들어, 함무라비 법전의 에필로그는 신들이 왕에게 방금 열거된 놀라운 법들을 주목하지 않는다고 다양한 방법으로 어떻게 징벌하는지를 자세히 기록한다.

레위기 26장의 목록과 마찬가지로, 축복은 간략하게 열거되고 저주가 지배적인 경향이 있다. 레위기 26:31-45은 추방과 귀환에 대한 언급으로 마무리하는데, 이로 말미암아 많은 학자가 이것이 주전 587/586년의 유대인의 추방과 주전 538년의 그들의 귀환에 대해 알고 있다는 것을 보여 준다고 주장하게 되었다.

이것은 정확한 해석일 수 있지만, 비교할 만한 문헌에서의 전통적 징벌들 가운데 하나는 땅의 백성들이 포로로 끌려갈 것이라는 점이 지적되어야 한다(예를 들어, Code of Hammurabi xxvi.73-80; xxviii.19-23).

11. 레위기 27:1-34: 서원과 십일조에 대한 부록

일반적으로 레위기 27장은 논리적으로 6장에서 끝나야 하는 H의 구조에 들어맞지 않는다고 느껴진다. 레위기 27장은 후대 추가물로서 H에 대한 부록으로 추가된 것 같다. 내용의 논의에 대해 제4장을 보라.

§ 더 읽어 볼 자료

이스라엘과 고대 근동의 법에 관한 참고 문헌에 대해 제1장을 보라.

고대 근동 조약의 축복과 저주에 대해 다음을 보라.

D.J. McCarthy, *Treaty and Covenant: A Study in Form in the Ancient Oriental Documents and in the Old Testament* (AnBib 21A; Rome: Pontifical Biblical Institute, 2nd edn, 1978), 172-87.

[1] 가나안 사람들에 대해 다음을 보라.

N.P. Lemche, *The Canaanites and their Land: The Tradition of the Canaanites* (JSOTSup 110; Sheffield: JSOT Press, 1991).

---

1 AnBib Analecta biblica

제6장[1]

성스러운 시간: 의식용 달력

　성스러운 시간이라는 개념은 모두는 아니더라도 대부분의 종교에서 발견되며, 대부분의 예배 형태에서 당연한 것으로 여겨진다. 이것은 어떻게 하나님을 예배하는가뿐만 아니라 언제 예배하는가에 관한 것이다. 하나님은 일정 시간을 어떻게 사용해야 하고 사용하지 않아야 하는지에 대한 규칙과 더불어 그 시간을 다르게, 즉 거룩하게 구분했다.

　레위기의 여러 섹션은 다양한 준수에 대한 적절한 시기에 관심을 가진다. 즉 안식년과 희년뿐만 아니라 매주의 안식일과 매년의 절기가 있다.

1　*JSOT Journal for the Study of the Old Testament*

1. 달력

시기 곧 달력의 결정은 절기와 거룩한 시기에 대한 규정에 중요하지만, 놀랍게도 달력은 구약 어디에서도 논의되지 않는다. 달력은 당연한 것으로 여겨지는 것 같으며, 지나가면서 언급되었을 뿐이다.

일부 본문에서 달은 '일곱째 달', '첫째 달' 등과 같이 숫자로만 열거된다. 이 가운데 일부만 알려졌지만 때로 옛 히브리 달의 이름이 언급된다. 주로 달의 실제 이름이 구약에 사용될 때, 바벨에서 빌린 후대 유대 이름이 사용된다.

바벨 이름	옛 히브리 이름
니산	아빕
이야르(구약에 언급되지 않음)	시브
시완	
타무즈(구약에 언급되지 않음)	
아브(구약에 언급되지 않음)	
엘룰	
티슈리(구약에 언급되지 않음)	에다님
마르헤스반(구약에 언급되지 않음)	불
기슬르	
데벳	
스밧	
아달	

1) 초하루

초하루, 즉 그 달의 첫날은 중요한데, 주로 초하루는 전체 사람들에게 새로운 달의 예측을 알리기 때문이다. 사실 초하루(호데쉬[hōdeš])를 가리키는 단어는 '달'을 가리키는 보통 히브리어 단어이기도 하다.

달력의 기능에서 초하루가 레위기에서 언급되지만, 거룩한 날로 분류되지는 않는다. 실제로 명백하게 초하루를 거룩한 날로 삼는 본문이 구약에는 없으며, 후대 유대교에서 알려진 어디에서도 거룩한 날로 취급되지 않았다.

어떤 학자들은 초하루가 원래 거룩한 날들 가운데 하나이며 아마도 안식일의 전조였다고 생각했다. 만약 그렇다면 이 기능은 구약 전통에서 삭제되었거나 구약 전통이 형성되고 있을 때 초하루의 이 측면이 중단되었을 것이다. 이런 식으로 초하루는 레위기 어디에서도 논의되지 않는다.

2) 새해의 시작

포로기 이전 시기에 새해의 시작은 가을, 즉 일곱째 달이나 티슈리(Tishri)라고 알려진 달이라고 종종 주장되었다. 이것은 오늘날의 유대인들의 전통적 새해 또는 로쉬 하샤나(Rosh ha-Shanah)와 일치한다. 가을의 새해는 당연하게 여겨졌으며, 주요 이론이 이 가정에 근거했다.

사실 추정상의 P 자료는 새해가 니산월과 함께 봄에 시작했다고 진술한다(출 12:2). D. J. A. 클라인스(Clines)는 봄의 새해가 포로기 이전 시대에 달력을 계산하는 일반적 방식이었다고 설득력 있게 주장했다.

2. 안식일

'안식일'이라는 단어는 '쉼, 중단'을 의미하는 히브리어 어근 šbt에서 유래한다. 안식일의 기본 특징은 어떤 종류의 일도(메라카[mĕlā'kāh]) 해서는 안 된다는 것이다. 금지된 일로 구성된 것은 정확하게 어디에서도 진술되지 않는다.

레위기 밖의 한 본문은 일이 "각자의 먹을 것만"을 제외하고 거룩한 날들에 금지된다고 지적하는데(출 12:16), 이는 음식 준비가 매년의 안식일에는 허용되었지만 안식일에는 허용되지 않았다는 것을 시사한다.

한참 후대에 어떤 다른 종류의 활동이 유대인들 가운데 일부 집단에서 허용했지만 다른 집단에서는 금지했다. 예를 들어, 다른 유대인들은 실제로 금지했지만(Damascus Document[CD] 11.13-14, 일반적 풍습에 따르면 안식일에 '구덩이의 소'는 도울 수 있다(마 12:11). 인간의 목숨을 구하는 일도 거의 보편적으로 허용된 듯하지만(참고, CD 11.16-17), 여기서조차도 제한이 있다.

즉, 한 경우 유대인 한 집단은 안식일에 자기 방어로 싸우기를 거부했는데(마카비1서 2:32-38), 이는 다른 이들에게 방어의 전쟁이 안식일에는 허용되지만 공격의 전쟁은 허용되지 않는다는 명백한 결정을 하게 한 사실이다(마카비1서 2:39-41).

이 관행은 이방인 장군들이 이용했는데, 그들은 유대인 방어자들을 직접적으로 공격하지 않는 한 방해받지 않고 진격할 수 있다는 사실을 알고서, 포위를 확장하고 강화하는 데 안식일을 사용했다(Josephus, *War* 1.7.3 § 146).

후대의 관행이 레위기 저자의 시대와 사상에 거슬러 얼마나 투영될 수 있는지는 논란의 여지가 있다. 분명히 제사장적(P) 저자들 사이에 무엇이 허용되고 무엇이 허용되지 않는지에 대한 견해가 있지만, 이것이 유대인들 전체에서의 준수에 반영되는지는 명확하지 않다.

안식일은 이스라엘에서 오랜 역사를 가졌던 것 같으며, 제사장적(P) 저자들이 고안하지 않았지만 안식일 준수의 발전이 얼마나 거슬러 추적할 수 있는지는 말하기 어렵다.

안식일을 주로 포로기 이후의 혁신으로 간주하는 게 한때 일반적이었다. 안식일 준수는 주로 포로기의 본문과 포로기 이후의 본문에서 강조된다(예를 들어, 사 56장; 느 13:15-22).

또한, 양식비평의 관점에서 3절은 후대 삽입이며 원래 목록에 속하지 않는 것으로 보이므로, 여기 레위기 23장의 안식일 본문에 대해 의문이 제기된다.

하지만 일반적으로 포로기 이전의 것으로 인정되는 일부 본문은 안식일 준수를 당연한 것으로 여기는데(호 2:13[개역개정 2:11]; 암 8:5; 사 1:13), 이는 안식일 준수가 잘 알려졌고, 이미 주전 8세기에 일부 무리에서 준수했다는 사실을 가리킨다.

출애굽기 23:12, 34:21(참고, 왕하 4:23)과 같은 본문에 근거하여 더 이른 시기의 준수에 대한 주장이 있었다. 일부 매년 절기들만큼이나 이른 시기로 입증되지는 않았지만, 어떤 학자들은 이스라엘의 역사에 거슬러 올라가며, 후대의 발전이 아니라고 주장한다(Andreasen을 보라).

안식일의 기원 문제는 어려운 문제다(Andreasen, Shafer). 일곱이라는 숫자는 구약에서뿐만 아니라, 우가릿과 메소포타미아를 포함해서 많은 고대 근동 문화에서 상징적 의미를 지녔다. 어떤 절기는 7일 동안 지속되며(초막절, 무교절), 오순절의 날짜는 7일의 일곱 배에 근거하여 계산된다. 그러므로 일곱째 날의 기념은 놀랍지 않다. 더욱 당혹스러운 것은 주와 달력의 나머지 사이에 연관성이 없는 것 같다는 사실이다.

한 제안으로는 안식일이 원래 태양의 주기나 달의 주기와 관련 없는 정기적인 날의 준수로 대두했다는 것이 있다.

예를 들어, 고정된 날들의 숫자인 시장일(market-day)의 주기는 다양한 문화에서 알려졌으며, 종종 길이가 5일에서 8일 사이이며, 다른 달력의 사건들이나 달과는 관계가 없다. 그럼에도 한때 주와 달 사이의 관계가 있었을 수 있다고 제안되기도 했다. 7일의 주는 흥미롭게도 음력 달의 4분의 1과 가까운데, 이는 히브리 안식일이 한 달에 네 번의 기념에서 유래했다는 사실을 시사한다.

히브리어 단어 '안식일'(샤바트[šabbāt])은 '보름달'이나 그 달의 15일을 의미하는 아카드어 샤파투(šapattu) 또는 사바투(sabattu)와 비슷하다. 또한, 바벨의 성인 축일표, 즉 한 달에 네 번이나 다섯 번 대략 7일의 간격으로 나오는 불길한 날들의 주기(우메 렘누티[ūmē lemnūti])가 있다. 샤파투가 이 주기와 관련이 있는지는 명확하지 않다.

만약 관련이 있다면, 이 사실은 구약의 안식일이 메소포타미아와 관련된다는 주장을 강화할 것이다. 관련이 없다면 이 제안은 주로 추측으로만 남을 것이다. 어떤 구약 본문도 안식일을 어쨌든 음력의 주기와 연결시키지 않는다.

3. 매년 절기

대부분의 레위기 23장은 매년 절기(모아딤[*mô'ădim*], '지정된 시기들')를 다룬다. (위에서 지적한 대로, 안식일에 대한 언급은 2차적 삽입일 수 있다.) 이 절기들은 농경의 해를 따르고, 대부분은 매년 심기와 수확의 되풀이되는 구체적 사건과 연결된다. 절기도 모두 주요 성장하는 시기에 속하고, 겨울 달은 피한다. 거룩한 날들은 안식일처럼 다뤄졌다.

실제로 거룩한 날들은 어떤 일도 하지 않으면서 '(매년의) 안식일'로 간주될 수도 있다. 안식일과의 한 가지 명백한 차이는 음식 준비가 허용된다는 것이다(참고, 출 12:16).

1) 유월절과 무교절

레위기 23:5은 간략하게 유월절을 언급하지만 레위기의 다른 곳에서는 이 중요한 기념에 대해 어떤 세부 내용도 제시하지 않고 침묵한다. 보통 P라고 분류되는 본문, 특히 출애굽기 12:1-20은 준수에 대한 긴 묘사를 포함하므로, 이 사실은 P 문서가 있다면 중요하지 않을 수도 있다.

레위기에서 유월절은 전제되지만, 오직 무교병(마초트[*maṣṣôt*])만 먹고, 어떤 누룩이 있는 제품도 허용되지 않는 7일간의 기간인 무교절(23:6-8)과 연결된다. 이 절기는 유월절 식사로 시작되는데, 이때 니산월의 14일과 15일 사이의 저녁에 무교병을 먹는다. 첫 온전한 날(15일)과 마지막 날(21일)은 거룩한 날들이다.

유월절이 무교절과 연결되는 때가 언제인지를 확립하는 게 중요하다. 벨하우젠(Wellhausen)은 D 자료가 소의 처음 난 것들을 바치는 데서 발전한 유월절에 대한 지식을 처음으로 보여 준다고 주장했다. 벨하우젠은 유월절이 초기 오경 자료(JE)에서는 언급되지 않았다고 믿었다.

이런 자료가 존재하는지에 대한 의구심을 제외하고, 몇몇 초기 전통이 유월절을 언급한다는 사실이 이제 일반적으로 인정된다(예를 들어, 출 23:18, 34:25). 처음 난 것들은 어디에서도 해의 고정된 시기와 연결되지 않는데, 이는 벨하우젠의 논제를 가정적인 것으로 만들게 된다.

하란(Haran)은 유월절이 초기부터 무교절과 관련되었으며, 모든 성경 자료에서 그렇게 연결되었다고 주장했다. 그러나 무교절이 정착된 상황에서 대두하고 유월절이 '유목민의' 삶의 방식으로 거슬러 올라간다는 하란의 주장은, 유목 생활과 이스라엘의 정착에 대한 최근 논의를 고려할 때 문제가 있는 것으로 간주되어야만 한다.

하란은 또한 출애굽기 12장과 다른 곳의 유월절이 실제로 성전 희생제사로 묘사된다고 주장한다. 이것은 본문의 실마리와 긴장에서 암시된다. 이런 긴장은 저자가 시대착오적으로 유월절과 출애굽을 연결시키려고 시도하고, 자신의 시대의 유월절을 이집트에서의 포로 생활에서의 가정적인 '첫 유월절'로 변형시킬 때 야기되었다고 하란은 믿는다.

무교절 내에서의 중요한 날은 첫 이삭 한 단(오메르['ōmer])을 드리는 날(Wave Sheaf Day)이다(23:9-14). 이 날에 곡식의 상징적 단을 수확의 첫 열매로 잘라 하나님 앞에 바쳤다. 이외에도 어떤 특정 제물이 요구되었다. 즉, 수컷 어린양이 번제로 바쳐지고, 기름과 섞인 가루 2에바가 소제로 바쳐지고, 포도주의 사분의 일 힌이 전제로 바쳐진다.

이 의식은 추수의 시작을 알렸다. 새로운 수확에서의 어떤 빵이나 곡식도 첫 단을 바치기 전까지는 먹어서는 안 된다. 이 의식은 무교절의 날 동안 일요일('안식일 이튿날')에 행한다.

후대 세기에는, 다양한 분파들이 '안식일 이튿날'이 첫 매년의 안식일(니산월 15일의 거룩한 날) 이튿날인지, 아니면 매주의 안식일 이튿날을 의미하는지에 대해 의견이 일치하지 않았는데, 히브리 본문의 가장 자연스러운 해석은 이 날을 매주의 안식일 이튿날이 된다. 이 날짜 역시 오순절의 날짜에 영향을 미쳤다.

2) 칠칠절이나 오순절

봄의 곡식 추수는 단을 드리는 날(단요제)에 시작했고, 칠칠절까지 7주 동안 지속되었다(레 23:15-21). 어떤 이유에서 구체적 용어('칠칠절'이나 다른 용어)가 레위기의 이 절기에 대해 나오지는 않는다.

칠칠절은 그 달의 구체적인 날에 해당하지 않고, 7일의 안식일을 계산하면서 단을 드리는 날에서부터 세었다. 칠칠절(하그 샤부오트[*hag šāvuʿôt*], 출 34:22)은 일곱째 안식일 이튿날이며, 포함해서(즉, 전체 시작하는 날과 마치는 날 모두를 포함하는) 셈하면 50번째 날이라고 불린다. 그러므로 후대에 이 날에 펜테코스테(*pentēkostē*), '50번째 (날)'이라는 헬라어 명칭이 부여되는데, 여기서 오순절(Pentecost)이 유래한다.

후대 유대 자료에서 보면, 이 절기의 날짜에 대해 분파들 사이에서 일치하지 않았다는 사실을 알 수 있다. 논쟁은 그 주의 또 다른 첫날에 도달하려면 니산월 15일에 일정치 않은 매년의 안식일에서부터 일곱 주를 셈해야 하는지, 그 주의 첫날에서부터 일곱 안식일을 셈해야 하는 지와 관계 있다.

어떤 번역과 사전은 히브리어 구절 셰바 샤바토트(ševa' šabbātôt)를 "일곱 주"로 번역하지만, 이것은 샤바트(šabbāt)가 구약에서 주를 의미하는 유일한 곳이 될 것이다.

이 단어는 다른 곳에서와 마찬가지로 여기서 '안식일'을 의미할 가능성 더 높다. 제2성전 시기에만 '주'라는 의미가 발전하며, 따라서 어떤 분파는 달의 고정된 한 날에서 셈하게 된다. 히브리어 용법과 후대 제사장적 관습은 성전이 서 있는 한, 샤부오트(Shavuot)가 항상 일요일에 기념되었고, 오늘날의 대부분의 유대인 사이에서처럼 후대에만 시완월 6일에 고정되었다는 사실을 가리킨다.

샤부오트 역시 자체의 구체적인 제물을 가졌다. 두 덩이의 떡을 새로운 곡식에서 나온 고운 가루로 구워 하나님 앞에 내놓았다. 특이하게 두 덩이의 떡은 누룩과 함께 구워야 했다. 이는 어떤 것도 제단에 태워야 하는 것에 대해 말하지는 않지만, 소제가 누룩이 없어야 한다는 요구에 유일하게 예외인 것처럼 보인다.

이것에 일곱 어린양, 수송아지와 두 숫양의 번제, 수컷 염소의 속죄제, 두 수컷 어린양의 화목제가 수반된다.

3) 나팔절

일곱째 달(티슈리)의 첫날은 나팔을 불며 기념하는 거룩한 날이다(레 23:23-25). 사용된 나팔의 유형은 명시되지 않았다. 보통 P와 관련된 다른 본문은 의식을 위해 사용되고, 전쟁의 시기에 은 나팔이 사용되었다고 언급한다(민 10:1-10). 이것은 동일한 것일 수도 있지만, 상징적인 나팔 불기는 이것에 국한되지 않을 수도 있다.

현대의 절기와 관련된 양의 뿔(쇼파르[šôfār])은 후대에 발전한 것이거나 후대의 해석일 수 있지만, 알 수 있는 방법은 없다. 나팔을 불고 일을 하지 말라는 명령 이외에, 어떤 것도 이 날에 대해 더 언급하지 않는다. 민수기 29:1-5은 바칠 희생제사를 열거하는데, 물론 희생제사가 레위기에서 왜 생략되었는지는 명확하지 않다.

4) 속죄일

일곱째 달의 10일은 속죄일(욤 하키푸림[yôm hakkippurîm])이다. 레위기 23:26-32은 이 날이 어떤 일도 하지 않고 금식하는 날("너희는 스스로 괴롭게 하고")이요, 성회의 날이며 화제를 바치는 날이라고 진술한다. 더 자세한 자료는 제시하지 않는다. 하지만 두 염소에 대한 의식, 곧 레위기 16장에서 자세하게 묘사하는 의식이 이 날과도 연관된다고 알려졌다.

레위기 16장의 의식은 한때 독립적으로 준수한 것으로 후대에만 티슈리월과 연관되었는가?

레위기 16장의 대부분은 이 의식이 언제 행하는지에 대해 알리지 않는다. 16장의 끝에 가서야(16:29-34), 의식이 레위기 23장에서 알려진 속죄일과 연결된다.

레위기 16:1은 제사장(대제사장만)이 지성소에서 하나님 앞에 나타날 수 있는 적절한 한 경우와 관련지으면서, 16장을 8-10장의 제사장에 대한 규정에 거슬러 연결시킨다. 나답과 아비후가 부적절하게 행동하고(그들의 죄는 결코 명시하지 않지만) 죽음의 징벌을 당한 반면에 적절한 때의 올바른 의식으로 말미암아 제사장은 하나님의 실재적 존전에 나갈 수 있게 된다.

제사의 핵심은 두 마리 염소의 의식이다. 한 염소는 하나님을 위한 것이고 한 염소는 아사셀을 위한 것이며 제비 뽑기로 선택된다. '아사셀'은 수수께끼로 남는다. 레위기 16장의 본문에서는 어떤 설명도 찾을 수 없고, 이 단어는 구약 다른 곳이나 초기 비문에도 나오지 않는다. 다양한 어원이 제안되지만 어떤 것도 설득력이 없다.

후대 유대 전통은 아사셀을 타락한 천사의 우두머리와 동일시했다(Grabbe). 이 동일시함은 이 본문을 이해하려는 노력에서 유래했지만, 학자들은 종종 아사셀이 일종의 악마적 인물을 대변한다고 제안했다. 이것은 후대 유대 해석뿐만 아니라, 문맥에서도 시사하고 있다.

대제사장은 하나님의 존전에 나올 수 있기 전에, 먼저 자신과 자기 가족을 위한 속죄제로 수송아지를 바쳐야만 한다. 그 다음에 대제사장은 휘장 내부로 들어가서, 향연을 만들어 언약궤 위에 앉은 하나님에게서 자신을 보호하도록 언약궤를 숨기고자 향로의 불에 향을 둔다.

그는 자신의 죄를 속죄하고자 수송아지의 피를 언약궤에 뿌린다. 다음으로 하나님을 위한 염소를 희생제물로 바치고 피는 언약궤에 뿌리는데, 이는 거룩한 장소를 속죄했다. 제단은 수송아지와 염소에서 나온 피로 뿌려 속죄했다.

사람들의 죄는 아사셀을 위한 염소를 다루어 제거되었다. 이 염소는 죽이지 않는다. 오히려 대제사장은 염소에 손을 얹고, 회중의 죄를 고백하는데, 이 행위는 죄를 염소의 머리에 전달한다. 그 다음에 염소를 끌고 가 광야로 보내는데, 염소는 그 머리에 이스라엘의 모든 죄를 지고 간다. 마지막으로 대제사장은 회중과 자신을 위해 번제를 바친다.

5) 초막절

초막절(수코트[sukkôt])은 해의 마지막 절기로, 티슈리월 15-22일 가을 추수 후에 기념되었다(레 23:33-36, 39-43). 초막절은 아마도 수확을 보호하고 수확이 모일 때까지 낮을 가장 잘 이용하고자 들판에 잠을 잘 임시 보호처(초막)를 지었던 농부들의 관습에서 대두한 것 같다.

사람들은 나무 실과와 종려나무 가지와 무성한 나무 가지와 시내 버들을 가져와 기념하기 위해 초막을 만들어야 했다.

첫째 날과 여덟째 날은 어떤 일도 하지 않아야 하는 거룩한 날들이었다.

나팔절과 마찬가지로, 어떤 희생제사도 레위기의 수코트를 위해 열거되지 않는다. 그러나 민수기 29:12-39에서, 자세한 희생제사들이 나오는데, 각 8일은 각자의 특별한 의식을 거행하게 된다. 이것은 점차 줄어들면서 연속으로 이어지는데, 첫째 날에는 열세 마리의 수송아지, 둘째 날에는 열두 마리의 수송아지 등으로 일곱째 날에는 일곱 마리의 수송아지까지 줄어든다.

이와 더불어 두 마리의 숫양과 열네 마리의 일 년 된 어린양을 바치는 매일의 희생제사와 소제와 전제가 있다. 여덟째 날은 자신의 개별 의식이 있었다.

4. 안식년과 희년

레위기 25장은 2년의 긴 기간 준수하는 절기를 묘사하는데, 일곱째 해 또는 안식년(해방의 해, 세미타[šĕmiṭṭāh])과 희년(요벨[yôvēl])이 있다. 7년의 기간이라는 주기를 묘사하며, 마지막 해는 땅에 어떤 작물도 심지 않고 휴경하게 한다. 임의로 자란 것은 허용하고, 사람들은 그날그날 먹고 사는 원리에서 농작물을 먹고 살 수 있지만 엄밀한 의미에서 어떤 추수도 허용되지 않았다.

그러나 새로운 주기에 뿌려질 수확물의 추수 때까지 거주민들이 헤쳐 나갈 수 있도록 6년째 되는 해에 땅은 기적적으로 충분하게 산출할 것이므로, 어떤 곤경도 없을 것이다(레 25:19-22).

레위기에서 일곱째 해는 주로 농경 면에서 준수하는 해인 것 같다(참고, 출 23:10-11). 그러나 어떤 본문에 따르면, 이스라엘 사람들의 빚과 노예 상태도 일곱째 해에 탕감되고 풀려났다(신 15:1-3, 12-15; 렘 34:8-16).

만약 그렇다면 일곱째 해는 경제에 대해 포괄적 함의를 지니면서, 민족의 삶 가운데 일체가 되는 해였을 것이다. 한편, 해방의 해를 희년으로 보는 레위기와 해방을 안식년으로 돌리는 다른 본문 사이에 모순이 있는 것 같다(아래를 보라).

신명기에 규정된 십일조의 주기는 레위기(또는 다른 P 본문)에서 언급하지는 않지만, 안식년이 존재했다면, 신명기 14-15장의 십일조는 7년의 주기로 운용되었을 경우에만 실행되었을 것이다.

즉, 셋째 해의 십일조(신 14:28-29)는 일곱째 해와 조정되어야만 하거나, 때로 십일조가 가능하지 않은 안식년에는 생략되었을 것이다. 그러므로 셋째 해의 십일조는 독립적인 3년 주기로 행해지기보다는 7년 주기 가운데 셋째 해와 여섯째 해에 바쳤을 것이다. 일반적인 십일조 문제에 대해서는 제4장을 보라.

희년은 일곱 번의 안식년 주기 후에 일어난다. 본문은 다소 모호하다. 한편으로 희년은 일곱 번째 주기의 마지막 해와 일치할 수도 있고(레 25:8), 다른 한편으로 희년은 명백하게 50년째 해라고 진술된다(레 25:10-11). 이런 경우 연속으로 2년 휴경기를 가져야 하지만, 이런 상황으로 말미암은 영향에 대해서나 어떻게 운용될지에 대해 어떤 언급도 없다.

유대의 『희년서』(Book of Jubilees)는 49년의 희년 주기를 계산하는데, 이는 '50년째 해'를 포함해서(계산에서 시작하는 해와 마치는 해를 모두 포함하는) 계산될 수도 있다는 것을 보여 준다. 이것이 레위기 25장의 저자가 염두에 둔 것일 수도 있지만, 요점은 결코 분명히 밝혀지지 않았다.

희년은 또한 휴경의 해였지만, 레위기에 따르면, 이것 이상이었다. 즉, 희년은 해방의 해였다(레 25장; 또한, 레 27:16-24; 민 36:4). 땅은 원래 소유했던 가족에게 돌려줘야 하고, 이스라엘의 종들은 해방되어야 했다. 토지는 하나님이 가족에게 항구적으로 보존되도록 허락한 양도할 수 없는 유산으로 간주되었다.

그러므로 땅은 항구적으로 팔 수 없다. 실제적으로는 어떤 매매도 희년에 가족에게 반환되는 장기간의 임대로 간주되었다. 구매자는 땅이 원래 주인에게 반환되기 전에 얻는 수확의 횟수에 대해 지불하면서, 매매 가격은 다음 희년까지 남은 기간에 따라 결정되었다. 즉, 희년이 가까울수록 덜 지불하게 된다(레위기 25:29-34에서는 마을의 재산은 다르게 다뤄지며, 판매자가 마음을 바꾸어 속량할 수 있는 유예기간 후에 회수 권리 없이 양도될 수 있다고 지적한다).

노예제는 제도로 인정되었다. 이방인 노예는 법으로 어떻게 그들을 다뤄야 하는지 규정하지만(신 21:10-14을 보라), 동산으로 사고팔 수 있다(레 25:44-46). 하지만 이스라엘 사람들은 노예로 취급되어서는 안 된다. 한 사람이나 가족이 빚이나 가난 때문에 자신을 팔았다면 그들은 고용된 종으로 대우받아야 하며, 희년에는 자유롭게 되도록 허용되었다.

노예 해방과 빚 청산의 문제에 대해 이미 지적한 대로 레위기와 다른 본문들 사이에 모순이 있다. 레위기 25장과 27장은 희년을 유일하게 묘사하는 곳이다. 아마도 희년은 현행 안식년의 기능 일부를 희년의 새로운 제도로 대체하려는 시도에서, 제사장적 저자 측에서는 혁신이었을 것이다. 이것은 이 제도들이 오래된 문제임을 부각시킨다.

메소포타미아어 미샤룸(mišarum) 및 구바벨 시기와 구앗슈르(앗수르) 시기(주전 2천년 초)로 거슬러 올라가는 안두라루(andurāru)와 비교되었다. 이 문제에 대한 영향력 있는 연구는 H. 루이(Lewy)의 연구로, 그는 바벨어 안두라루(anduraru)가 '해방'을 의미하는 히브리어 데로르(dĕrôr)와 같은 어족어라는 점에 주목했다.

왕은 정의에 대한 일반적 선언인 미샤룸(mišarum)을 선언할 것이다. 왕은 또한 어떤 세금의 감면, 빚 탕감, 재산의 원소유주에게 환원, 노예 해방을 포함할 수 있는 '해방'을 의미하는 안두라루(anduraru)를 선언했을 것이다. 미샤룸(mišarum)은 이 가운데 하나 또는 그 이상을 포함할 수 있지만, 반드시 모두를 포함하는 것은 아니다.

이런 선언은 주전 2천년의 여러 왕에게서 나온 것으로 알려졌는데, 이는 왕이 자신의 통치 첫해에 이런 '해방'을 선언하는 일이 흔했다는 것을 시사한다.

루이는 이 관습이 아모리 족속에게서 유래했고 메소포타미아와 이스라엘에 퍼졌다고 주장했는데, 아모리 족속은 종종 이스라엘의 조상들 가운데 있다고 추정된다. 이스라엘의 혁신은 메소포타미아에서처럼 새로운 통치의 첫해보다는 정기적으로 희년을 선언했다는 것이다.

미샤룸과 안두루에 대한 아카드어 증거는 일반적으로 받아들여지지만(참고, Finkelstein), 이스라엘의 제도와 관련한 해석은 간단하지 않다.

N.-P. 렘체(Lemche)는 성경의 증거와 메소포타미아의 증거를 보면서, 루이가 비교한 연구와 다른 이전의 연구에서의 부주의한 추론의 많은 사례를 발견했다. 예를 들어, 구약 자료는 구바벨 자료를 해석하는 데 사용되었는데, 이 자료는 다시 이스라엘을 해석하는 데 사용되었으며, 이는 명백히 순환 논법이라는 위험의 여지가 있다.

구바벨 시기에 왕이 첫해에 해방을 승인한다는 관습은 결국에는 다소 다른 이스라엘에서의 희년이 오래되었다는 사실에 대해 어떤 것도 제공하지 못한다. 렘체는 농경에서 일곱째 해에 휴경기를 갖는 관습이 오래되었다는 일부 증거를 인정하지만, 모든 사회적 장치와 더불어 안식년이 발전한 것은 늦은 시기인 것 같다.

안식년이 있었다는 것은 제2성전기의 역사적 자료에서 입증된다(Grabbe). 이것은 최소한 마카비 시대부터 자라는 곡식의 안식을 포함했다(마카비1서 6:49, 53; Josephus, *Ant.* 13.7.4-8.1 §§228-35; 14.16.2 §475). 유대 사막에서 발견된 실제 문서에서, 일곱째 해의 빚 탕감과 재산의 환원이 인정된 제도였다는 사실이 알려졌다(Murabba'at 18; 24).

그러나 『희년서』와 같은 문헌을 제외하고, 희년에 대해 어떤 언급도 없다. 희년이 아니라 안식년이 제2성전기에 준수되었다는 암시는 있다. 일곱째 해는 어떻게든 늦은 포로기 이후 시기에 준수되었다고 결론 내리는 게 역시 바람직하며, 물론 얼마나 거슬러 올라갈 수 있을지에 대해서는 의문의 여지가 있다. 희년을 일찍이 준수했는지의 여부는 추측의 문제다.

5. 다른 절기들?

레위기 23장에 나오는 절기의 목록은 완비하려고 의도된 듯하다. 오경의 다른 곳에서는 다른 절기의 거행은 열거되지 않으며, 다른 성스럽거나 거룩한 절기는 후대 유대교에서도 알려지지 않았다.

부림(에스더에서) 및 하누카(마카비 시대부터)와 같은 절기는 유대교의 절기 일정에 포함되었지만, 이 절기들은 결코 구약의 절기와 동일한 비중을 차지하지 않았다. 이 절기들은 엄밀한 의미에서 거룩한 날들이 아니며, 매년 안식일과 동일하게 취급되지 않았다.

구약과 다른 곳에서 다른 절기나 다른 절기들로 보이는 것을 때로 언급한다. 예를 들어, 엘가나는 사무엘 1장에 따르면, 희생제사를 드리려고 아내와 함께 실로로 매년 순례를 떠났다. 이것은 오경에서 알려진 큰 절기들 가운데 하나이거나 그렇지 않으면 알려지지 않은 절기로 해석될 수 있다. 이것은 매년 요구되는 절기 일정과 관계없는 개인적인 가족의 기념일 가능성이 높다(Haran).

쿰란 성전 문서(Qumran Temple Scroll)는 제사 일정에서 기름 첫 수확의 절기, 포도주 첫 수확의 절기와 명백히 나무 제물 절기가 있었다는 사실을 지적한다(11QT 19-25). 학자들은 성전 문서가 사실은 쿰란 공동체가 만든 것이라는 점에 동의하지 않지만, 이 절기들은 분파의 혁신이었을지도 모른다.

그러나 요세푸스는 지나가면서 나무수집 절기를 언급한다(*War* 2.17.6 §425; 참고, 느 10:35). 이름과 맥락에서 이것은 제단의 나무를 성전에 가져오는 것과 관련되었던 것 같다. 이 절기는 부림 및 하누카와 같이 거룩한 날이었는지는 명확하지 않다. 성전 문서(Temple Scroll)의 현존 본문은 이 두루마리에 유일한 세 절기에 일이 금지되었다고 지적하지는 않는다.

고대 이스라엘에서 또 다른 절기에 대한 가장 중요한 제안은 새해 절기다. 이 절기는 엄밀한 의미에서 언급되지는 않지만, 이 절기에 대한 이론은 S. 모빙켈(Mowinckel)이 발전시켰다. 모빙켈은 이스라엘이 이제는 티슈리라고 불리는 일곱째 달인 가을에 새해를 시작했다고 주장했다.

이것은 포도 수확과 일치하지만, 상징적 특징은 하나님과 하나님의 대변자인 지상 왕의 통치에 관심을 가졌다. 왕의 통치권이 아마도 재등극이 이어지는 제사적 통치에서의 폐위와 더불어 기념되었다. 여호와의 왕권도 제사적 재등극과 함께 기념되었다. 시편의 삼분의 일까지는 제왕시와 여호와의 등극시를 포함해서 이 개념과 연관되어 유래했다고 간주되었다.

이 논제는 과거에 널리 인정받았고, 여전히 오늘날 학자들 사이에서 영향력이 있다. 그럼에도 이 논제는 다음과 같이 비판받았다.

첫째, 이스라엘의 새해는 가을에 시작하지 않았을지도 모른다. 클라인스(Clines)가 포로기 이전 시기에 새해라고 보통 입증된 때는 봄이었다는 강력한 주장을 제기했다. 명백히 새해 시작은 포로기 이전 이스라엘에 모든 곳에서 일관되게 준수되었던 것은 아닐 수 있다.

봄에서 가을로 옮겨 가거나 다른 시기에는 그 반대로 옮겨 갔으며, 이스라엘과 유다라는 두 왕국은 항상 동일한 달력을 사용한 것은 아닐 수 있다. 그럼에도 새해 시작에 대한 가장 일관된 시기는 봄이었다는 신념에 대해 설득력 있는 주장이 있으며, 봄에서부터의 계산이 포로기 이후의 혁신이었다는 개념은 명백히 유지될 수는 없다.

둘째, 이런 절기는 현존하는 본문에는 전혀 묘사되지 않는다. 여러 절기들이 일곱째 달에 행해졌지만(나팔절, 속죄일, 초막절), 이 가운데 어느 것도 구체적으로 새해의 기념과 연관되지 않는다. 나팔절은 일곱째 달의 첫날로 표시되지만 이 이론을 뒷받침하려고 추론되는 주요 절기가 아니다.

모빙켈은 주로 초막절에 초점을 두지만, 초막절은 현재의 절기 일정에서는 일곱째 달의 15일이 되어야 나오게 된다. 모빙켈은 현재의 절기는 원래의 장소에서 분리되고 옮겨진 원래의 절기 가운데 남은 것이라고 여긴다.

셋째, 어떤 단일 시편이나 다른 저작도 이스라엘 절기의 예식에 속한다고 가정되는 모든 요소(왕의 제사적 폐위와 재등극, 하나님의 왕권 선언 등)를 포함하지는 않는다.

넷째, 이스라엘의 새해 절기와 비슷한 절기는 바벨의 아키투(*akitu*) 절기다. 그러나 이 절기에 대한 증거는 셀레우코스 왕조 시기라는 매우 늦은 시기의 것이다. 이른 시기에 기념되었다고 하더라도, 구약 자료를 평가하는 데 사용될 세부 내용이 없다.

또한, 바벨 절기는 가을이 아니라 봄에 기념되었다. 하지만 누구도 새해를 이스라엘의 봄 절기인 유월절이나 무교절과 연결시키려고 시도하지 않았다.

그러므로 가정된 이런 새해 절기가 있었다면, 현존하는 문헌에서는 다소 다른 절기가 새해 절기를 대체하면서 주로 잊혔거나 삭제되었다. 모빙켈의 이론에 반대하는 이 주장은 내게는 결정적이지만, 다른 이들은 모빙켈의 논제를 찬성하며 논쟁한다(모빙켈의 논제를 긍정적으로 평가하는 J. Day를 보라).

§ 더 읽어 볼 자료

일반적인 달력 문제에 대해, 다음을 보라.

J. Finegan, *A Handbook of Biblical Chronology* (Princeton: Princeton University Press, 1964).

D.J.A. Clines, 'The Evidence for an Autumnal New Year in Pre-Exilic Israel Reconsidered', *JBL* 93 (1974), 22-40.

[2]____ 'New Year', *IDBSup* (1976), 625-29.

[3]J. van Goudoever, *Biblical Calendars* (Leiden: Brill, 1961)

안식일에 대한 주요 연구는 다음에서 찾을 수 있다.

N.-E.A. Andreasen, *The Old Testament Sabbath* (SBL Dissertation 7; Missoula: Scholars Press, 1972).

[4]B.E. Shafer, 'Sabbath', *IDBSUP* (1976), 760-62.

---

2   *JBL Journal of Biblical Literature*.

3   *IDBSup Interpreter's Dictionary of the Bible, Supplementary Volume*

4   SBL Society of Biblical Literature

⁵유월절 논의에 대해서는 다음을 보라.

M. Haran, *Temples and Temple-Service in Ancient Israel* (Oxford: Clarendon Press, 1978), 317-48.

희생양 의식에 대한 해석사를 위해 다음을 보라.

L.L. Grabbe, 'The Scapegoat Ritual: A Study in Early Jewish Interpretation', *JSJ* 18 (1987), 152-67.

⁶안식년과 희년에 대해 다음을 보라.

L.L. Grabbe, 'Maccabean Chronology: 167-164 or 168-165 bce?', *JBL* 110 (1991), 59-74; the sabbatical year in Second Temple times is discussed on 60-63.

⁷J.J. Finkelstein, 'Amiṣaduqa's Edict and the Babylonian "Law Codes"', *JCS* 15 (1961), 91-104.

⁸N.-P. Lemche, 'The Manumission of Slaves—the Fallow Year—the Sabbatical Year-the Jobel Year', *VT* 26 (1976), 38-59.

⁹____ '*Andurārum* and *mīšarum*: Comments on the Problem of Social Edicts and their Application in the Ancient Near East', *JNES* 38 (1979), 11-22.

---

5   *IDBSup Interpreter's Dictionary of the Bible, Supplementary Volume*

6   *JSJ Journal for the Study of Judaism*

7   *JBL Journal of Biblical Literature.*

8   JCS Journal of Cuneiform Studies

9   *VT Vetus Testamentun*

[10]H. Lewy, 'The Biblical Institution of *Derôr* in the Light of Akkadian Documents', *EI* 5 (1958), 21*-31*.

R. North, *The Sociology of the Biblical Jubilee* (AnBib 4; Rome: Pontifical Biblical Institute, 1954).

[11]성전 문서에 나오는 절기에 대해 다음을 보라.

Y. Yadin (ed.), *The Temple Scroll: Hebrew and English* (3 vols. in 4; Jerusalem: Israel Exploration Society, 1983).

모빙켈의 논제에 대해 공감하는 논의에 대해 다음을 보라.

J. Day, *Psalms* (Old Testament Guide Series; Sheffield: JSOT Press, 1990).

---

10   *JNES Journal of Near Eastern Studies*

11   AnBib Analecta biblica

제7장[1]

레위기의 지속적인 상관성

최소한 언뜻 보았을 때 현대 독자들에게 레위기가 갖는 이질적 특성에도 불구하고, 레위기는 알려진 유대 역사의 가장 이른 시기부터 현재까지 상당한 신학적 의미의 출처이며, 해석학적 관심의 대상이었다.

의미와 해석의 문제는 이전 장들에서 다뤘다. 다른 곳에서 지적한 일부 요점들은 여기서 검토하고, 우리는 레위기가 유대교와 기독교에서 수 세기에 걸쳐 해석되고 적용된 방식들의 사례를 볼 것이다.

해석가들은 종종 한 책 이상에 해당하는 주제를 다루기 때문에 레위기에 논의를 제한하기는 어렵다. 그러므로 제사와 성전의 일반 문제는 모든 세부 내용이 구체적으로 레위기에서 발견되는가에 상관없이 고려될 수 있다.

레위기가 아무리 이데올로기화되었다고 해도, 최소한 제2성전기와 아마도 훨씬 이전에 이스라엘에서의 실제 제사 및 관습과 일부 닮았을 가능성이 높다. 권위 있다고 간주되는 어떤 규정도 성전이 있는 동안 제사에 당연히 중요했다. 그러나 성전이 폐허가 되자, 제사에 대한 논

---

1 AnBib Analecta biblica

의는 이론적일 수밖에 없다.

　이런 관측에서 유대교와 기독교가 레위기를 차후에 어떻게 사용할 것인가에 대한 구상을 예견케 한다. 유대인들은 성전이 없으므로 직접적으로 레위기의 상당 부분을 적용할 수 없으며, 기독교인들은 성전뿐만 아니라, '의식법'의 상당 부분, 특히 정결한 짐승과 부정결한 짐승, 정결과 부정 등에 대한 규례를 거부하게 되었다.

　레위기가 성소와 제사에 있는 상징적 체계를 반영하는 대신에, 그것은 상당한 상징적 관심 자체에의 초점이 되었다.

　레위기에 대한 상징적 해석은 제2성전 파괴 전에 이미 시작되었다. 이에 대한 중요한 한 사례가 성전 문서다(Temple Scroll, 11QT). 이것은 출애굽기에서 신명기까지의 많은 법을 재구성한다. 이것은 때로 우리의 현재 마소라 본문에서 알려진 것을 꽤 정확하게 인용한다는 것을 보여 주지만, 본질적으로는 비슷하다고 해도 자료가 종종 세부 내용에서 매우 다르다. 무엇보다 모든 자료가 새로운 맥락에서 주어진다.

　결과는 성소와 제사를 보통 오경에서 추출된 것과는 다르고, 성전 문서와 같은 시대의 실제 제사에 대해 약간 알려진 것과도 다르게 묘사하는 문서가 된다.

　11QT의 저자가 예루살렘 성전을 일찍이 장악하고자(또는 그들 자신의 성전을 세우고자) 한다면, 확정될 수 있는 한에서 내용은 문자 그대로 적용되도록 의도되었다. 게다가 문서는 저자들의 어떤 이상을 대변하는 것 같은데, 이로 말미암아 성스러움에 대한 그들의 견해와 그들의 일반적인 신학적 관심에 대한 통찰을 얻을 수 있다.

　예를 들어, 성전뿐만 아니라, 전체 성읍이 거룩했다. 화장실은 3,000규빗 떨어진 거리에 두었는데, 이는 성읍에서 떨어져 있어 허용된 안식일의 이동 거리를 넘기 때문에 그들이 안식일에는 갈 수 없다는 것을 의미했다.

알렉산드리아의 필로(Philo, 대략 주전 20년-주후 50년)는 가장 잘 알려진 고대의 유대 주해가였는데 그의 대작 대부분은 현존한다. 필로의 방법은 두 가지 수준에서 설명하는 것이었다.

먼저 그가 '문자적' 의미라고 부르는 것(우리가 보겠지만 이것은 종종 해석의 단계를 나타낼지라도)이 있고, 그 다음으로 그에게 더 중요한 방법으로 영적 의미나 풍유적 의미가 있다. 본문은 (가장 중요한 몇 가지만 거론하면) 하나님의 본성, 인간 영혼의 완전을 향하는 과정, 미덕과 악덕 등과 관련된 상징으로 가득하다.

필로의 주석 대부분은 창세기에 관한 것이지만, 『특별법』(Special Laws, De specialibus legibus)에서 레위기의 많은 율법을 포함해 오경의 법 섹션의 의미를 탐구한다.

희생제사와 관련된 문제는 주로 제1권에서 발견된다. 필로는 우주를 하나님의 성전으로 보는데, 하나님의 성전은 "성소에 대해 모든 존재, 심지어 하늘의 가장 성스러운 부분을 가지고, 봉헌의 장식에 대해 별들을 가지며, 제사장들에 대해 천사들을 가진다"(1.66).

제단을 주관하는 제사장은 신체적으로 온전해야 하는데, 이는 영혼의 완전함에 대한 상징이다(1.80). 바쳐진 짐승이 흠이 없어야 하듯이, 예배자도 영혼에 흠이나 질환 없이 제단에 나아와야 한다(1.167). 그리고 희생제사 내에서의 모든 요소에 대해 이런 식으로 계속된다.

예를 들어, 제단에 놓기 전에 번제의 내장과 다리를 씻는 것(레 1:9)은 해석가가 쉽게 간과할 수도 있는 사소한 세부 내용이다. 필로에게 이런 행위는 다른 행위와 마찬가지로 중대한 의미를 지닌다(1.206-207).

내장이나 복부는 삶에 부정적으로 영향을 미칠 술 취함과 폭식으로 말미암은 부정함과 더불어 씻어야만 할 탐욕을 의미한다. 다리를 씻는다는 것은 바치는 사람의 행보가 더 이상 땅이 아니라 위쪽 공기에 있어야 한다는 것을 가리킨다. 하나님을 사랑하는 영혼의 거주지는 땅이 아니라 천상이어야 한다.

하나님의 성전으로서 우주의 이미지는 필로가 역시 우주의 상징인 대제사장의 의복을 논하는 것에 대한 중요한 영향을 미친다(1.84-97). 겉옷의 푸름은 공기를 상징한다. 흉패는 하늘을 나타내고, 두 어깨의 조각은 두 개의 반구, 즉 땅 위의 반구와 땅 아래의 반구를 나타낸다. 가슴의 열두 돌(원문에서는 이스라엘의 지파와 상응하는)은 황도십이궁(zo-diac)의 각각을 차지하는 별자리 별을 상징한다.

옷자락의 가장자리에 있는 장식은 땅과 물을 상징하는 반면에 거기에 붙은 종은 우주의 조화와 통일에 대한 본보기다. 제사장은 자기 의복의 이미지를 숙고하고 이런 우주적 메시지에 걸맞은 삶을 살아야 한다.

필로보다 어린 동시대의 유대 역사가 요세푸스(대략 주후 37-100년)는 보통 명백하게 해석하지 않고 성경 본문을 바꾸어 표현한다. 그럼에도 상당히 미묘한 해석이 발생한다.

한 사례는 성막과 대제사장의 옷과 관련되는데, 이것을 요세푸스는 필로와 비슷하게 풍유적으로 설명한다(*Ant.* 3.7.7. §§179-87). 요세푸스가 필로의 저술 일부를 알았다고 생각할 수도 있지만, 두 저자는 일반적 전통에 의존했을 수 있다.

성전과 제사에 대한 기독교 해석은 이른 시기에 시작되었다. 그리스도인들은 처음에는 계속 성전 예배에 온전히 참석했지만, 시간이 지나면서 성전 예배를 비본질적인 것으로 간주하거나 심지어 완전히 거부하게 되었다. 대부분의 신약이 주후 70년 이후의 것이므로 성전 파괴 전에 어느 정도로 진행되었는지 말하기는 어렵지만, 희생제사와 다른 성전 봉사를 영적인 것으로 해석하는 과정은 신약 자체에서 시작되었다.

신약에서 레위기를 놀라울 정도로 많이 언급하는데, 100회 이상의 간접 인용이나 직접 인용이 있다. 모든 구약의 희생제사와 그 밖의 많은 부분도 마찬가지로 그리스도를 나타내는 것으로 간주되었다.

그리스도는 '유월절 양'(고전 5:7)이었다. 그리스도의 피 흘림은 제단에서의 피와 비슷했다(히 9:12, 22). 그리스도는 헬라어 히라스모스(*hilasmos*)의 번역에 따라 요한일서 2:2과 4:10에서도 속죄제로 명백히 언급되었다.

이런 해석의 가장 풍부한 출처 가운데 하나가 히브리서인데, 히브리서는 그 상징에 대해 직접적으로 제사를 이용한다.

그리스도는 천상의 성전을 주관하시는 하늘의 대제사장이시다. 이전 대제사장과 마찬가지로, 그리스도는 죄를 위해 희생제물을 바치셨지만, 여기서는 은유를 역설적으로 바꾸어 대체물이 아니라 자신을 바치신다. 그리스도는 제사를 주관하시는 제사장이시면서 제단 위의 희생제물이시다(7:27).

성막과 성막 내의 의식 배열은 히브리서 9장에서 거의 절별로 따르고 있다(지성소의 가구 배열은 구약과는 다른 것처럼 보이지만). 히브리서는 오경에 대한 철저한 지식 없이 이해할 수 없다.

초기 교부 저작도 비슷한 맥락을 이어 간다. 오리겐(대략 주후 185-254년)은 필로와 마찬가지로, 문자적 수준과 풍유적 수준에서 해석했다. 오리겐의 저술 가운데 『레위기 설교』(*Homilies on Leviticus*) 시리즈가 보존되어 있는데, 이 설교 시리즈에서 오리겐은 희생제사 제도의 가장 사소한 세부 내용에서도 깊은 의미를 보았다.

예를 들어, 잘못 사용된 성물의 보상에 대해 추가되는 다섯째 부분(레 5:14-16)은 사용된 특정 헬라어 단어 때문에(오리겐은 자신의 주해를 위한 토대로 70인역 본문에 의존했다) '문자적으로' 다섯 부분에 덧붙여 추가되는 부분으로 해석된다(즉, 220퍼센트의 보상!). 오리겐의 의견에, 풍유적으로 이것은 다섯 의미, 특히 다섯 '영적 의미'를 가리킨다(*Hom. in Lev.* 3.6-7).

초기 교부 저작과 동시대의 것으로 랍비 문헌이 있다. 대부분의 랍비 문헌은 성전 파괴 후에 나왔지만, 제사 운용에 대한 상당한 이론적 논의가 랍비 저술들에서 발견된다. 이것은 미쉬나에서 시작하고, 두 개의 탈무드와 미드라쉬에서 줄어들지 않고 이어지며, 본질적인 부분은 레위기에서 도출된다.

이런 제사와 관련된 논의는 랍비 유대인들이 사는 세상을 이해하고 스스로를 그 세상에 통합시키는 방식으로서 새로운 우주론을 만드는 주요한 수단으로 형성하면서, 그들을 위한 주요 은유가 되었다.

이 세계관의 정확한 구조는 논란의 여지가 있지만, 이 세계관을 이해하려고 상당한 노력을 들인 사람이 제이콥 누스너(Jacob Neusner)이다. 미쉬나에 대한 주석과 타나임 미드라쉬에 대한 주석과 다른 저작에서, 그는 이 문서의 저자들이 자신들의 전통을 어떻게 이해하고, 자기 인식을 위한 도구로 어떻게 사용했는지를 제안했다.

누스너의 견해에서, 제사적 정함의 다양한 요소를 논의하고 발전시킨 자들은 성전 파괴 후 급격하게 변한 세상을 받아들이려고 했다. 외부인에게 논쟁의 상당 부분은 성전이 더 이상 존재하지 않으므로 어떤 식으로든 적용될 수 없는 본문의 무가치한 법적 세부 내용에 대해 시시한 언쟁인 것처럼 보이지만, 이것은 사실이 아니다. 누스너는 논쟁의 중요성을 다음과 같이 묘사한다(282-83).

> 미쉬나의 증거는 그 기초에서 그리고 모든 부분을 통해 사람은 무엇을 할 수 있는가라는 단 하나의 근본적 문제를 다루는 유대교를 제시한다.
> 미쉬나의 증거는 인간이 하나님과 마찬가지로 세상이 작용하도록 만든다고 단순하게 대답하는 유대교를 가리킨다.
> 미쉬나의 유대교는 의도를 형성하고, 매우 신중하면서도 온전히 인식하며 결정과 분명한 의도를 통해 계획적으로 세상을 만드는 사람의 힘을 기념하려고 지어진 체계이다. 그래서 미쉬나는 자신의 땅에서 패배하고 무기력한 이스라엘의 상태를 평가한다. 즉, 힘이 없지만 거룩하고, 모든 중심점이 부족하고 특별한 장소가 없고 명백히 예루살렘이 없으나 민족들과는 구분된다.
> 미쉬나의 이 메시지는 부조화와 무질서로 가득하고 불협화음의 현실 자체와 충돌한다. 미쉬나의 증거는 복종과 굴욕의 상황을 이기고 따라서 모든 현실을 능가하면서 이스라엘의 인간적 조건에 반항하는 유대교를 가리킨다.

랍비적 유대교는 '솥과 냄비의 종교'는 결코 아니지만, 하나님과 세상과 스스로에 대한 심오한 진술을 하려고 다양한 의식과 제사적 규정을 사용했는데, 이들 가운데 많은 것이 더 이상 성전과는 별도로 실제적 의미를 지니지 못한다.

레위기의 특정 전통이 어떻게 해석되는가의 한 사례는 속죄일의 두 염소에 대한 의식이다(Grabbe). 제6장에서 지적한 대로, '아사셀을 위한 염소'의 원의미는 명확하지 않지만, 이것은 매우 빠르게 악마적 전통에 흡수되었다. 에녹 문헌에서 타락한 천사들의 한 지도자는 아사엘이라고 불리는 인물이다.

그는 아사셀과 동일시되었고, 이 동일시는 다시 구약의 '대적'뿐만 아니라 쿰란과 다른 유대 문헌에서 알려진 벨리알이라는 인물을 포함하는 사탄적 전통에 결합되었다. 이런 해석을 고려할 때, 염소들은 하나는 하나님을 위한 것이고 하나(희생 염소)는 사탄을 위한 것으로 간주되었다.

놀랍지 않게도, 초기 교부 저자들이 대변하는 기독교 전통이 다른 견해를 취했다. 그들은 의식이 제2성전의 마지막 날에 행해진 대로 그 의식의 실제 지식을 가리킬 수도 있다. 이것이 무엇이든 그들은 두 염소를 그리스도의 모형으로 해석했다. 죽임을 당한 염소는 하나님의 죽임을 당한 아들을 나타냈고, 광야로 놓인 염소는 세상의 죄를 담당하는 그리스도를 나타냈다. 그러나 한 기독교 문헌에서 희생 염소(희생양)는 악마를 대표하는 것으로 보인다(계 20장).

현대 유대인들과 기독교인들에게 레위기가 무엇을 의미하는가 물으면, 다양한 답을 제시한다. 오경의 음식과 '위생' 규정들을 신중하게 따르면 많은 현대 질병이 제거될 것이라는 견해와 더불어, 레위기의 일부 율법이 의학적 규정이나 건강을 위한 규정으로 해석되는 것을 찾는 것은 흔한 일이다(참고, S. I. McMillen, *None of These Diseases*).

많은 의사가 이 충고를 따를 것인가 하는 것은 의문스러우며, 위생이 규정의 근거일 것 같지는 않다는 사실이 제시되어 왔다. 그럼에도 이것은 고대 문헌이 일부 현대 독자와 해석가에게 어떻게 의미 있는 것으로 여겨지는지에 대한 또 다른 사례가 된다.

종교적일 필요는 없는 어떤 현대의 관심이 J. 밀그롬(Milgrom)의 최근 책이나 출판을 앞두고 있는 책들에서 지적되었다. 모든 도살이 제단에서 행해야 한다는 명령에 대한 주요 초점은 짐승의 생명과 복지에 대한 관심이라고 밀그롬은 주장했다. 도살에 대한 기회를 제한함으로써, 짐승을 합리적이고 배려하며 음식으로 사용할 필요성을 이스라엘 사람들에게 주목하도록 했을 것이다.

다른 아티클에서, 밀그롬은 생태학 문제를 다루고, 제사장적 저자들은 이미 초기 형태에서 생태학적 관심을 보였다는 사실을 명백히 보여 준다.

그러나 고대 이스라엘의 제사적 관심은 종교적 유대인이든 세속적 유대인이든 오늘날 여전히 존재한다. J. Z. 스미스(Smith)는 땅, 추방, 성전, 성스러운 중심이라는 주제가 어떻게 유대인들과 유대교를 현재까지 유지했는지를 보여 주었다(이 관심들 상당 부분은 약간의 지적 조정으로 현대 기독교 사상에 적용될 수 있다).

땅은 고대 이스라엘 시대 이후로 유대교의 중심 되는 상징이었다. 다른 땅들은 부정하게 되었으나, 이스라엘에서 심지어 세속적인 것과 일상적인 것이 어떤 면에서 성화되었다).

R. 제이라(Zeira)는 "이스라엘 땅의 백성들의 일상적 대화조차도 연구할 필요가 있다"(*Genesis Rabba* 34.7)고 말했다.

매일의 잡담은 거룩한 땅에서 토라가 된다!

성스러운 공간이라는 개념이 이 생각에 깊이 들어가 있다. 성스러운 지역의 중심에는 땅의 중앙이자, 하나님의 거주지인 성전 자체가 있으며, 하나님 자신이 세상에서 가장 높은 산인 시온에 앉아 계신다.

유대 역사의 많은 부분이 땅과 성전에서의 추방에 대한 이야기였다. 그럼에도 육체에 거주하지 않았던 것이 여전히 영 가운데 살아 있었다. 유대의 신비 전통은 중심인 성전에서의 이런 분리를, 성스러운 공간과 시간이라는 개념으로 극복했다(Scholem).

특히, 안식일은 시간과 거리가 폐지되고 땅의 성전과 하늘의 성전이 즉각적으로 모든 유대 가정의 거실에서 접근할 수 있는 순간이다. 신화가 현실을 극복한다. 신화는 새로운 현실을 만들었기 때문이다. 성전과 성전의 제사는 우주적 활동이다. 수송아지와 염소의 피를 흘림은 창조와 종말을 함께 하나의 순간으로 묶으면서, 실존의 바로 그 중심을 드러낸다.

여기서의 개관은 레위기가 어떻게 수세기에 걸쳐서 해석되었는가를 온전히 검토하려는 게 아니라, 대략적으로 보여 주려고 의도되었다. 이 개관의 목적은 현대 유대인이나 그리스도인에게 명백히 레위기 만큼이나 불가해한 저작에서도 얻을 수 있는 풍부한 신학적이며 종교적인 자료들을 대략적으로 보여 주려는 것이었다.

레위기는 기독교와 유대교의 종교적 유산, 곧 해석학적 근원으로서 히브리 성경의 다른 책들 옆에서 일어나는 정경 본문에 속한다. 레위기에 대한 관심의 회복은 오래 전에 행했어야 한 일이다.

§ 더 읽어 볼 자료

필로와 요세푸스에 대해 로엡 고전(Loeb Classical)을 보라.

F.H. Colson et al. (eds.), *Philo* (12 vols.; LCL; Cambridge, MA: Harvard, 1929-53).

²H.St.J. Thackeray et al. (eds.), *Josephus* (9 vols.; LCL; London: Heinemann, 1926-65).

³ 후대 유대교에서의 희생양 의식에 대한 해석을 위해 다음을 보라.

L.L. Grabbe, 'The Scapegoat Ritual: A Study in Early Jewish Interpretation', *JSJ* 18 (1987), 152-67.

⁴ 히브리서에 대해 다음을 보라.

H.W. Attridge, *The Epistle to the Hebrews* (Hermeneia; Philadelphia: Fortress Press, 1989).

레위기에 대한 오리겐의 해석은 특히 다음에서 찾을 수 있다.

M. Borret (ed.), *Origène: Homélies sur le Lévitique* (2 vols.; SC 286-87; Paris: Cerf, 1981).

⁵On Jewish interpretation of Leviticus from rabbinic times to now, the following are helpful:

---

2 LCL Loeb Classical Library
3 LCL Loeb Classical Library
4 *JSJ Journal for the Study of Judaism*
5 SC Sources Chretiennes

J. Neusner, *Judaism: The Evidence of the Mishnah* (Chicago: Chicago University Press, 1981).

____ *A Religion of Pots and Pans? Modes of Philosophical and Theological Discourse in Ancient Judaism: Essays and a Program* (BJS 156; Atlanta: Scholars Press, 1988).

[6]G.G. Scholem, *On the Kabbalah and its Symbolism* (London: Routledge & Kegan Paul, 1965), esp. 139-50.

J.Z. Smith, 'Earth and Gods', *History of Religions* 49 (1969), 103-27, reprinted in *Map is not Territory: Studies in the History of Religions* (SJLA 23; Leiden: Brill, 1978), 104-28.

출애굽기·레위기 연구 입문
EXODUS, LEVITICUS

2023년 12월 20일 초판 발행

지 은 이	윌리엄 존스톤, 레스터 L. 그라베
옮 긴 이	윤성덕, 임요한
편 집	전희정
디 자 인	이승희
펴 낸 곳	(사)기독교문서선교회
등 록	제16-25호(1980. 1. 18.)
주 소	서울특별시 동대문구 천호대로71길 39
전 화	02-586-8761~3(본사) 031-942-8761(영업부)
팩 스	02-523-0131(본사) 031-942-8763(영업부)
이 메 일	clckor@gmail.com
홈페이지	www.clcbook.com
송금계좌	기업은행 073-000308-04-020 (사)기독교문서선교회
일련번호	2023-120

ISBN 978-89-341-2631-7 (94230)
ISBN 978-89-341-1852-7 (세트)

이 책의 출판권은 (사)기독교문서선교회가 소유합니다.
신저작권법에 의하여 한국 내에서 보호를 받는 저작물이므로 무단 전재와 무단 복제를 금합니다.